Die
Preußische
Staatsanwaltschaft.

Aus Anlaß ihres 50jährigen Bestehens

als historisch-kritische Studie

nach amtlichen Quellen bearbeitet

von

Dr. Otto,
Justizrath.

Berlin SW.48
Wilhelmstraße 119/120.
J. Guttentag, Verlagsbuchhandlung,
G. m. b. H.
1899.

Inhalts-Uebersicht.

Die Anregung zu der vorliegenden Arbeit ist nicht in mir selbst entstanden; sie ist mir aus dem Kreise meiner ehemaligen Herren Kollegen von der Staatsanwaltschaft beim Landgericht I in Berlin geworden, welcher Behörde ich zehn Jahre lang angehört habe. Ich habe gezögert, ihr Folge zu geben, weil ich mich, nachdem ich seit fast zwölf Jahren aus der Staatsanwaltschaft ausgeschieden bin, nicht für gehörig legitimirt hielt. Man hat diesem Bedenken durch den Hinweis zu begegnen gewußt, daß es im Interesse der Objektivität wünschenswerther sei, wenn ein nicht mehr im aktiven Dienste Stehender die Schrift verfasse, der aber andererseits sich eine treue Anhänglichkeit an die Behörde bewahrt haben müsse. Beide Eigenschaften sind bei mir vorhanden, und so habe ich mich denn zu der Arbeit entschlossen.

Ohne Einsicht in die Akten des Justiz-Ministeriums würde es unmöglich gewesen sein, etwas irgendwie Brauchbares zu schaffen. Seine Excellenz der Herr Justizminister hat mir diese Einsicht in bereitwilligster Weise gestattet. Dafür auch an dieser Stelle meinen ehrerbietigsten Dank abzustatten, ist mir eine sehr angenehme Pflicht.

Am 1. April 1899 sind fünfzig Jahre verflossen, seitdem die preußische Staatsanwaltschaft in Wirksamkeit getreten ist. Möge sie mein Werkchen als eine kleine Festgabe zu ihrem Jubiläum freundlich entgegennehmen.

Der Verfasser.

Es giebt nicht leicht eine Einrichtung im Staate, welche in einem so hohen Grade, wie die Staatsanwaltschaft, auf einer erhabenen Idee beruht und so geeignet ist, das Interesse der bürgerlichen Gesellschaft an der Entdeckung der Verbrechen und an der Bestrafung der Schuldigen zu vertreten.

Mittermaier.

Einleitung.

Unser Vorbild bei der Einführung der Staatsanwaltschaft ist Frankreich gewesen.

Frankreich war auch das Land, in welchem sich die ganze Institution vom ersten Keime bis zur vollkommensten Stufe entwickelt hat. Zwar giebt es gelehrte Juristen und Geschichtsforscher, die ihre Spur schon bei den Römern, bei den alten Germanen, im deutschen Mittelalter und in dem älteren England wittern wollen, allein sie dürften fehlgegriffen haben.

Es mag freilich auffallend erscheinen, daß bei den Römern, namentlich zur Zeit des Kaiserreichs, wo der autoritative Wille so außerordentlich ausgeprägt war, und die Gerichtspflege so sehr unter falschen Privatanklagen zu leiden hatte, trotz ihrer musterhaften Rechtsentwicklung Niemand auf den Gedanken gekommen ist, die Thätigkeit des kriminellen Anklagens in die Hand eines, den Staat vertretenden Beamten zu legen. Aber es verhält sich dennoch so; das Recht der Anklage war, wie die actio popularis jedem römischen Bürger freigestellt — publico judicio — cuilibet ex populo experiri licet, nisi si cui lege aliqua accusandi publico judicio non est potestas. Der procurator principis, caesaris, auch rationalis genannt, hatte lediglich die Wahrung der fiskalischen Vortheile, die Administration der Finanzen wahrzunehmen. Die defensores, die irenachae (welche übrigens auch bei den Griechen vorkamen), die curiosi, die stationarii und die nuntiatores waren Beamte, oder besser gesagt Agenten der Polizei, subalterne Magistratspersonen, welche wohl Verbrechen nachspürten und den ergriffenen Verbrecher dem Gerichte auslieferten, mit dem Amte eines öffentlichen Anklägers jedoch nicht das Mindeste gemeinsam hatten; eher könnte man geneigt sein, ihre Beamtenqualität überhaupt als beschnitten, sie selbst mehr als Privatleute anzusehen, traf doch zum Beispiel die irenachae, wenn sie ihre Anzeigen nicht wahr machen konnten, die Strafe der Ehrlosigkeit und der Wiedervergeltung, wie jeden anderen böswilligen Privatankläger. Das System sah eben jede Anzeige, jede Anklage als einen privaten Akt an.

Nicht viel anders sah es bei unseren Altvordern aus. Nirgends in der Welt war der Grundsatz „wo kein Kläger, da kein Richter" schärfer aufgestellt, als bei den alten Germanen. Der „Kläger" aber war der Privatkläger; die Verfolgung des Verletzers war einzig und allein Sache des Verletzten und seiner Angehörigen, einen öffentlichen Ankläger gab es nicht. Allerdings war, wo die Angehörigen nicht Klage erhoben, auch jeder andere freie Mann hierzu berechtigt. In der Regel traten zunächst die Freunde und Verbündeten ein, indeß, von der Auffassung ausgehend, daß jedes Verbrechen gegen die Allgemeinheit gerichtet, eine Störung der Gesammtheit, mithin jedes Einzelnen sei, auch jeder Dritte; und demgemäß bezeichnet die ganze ältere deutsche Gesetzgebung (Westgothisches Gesetzbuch, Edikt des Theodorich, Codex der Longobarden und der Allemannen, lex Salica, Capitularien Karls des Großen und Ludwigs u. s. w.) die Freiheit oder das Recht, anzuklagen, als ein Vorrecht des Bürgers. Allein alle diese Zustände sprechen wohl für eine Ausbildung des accusatorischen Prinzips, nicht aber für irgend eine Vorstufe der Institution des öffentlichen Anklägers.

Auch im englischen Gerichtsverfahren finden wir kein Vorbild für unseren Staatsanwalt. Noch weit zäher, als in Deutschland, hat man dort an dem Grundsatz festgehalten, daß die Verfolgung strafbarer Rechtsverletzungen Sache der Privatklage sei. Nur in den Fällen, in welchen die Krone oder die Regierung durch ein Verbrechen gefährdet oder verletzt worden ist, treten ihre Sachwalter — the attorney general, the sollicitor general — als Ankläger vor den Gerichten auf. Dies sind indessen keine besoldeten Beamten, sondern Advokaten, die also auch nicht kraft ihres Amtes, sondern als privatim bestellte Vertreter handeln und mit Sporteln honorirt werden, wie jeder andere Advokat.

Weit eher kann man in der späteren deutschen Rechtsentwicklung Vorstadien der Institution des öffentlichen Anklägers erblicken. Immermehr brach sich die Erkenntniß Bahn, daß ein ungesühntes Verbrechen ein Unglück für die Allgemeinheit, für den

Staat sei, daß man es nicht darauf ankommen lassen dürfe, ob sich aus der Zahl der Verwandten und Freunde, oder auch ex populo quivis finden werde, der durch seine Klage die Möglichkeit der Sühne schaffe, daß vielmehr das Staatsoberhaupt, der Gerichtsherr die Pflicht habe, begangenes Unrecht zur Bestrafung zu bringen und mithin da, wo die Privatthätigkeit versagte, kraft seiner Macht das öffentliche Ansehen eingreifen zu lassen, um den Uebelthäter vor die Schranken des Gerichts zu ziehen.

Wenn auch in ungesetzlicher Form, so finden wir diese Rechtsanschauung doch schon unumstößlich fest ausgeprägt in dem Verfahren der westphälischen Vehmgerichte, bei welchem es einem der Schöffen kraft seines Amtes zufiel, den Missethäter aufzurufen und vor den Vehmrichtern des begangenen Verbrechens zu zeihen.

Aber auch die Träger der Landeshoheit entzogen sich den Konsequenzen der neuen Rechtsanschauung nicht. Herzog Ludwig von Bayern verordnete im Jahre 1474, daß, wenn sich Niemand freiwillig der Anklage unterziehen wolle, die Pfleger und Amtsleute von Amtswegen auftreten sollen. Im Jahre 1513 bestellte Herzog Wilhelm von Bayern seinen Amtmann zu Perlach, ebenso 1456 die Grafen von Württemberg ihren Vogt von Göppingen zum öffentlichen Ankläger in speziellen Fällen. Für Anspach und Bayreuth wurde 1566 ein fürstlicher Anwalt als peinlicher Ankläger aufgestellt. In München war bis 1575 der Bürgermeister öffentlicher Ankläger, in der Pfalz nach der Malefizordnung von 1610 der Malefizprokurator.

Man mag in diesen Vorgängen, wenn man will, — und übereifrige Germanisten thun dies mit großem Ernst und großer Gelehrsamkeit — die ersten Anfänge eines öffentlichen Anklageprozesses erblicken, nimmermehr aber waren es die ersten Anfänge unserer Staatsanwaltschaft. Die grundverschiedene Gestaltung beider Einrichtungen liegt eben darin, daß jene alten deutschen Ankläger ja nur dann auftraten, wenn ein Privatkläger sich nicht meldete, daß sie also gewissermaßen nur ein Surrogat bildeten, während unser heutiger öffentlicher Ankläger vermöge seines Anklagemonopols gerade jede Privatklage ausschließt. Wie schwach auch jene Keime waren, wenn sie wirklich existirten, geht zur Genüge daraus hervor, daß sie nicht im Stande waren, sich im Geringsten weiter zu entwickeln, sondern, daß sie in dem nunmehr allmählich Geltung erlangenden Verfahren von Amtswegen spurlos verschwanden.

Ursprünglich nur als eine höchst eventuelle Maßregel gedacht, für den Fall weder ein privater noch ein öffentlicher Ankläger vorhanden sei, und als solche noch in der Bambergensis 1507 und in der Carolina 1532 behandelt, wurde dieses Verfahren bald zur Regel, der öffentliche Ankläger, dessen Bedeutung auch dadurch gewaltig einbüßte, daß zur Ausübung seines Amtes immer mehr tiefer stehende Personen (Gerichtsdiener, Kerkermeister, Scharfrichter) herangezogen wurden, wurde immer seltener, die Oeffentlichkeit, die Mündlichkeit hörten mit der Zeit ganz auf, das Inquisitionsprinzip fand Eingang, und mit dem Ablauf des 16. Jahrhunderts ist die letzte Spur eines Anklageprozesses erloschen.

Denn was sich statt dessen in demselben Jahrhundert langsam herausgebildet hatte, das Institut der „Fiskale", das kann man mit dem Anklageprinzip in prozessualischer Hinsicht ernstlich kaum in Verbindung bringen.

Das Fiskalat war, wie schon sein Name andeutet, von vornherein eine zur Vertretung der vermögensrechtlichen, der finanziellen Interessen des Staates berufene Behörde. Demgemäß äußerte sich ihre Thätigkeit zunächst vorzugsweise im Civilprozeß; im Kriminalprozeß trat der procurator oder advocatus fisci nur dann auf, wenn ein Verbrechen vorlag, bei welchem ein fiskalisches Interesse obwaltete. Einige deutsche Staaten verboten geradezu jede Mitwirkung des Fiskals in Kriminalsachen. Andere suchten dieselbe vielmehr für alle Kriminalfälle zu verallgemeinern. Aber sie blieb im Strafprozeß durchweg eine leere Förmlichkeit, das Kriminalfiskalat hat niemals in Deutschland Wurzel geschlagen, hat niemals irgend welche Bedeutung erlangt und ist, den Keim der Vernichtung schon bei seiner Entstehung in sich tragend, langsam, aber sicher abgestorben.

Die einzige Ausnahme bildete Preußen. Hier war man gewillt, dem Fiskalat eine größere Bedeutung beizulegen. Man gab ihm ein ausgedehntes Aufsichtsrecht über den Prozeß, man legte ihm die ausdrückliche Verpflichtung auf, alle Verbrecher zu verfolgen und die Untersuchung zu führen. Aber dieser Wille wurde durchkreuzt von einem anderen, der darauf ausging, die Gerichte zu den eigentlichen und alleinigen Organen der Justizhoheit zu erheben, neben ihnen keinen Anwalt des Staates, gleichviel in welcher Form, zu dulden. Der letztere Wille war der stärkere, und so sank Ansehen, Bedeutung und Wirkungskreis des Kriminalfiskalats mehr und mehr, es wurde zu einer bloßen Förmlichkeit, zu einem Schattenbild eines wirklichen öffentlichen Anklägerthums, und durch die Allerhöchste Cabinetsordre vom 10. März 1809 wurde es endlich als ein gänzlich überlebtes und überflüssiges Institut beseitigt.

Also auch aus diesem Institut kann weder die deutsche, noch speziell die preußische Staatsanwaltschaft ihre Existenz ableiten. Es bleibt nur das französische Vorbild.

Die Franzosen führen die Entstehungsgeschichte ihrer Staatsanwaltschaft auf die procuratores Caesaris und advocati fisci zurück, welche die in Gallien eindringenden Franken als eine von den Römern übernommene Einrichtung mitbrachten, und die in der dortigen Rechtsgeschichte als gens du roi (procureurs und avocats du roi) weiterlebten. Sie waren Anfangs nur Vertreter des Königs in dessen Interessen. Aber schon 1302 wurden sie ständige öffentliche Ankläger, und 1344 wurde ihnen die ausschließliche Verfolgung aller Verbrechen von Amtswegen übertragen, an ihre Spitze auch ein procureur général gestellt. Das Institut machte viele Wandlungen durch, deren Aufzählung hier zu weit führen würde, bis es schließlich vor dem Ausbruch der ersten französischen Revolution in Folge des Despotismus der Könige, die die auch in politischer Beziehung zu einer gewissen Rolle berufenen Staatsanwälte, wenn sie nicht gefügig waren, einfach absetzten und durch käufliche Subjekte ersetzten, gänzlich heruntergekommen war.

Die Nationalversammlung von 1789 schaffte reine Bahn, indem sie die Staatsanwaltschaft gänzlich aufhob. Aber schon das Gesetz vom 1. Dezember 1790 führte sie wieder ein: „les officiers du ministère sont nommés par le roi, mais à vie. Ils sont placés avec le titre de Commissaires du roi.“ Mancherlei Experimente wurden noch mit dem Institut vorgenommen, wie es der politische Status des Landes gerade mit sich brachte, bis der Code d'instruction criminelle vom 17. November 1808 und das Gesetz vom 20. April 1810 ihm die Gestalt gab, die alle Stürme der Zukunft überdauern sollte, und von der die Franzosen mit Stolz sagen:

> Nous avons une loi admirable, c'est celle qui veut que le prince établi pour faire exécuter les lois prépose un officier dans chaque tribunal, pour poursuivre en son nom tous les crimes, de sorte que la fonction des délateurs est inconnue parmi nous. Le parti publique veille pour les citoyens; elle agit et ils sont tranquilles!
>
> Montesquieu (Espr. des lois. L. VI C. 8.)

Das französische ministère public — seine Beamten nennt man gens du parquet und theilt sie ein je nach dem Gerichtshof, bei welchem sie fungiren, in procureur général, avocat général, procureur royal und deren Substituten — vereinigt in sich eine ungewöhnliche Machtvollkommenheit. Es führt die Oberaufsicht über die gesammte Justiz, die Leitung der ganzen gerichtlichen Polizei; es hat die Befugniß, in allen Fällen des délit flagrant die Untersuchung selbst zu führen, und das Monopol des Antrags auf gerichtliche Verfolgung, es ist „Organ und Wächter des Gesetzes."

Demgemäß fallen ihm nicht nur strafrechtliche, sondern auch civilrechtliche und administrative Funktionen zu. Die civilrechtlichen bestehen in der regelmäßigen Mitwirkung bei allen öffentlichen Sitzungen der Civilgerichte, indem der Staatsprokurator denselben beiwohnt und seine Ansicht über den zur Verhandlung stehenden Fall ausspricht, in bestimmten Fällen sogar zur Antragstellung verpflichtet ist, wie z. B. in Sachen, welche die öffentliche Ordnung, überhaupt öffentliche Angelegenheiten betreffen, in Civilstands- und Vormundschaftssachen, in Klagen auf Ehescheidung, Trennung oder Ungültigkeitserklärung von Ehen, in Klagen oder Gesuchen um Interdiction wegen Wahnsinns, in Angelegenheiten betreffend die Adoption oder den Verkauf von Immobilien Minderjähriger. — Seine administrativen Funktionen bestehen in der Ueberwachung der Gerichte, daß die Gesetze beobachtet und die Disciplin aufrecht erhalten werde, in der Berechtigung, eine Disciplinaruntersuchung zu beantragen, wenn Richter, Advokaten oder Notare sich Pflichtwidrigkeiten zu Schulden kommen lassen, in der Aufsicht und Disciplinargewalt über Anwälte, Gerichtsschreiber und Gerichtsvollzieher, in der Ueberwachung der Vollstreckung richterlicher Urtheile und in der eigenen Vollstreckung derselben in allen das öffentliche Wohl betreffenden Angelegenheiten u. s. w.

Die strafrechtlichen Funktionen des ministère public sind kurz folgende: es hat die begangenen Verbrechen und Vergehen zu erforschen und zu verfolgen. Zu diesem Zwecke ist ihm die gesammte gerichtliche Polizei untergeordnet. Es hat die Anklage bei Gericht zu erheben und durchzuführen. Es hat, sowohl zu Gunsten der Anklage, wie des Angeklagten das Recht der Beschwerde an das höhere Gericht. Es hat die Vollstreckung der strafrechtlichen Beschlüsse und Urtheile zu veranlassen.

Eine Staatsanwaltschaft mit so weitgehenden Machtbefugnissen einzuführen, ist in Deutschland niemals versucht oder angestrebt worden. Nur in den Rheinlanden ließ man bei deren Uebergang aus der französischen Herrschaft an die preußische Monarchie die Staatsprokuratur, wie sie das französische Recht eingeführt hatte, bestehen. Wohl aber haben alle deutschen Staaten, welche der Errichtung einer Staatsanwaltschaft näher traten, mehr oder weniger nach dem französischen Muster gearbeitet. Allgemein in den deutschen Landen ist dieselbe erst durch die Ereignisse des Jahres 1848 in's Leben gerufen worden. Einzelne Vorstöße in dieser Richtung aber sind schon früher zu verzeichnen. So richtete Bayern eine solche ein im Jahre 1831, Hannover 1840, Württemberg 1843, Baden 1845, und schließlich Preußen nach mehrjährigen Vorarbeiten 1846 in einem sehr beschränkten geographischen Umfange.

„Staatsanwälte" gab es in Preußen allerdings schon seit dem Jahre 1844, aber nicht in dem Sinne, in welchem hier über den Titel gehandelt wird. Die Verordnung über das Verfahren in Ehesachen vom 28. Juni 1844 führte sie ein zu dem Zwecke, „daß in Ehescheidungssachen ein Staatsanwalt als defensor matrimonii zugezogen werden solle." Seine Thätigkeit blieb aber auf diese Singularität beschränkt, bis die in den folgenden Blättern geschilderte Entwicklung eintrat.

1843—1847.

Die ersten Erwägungen und Verhandlungen über die Errichtung einer Staatsanwaltschaft in der preußischen Monarchie datiren bis in das Jahr 1843 zurück und hatten ihren Grund vornehmlich in einer tiefen Mißstimmung über die Rechtsprechung der damaligen Strafgerichte, besonders der Einzelrichter. Was man durch das geheime und schriftliche Verfahren, durch den Inquisitionsprozeß künstlich groß gezogen hatte, das rächte sich jetzt und gipfelte in einem unüberwindlichen Mißtrauen gegen den Strafrichter, dem man Unfleiß, Parteilichkeit und Selbstüberhebung vorwarf. Ob und in welchem Umfange dieses Mißtrauen gegen den Strafrichter gerechtfertigt war, das zu untersuchen würde heute schwierig und für uns ein müßiges Beginnen sein. Genug, daß es bestand, und daß es nicht nur in den breiten Schichten des Volkes wühlte, sondern auch die Aufmerksamkeit der Staatsregierung erregte und dieser ernstlich die Frage nahe legte, wie der bestehenden „gerichtlichen Hierarchie", wie man sich ausdrückte, ein Ende zu bereiten sei.

Namentlich die beiden damals gleichzeitig amtirenden Justizminister, v. Mühler (Vater des nachmaligen Kultusministers) und v. Savigny, letzterer zugleich „Minister der Gesetzes-Revision", konnten sich der Nothwendigkeit nicht entziehen, zu diesen Dingen Stellung zu nehmen und zu berathen, welche Maßnahmen wohl geeignet sein würden, dem Uebel abzuhelfen. Nun waren zwar schon Vorarbeiten für den Erlaß einer neuen Kriminal-Ordnung und eines neuen Strafgesetzbuchs im Gange, allein es war noch garnicht abzusehen, wann dieselben würden in's Leben treten können. Auch hatte man wohl bereits für nöthig befunden, mit vielen Prinzipien des alten Strafverfahrens zu brechen; was aber an die Stelle zu setzen sei, bis zu welchem Grade insbesondere der Oeffentlichkeit und der Mündlichkeit Eingang in das Verfahren zu verstatten sei, darüber waltete noch große Unklarheit. Ebenso war man wohl einig in der Ueberzeugung, daß nur ein „Oeffentliches Ministerium" geeignet sein werde, Uebergriffen und Pflichtwidrigkeiten der Gerichte Einhalt zu thun; in welcher Form aber ein solches zu begründen, und mit welchen Machtvollkommenheiten es auszustatten sein werde, das stand dahin. Nicht weniger Zweifel waren zu überwinden in Betreff der Frage, wann dieses öffentliche Ministerium in Wirksamkeit treten solle. Das Natürlichste wäre ja gewesen, wenn man es gleichzeitig mit dem Strafgesetzbuch und der Kriminal-Ordnung eingeführt hätte. Allein es stand noch nicht einmal fest, ob diese beiden Neuerungen zu gleicher Zeit würden erscheinen können. Andererseits war es fraglich, ob es mit Rücksicht auf die öffentliche Meinung wohlgethan sei, die Errichtung eines öffentlichen Ministeriums allzuweit hinauszuschieben.

So machte man denn die aufgeworfenen Fragen zum Gegenstand der Berathung in einer Konferenz des Staatsministeriums vom 7. Juli 1843. Am Schlusse derselben geruhte der König:

A) den beiden Justizministern anzubefehlen, sich darüber baldmöglichst gutachtlich zu äußern, ob es möglich sein werde, bis zur Einführung des neuen Strafgesetzbuchs die Strafgerichts-Ordnung zu vollenden, so daß dieselbe nach dem von den Landtagen der Provinzen Brandenburg, Preußen und Schlesien geäußerten Wunsche gleichzeitig mit dem Strafgesetzbuch publizirt werden kann,

B) sich über die bei dieser Veranlassung zur Sprache gekommenen Grundlagen der Strafgerichtsordnung, Anklageprozeß und öffentliches Ministerium beifällig zu erklären, zugleich aber

C) zu befehlen, daß das öffentliche Ministerium jetzt bald eingeführt werden solle, noch ehe die neue Civil- und Strafgerichts-Ordnung in's Leben treten.

Dies war für die beiden Justizminister der Ausgangspunkt eines lebhaften Meinungsaustausches. v. Mühler schlug eine Kommission zum Zwecke der Berathung über das öffentliche Ministerium vor. Aber v. Savigny wollte von einer solchen nichts wissen, bevor nicht die Kompetenz des Einzelrichters in Strafsachen festgesetzt sei, weil sich gegen diesen der Ansturm in besonders heftiger Weise erhoben hatte. Schließlich gab v. Savigny in dieser Beziehung dem schon früher gemachten Mühlerschen Vorschlage nach, daß die Einzelrichter in „eigentlichen Strafsachen" fortan nicht mehr allein Recht sprechen sollten, höchstens in Vergehen geringerer Art, wie Diebstahl, Hehlerei, Betrug und Unterschlagung bis zu sechs Wochen Gefängniß und entsprechendem Ehrverlust. Er theilte dies v. Mühler in einem Schreiben vom 15. Juli 1843 mit und fügte die charakteristischen Worte hinzu:

Das einzig wirklich erhebliche Bedenken würde sonach nur darin bestehen, daß die Stellung des Einzelrichters die Befugniß nicht ausschließt, daß derselbe auf Freisprechung oder auf eine dem Verbrechen nicht angemessene, zu gelinde Strafe erkennen, und daß derselbe seine Stellung auch dazu mißbrauchen werde, daß er um eine vielleicht schlecht geführte Untersuchung den Augen seiner Vorgesetzten zu entziehen, die Sache durch ein, seine Competenz begründendes mildes Erkenntniß definitiv entscheide.

Es wirft sich deßhalb die Frage auf, ob nicht gleichzeitig mit der Einführung des neuen Strafrechts, welche nach der Vollendung der Criminalordnung jedenfalls nicht aufzuhalten sein würde, sich die sofortige Einführung des Instituts des Staatsanwaldes (in jener Zeit war die Schreibweise „Staatsanwald"; erst später ging man zu der Schreibweise „Staatsanwalt" über) empfehlen würde. Diesem würde allerdings, so lange die jetzige Criminal-Gerichts-Verfassung besteht, nicht derjenige ausgedehnte Wirkungskreis einzuräumen sein, welcher demselben in der Folgezeit zu Theil werden dürfte. Es scheint jedoch, daß dieses Institut schon jetzt großen Nutzen gewähren könnte, wenn dem Staatsanwald die Aufsicht über die Criminalrechtspflege im Allgemeinen übertragen und ihm gleichzeitig die Befugniß beigelegt sein würde, gegen die von den Einzelrichtern in Criminaluntersuchungen abgefaßten Erkenntnisse im Interesse des öffentlichen Wohls ein Rechtsmittel einzulegen.

v. Savigny glaubte also in diesem ersten Stadium auch an die Möglichkeit, schon vor dem Inkrafttreten der beabsichtigten neuen Kriminalgesetze eine Staatsanwaltschaft mit gedeihlicher Wirksamkeit in's Dasein rufen zu können. Das sollte sich später ändern.

v. Mühler forderte ihn nun auf, einen besonderen Gesetzentwurf über die Einführung des öffentlichen Ministeriums auszuarbeiten und dabei die schon von dem früheren Justizminister

v. **Kamptz** gemachten und im Staatsministerium zum Vortrag gebrachten Vorschläge über die künftige Gerichtseinrichtung zu berücksichtigen. Er selbst präzisirte schon bei dieser Gelegenheit seine eigenen vorläufigen Anträge in Betreff der Staatsanwaltschaft. Da sie das erste Gerippe einer Konstruktion darstellen, welches in Preußen für die neue Einrichtung zusammengesetzt wurde, sollen sie nachstehend wörtlich wiedergegeben werden:

§ 1. Bei dem Kammergericht und jedem Oberlandesgericht wird ein Staatsanwalt bestellt.

§ 2. Er wird aus den Räthen der Obergerichte oder Directoren der Untergerichte gewählt und erhält den Rang und Titel eines Geheimen Justizraths und das Gehalt der ersten Rathsklasse desjenigen Collegiums, bei dem er angestellt wird. Die Ernennung erfolgt auf den Vorschlag des Justizministers von des Königs Majestät.

§ 3. Es werden ihm aus der Zahl der jüngeren Räthe und Assessoren die nöthigen Gehülfen zugeordnet.

§ 4. Der Staatsanwalt steht unter der unmittelbaren Aufsicht des Justizministers und hat eine von den Gerichten unabhängige Stellung.

§ 5. Seine Functionen sind folgende:

1. Er ist das Organ des Justizministers und hat in dieser Eigenschaft alle ihm von dem Justizminister ertheilten Aufträge in Justizangelegenheiten auszuführen.
2. Er ist im Allgemeinen befugt, im Interesse der Rechtspflege in allen zu seiner Kenntniß gelangenden Justizangelegenheiten, welche die Oberaufsicht und Disciplin betreffen, die ihm nöthig scheinenden Anträge bei dem Obergericht zu machen, sie mögen das Obergericht selbst oder die ihm untergeordneten Gerichtsbehörden betreffen. Er hat das Recht, das Präsidium zu requiriren, ihm die Akten, deren er bedarf, zustellen zu lassen, oder den Untergerichten aufzugeben, sie zur Einsicht des Staatsanwalts einzureichen.

   Die Obergerichte sind verpflichtet, sich einer sorgfältigen Prüfung der Anträge des Staatsanwalts zu unterziehen, und wenn sie der Ansicht sind, darauf nicht eingehen zu können, förmliche Bescheide zu erlassen, worin die Gründe vollständig zu entwickeln sind, aus denen sie die Anträge für unannehmbar erachten. Diese Bescheide reicht der Staatsanwalt dem Justizminister ein, welchem überlassen bleibt, im Wege der Oberaufsicht das Weitere anzuordnen. Was insbesondere die Beschwerdesachen betrifft, so bleiben die Bestimmungen über den weiteren Gang derselben einer besonderen Verordnung vorbehalten.

3. Der Staatsanwalt ist in allen Civilprozessen, wobei der Königliche Fiscus und die demselben untergeordneten Behörden und Verwaltungen in irgend einer Weise betheiligt sind, der gesetzliche Vertreter derselben. Es stehen ihm in dieser Beziehung die in der A.G.-Ordnung aufgeführten Rechte und Obliegenheiten der Fiscale zu. Es sind ihm zu diesem Zwecke alle eingehenden Klagen gegen den Fiscus 2c. für diesen zu insinuiren, er besorgt die weitere Mittheilung an die betreffende Behörde, welche sich sofort zu erklären hat, ob sie ihm die Führung des Prozesses überlassen oder ob und wen sie zu ihrem Anwalt bestellen wolle. Der Staatsanwalt hat diese Erklärung dem Gericht mitzutheilen, und wenn ein besonderer Anwalt bestellt worden, dabei anzuzeigen, daß er von dem unmittelbaren Betriebe der Sache ausscheide. Gleichwohl verbleibt ihm auch in diesem Falle eine Aufsicht über den Gang der Sache im allgemeinen Interesse der Rechtspflege.

4. In den Untersuchungssachen werden dem Staatsanwalt bis zur Publication der neuen Strafgerichts-Ordnung folgende Rechte und Pflichten übertragen:
   a) Er ist befugt, alle Nachrichten, die ihm über ein zu begehendes oder ein bereits verübtes Verbrechen oder Vergehen zugehen, zur Kenntniß des Obergerichts zu bringen und die Einleitung eines Disciplinar-, eines Scrutinial- oder nach Bewandniß eines Untersuchungs-Verfahrens im fiscalischen oder Criminal-Untersuchungs-Prozesse in Antrag zu bringen.
   b) Es sind ihm alle von den Untergerichten zur Bestätigung eingesandten Erkenntnisse erster Instanz zu seiner Aeußerung vorzulegen: ob er dabei in Beziehung auf die Competenz des Gerichts, das Verfahren, die Anwendung der Strafgesetze und das Maß

der Strafe etwas zu erinnern finde. Findet er Erinnerungen zu machen, so sind die Akten bei dem Obergerichte zum Spruch vorzulegen und darauf förmlich zu erkennen. Findet er nichts zu erinnern, so bleibt es dem Gericht überlassen, die Sache im Memorialien-Vortrag zu erledigen.

c) Es wird ihm das Recht beigelegt, in jeder Untersuchungssache über Verbrechen oder Vergehen, deren Strafe in abstracto das Maximum von 6 Wochen Gefängniß oder 50 Thlr. Geldbuße übersteigt, ein Rechtsmittel einzulegen,

sowohl zum Zwecke der Aggravation in II. Instanz, als im Interesse des Gesetzes, wenn nach seiner Ansicht bei dem Verfahren oder bei der Anwendung der Strafgesetze ein Rechtsgrundsatz verletzt worden ist, zu dem Zwecke, um dem Gesetz seine Geltung zu erhalten und ein milderes Erkenntniß für den Verurtheilten auszuwirken.

d) bei Begnadigungsgesuchen ist derselbe mit seiner Erklärung zu hören.

Man sieht, dieser Vorschlag lehnte sich an das französische Muster an, aber er wagte bei Weitem nicht so weit zu gehen, wie dieses. Auf der anderen Seite konnte er sich nicht freimachen von Anklängen an das alte Fiskalat, das man längst überwunden wähnte. Er verdient Anerkennung für die Schnelligkeit, mit der eine fast völlig neue Materie aufgefaßt und verarbeitet wurde; aber er kann keinen Anspruch auf Reife erheben.

Gleichwohl drängte v. Mühler auf Beschleunigung. In einem unterm 1. September 1843 an v. Savigny gerichteten Schreiben spricht er sich nochmals entschieden dahin aus, daß eine vorherige Einführung (vor dem Inkrafttreten der in Arbeit befindlichen Kriminalgesetze) sehr wohl durchführbar sei, daß dann allerdings aber auch dem Angeklagten ein weiteres Rechtsmittel verstattet werden müsse. Im Uebrigen wünscht er, daß demnächst das Strafgesetzbuch und die Strafgerichtsordnung gleichzeitig publizirt werden mögen, wie dies ja auch die Stände beantragt hatten.

Indessen seine Ansichten und Vorschläge fanden bei v. Savigny keine günstige Aufnahme. Wenn dieser sich Anfangs auch nicht gerade gegen eine möglichst baldige Einführung der Staatsanwaltschaft, ohne die Emanation der neuen Gesetze abzuwarten, ausgesprochen hatte, so wuchsen seine Bedenken gegen einen solchen Schritt doch mit jedem Tage mehr. Er erkannte klar, daß es vom Uebel sein müsse, auf ein altes, hierzu gar nicht vorbereitetes Verfahren ein vollkommen neues, mit jenem nicht im Geringsten harmonirendes Institut aufzupfropfen, und so schrieb er denn am 22. September 1843 an v. Mühler, er sei bei näherer Erwägung, abweichend von der von v. Mühler in seinem Schreiben vom 1. September ausgesprochenen Ansicht zu der Ueberzeugung gekommen, daß diese Maßregel bei dem sehr beschränkten Wirkungskreise, welcher dem Staatsanwalt nach der jetzigen Lage der Dinge nur eingeräumt werden könnte, nicht ohne Bedenken sein und keinen günstigen Eindruck machen würde.

Inzwischen hatten sich die Fälle gemehrt, in denen Erkenntnisse der Strafgerichte zu abfälliger Kritik herausforderten. Die Mißstimmung wuchs und gelangte auch zu den Ohren des Königs. Dieser, von dem lebhaften Wunsche beseelt, Abhülfe zu schaffen, erließ von Neuem am 12. August an v. Savigny eine Allerhöchste Cabinetsordre mit folgendem Wortlaut:

„Ich habe bereits dem Staats-Ministerium mündlich in der bei Mir stattgehabten Sitzung vom 7. Juli d. J. die Berathung über die Einführung des Instituts der öffentlichen Anwälde in Kriminal-Untersuchungen unabhängig von der Revision der Kriminal-Ordnung, aufgetragen. Neuerdings sind mir wieder einige Fälle zur Kenntniß gekommen, wo die baldige Einführung und die Unentbehrlichkeit dieses Instituts sich als dringend nothwendig zeigte. Ich veranlasse Sie deßhalb, diesen Gegenstand vorzugsweise in die Hand zu nehmen, eine Verordnung darüber sobald wie möglich auszuarbeiten und demnächst die Berathung im Staats-Ministerium zu veranlassen.

Sans-souci den 12. August 1843.

gez. Friedrich Wilhelm.

An den Staats- und Justiz-Minister v. Savigny.

Allein v. Savigny ließ sich hierdurch nicht beirren. Er verkannte weder die gute Absicht des Königs, noch die innere Begründung seines Wunsches; aber er wollte nicht schlechte Zustände durch andere beseitigen, deren Werth ebenwohl mindestens zweifelhaft war, und die vielleicht noch schädlicher gewirkt haben würden. Er wollte keine halben Maßregeln, und deßhalb wünschte er lieber die Heilung noch hinauszuschieben, sie dann aber gründlich vorzunehmen. Aus diesen Erwägungen heraus, und weil er die Pflicht fühlte, dem Könige seine Meinung nicht vorzuenthalten, faßte er seine Ansichten und Gedanken in einem Votum vom 22. September 1843 zusammen und legte dasselbe dem Staatsministerium vor. Es lautet nach Weglassung der Eingangsformalien:

Das Institut der Staatsanwaldschaft gehört zwar seinem Ursprunge nach keineswegs ausschließend der Französischen Gerichtsverfassung an. Andeutungen davon finden sich vielmehr schon in der altdeutschen Verfassung; wir finden dasselbe nicht minder in der Englischen Gerichts-Verfassung; und auch dem Preußischen Staate ist dasselbe nicht fremd, da in dem früher bestandenen, aber im Laufe der Zeit untergegangenen Fiscalat etwas jenem Institut analoges entgegentritt. Seine vollendete Ausbildung hat jedoch das Institut der Staatsanwaldschaft in der Französischen Gerichts-Verfassung erhalten, wiewohl auch hier dasselbe nicht als eine Schöpfung der neueren Zeit aufgefaßt werden darf, da vielmehr die hierauf Bezug habenden Bestimmungen der neueren Französischen Gesetzgebung im Wesentlichen nur aufgenommen haben, was in Frankreich schon immer bestanden hat. Es wird deßhalb gestattet sein, dieses Institut in seiner ihm in jener Verfassung zu Theil gewordenen Entwicklung und so, wie dasselbe jetzt auch in der Rheinprovinz in gesetzlicher Kraft besteht, als leitende Norm aufzufassen und hieran die Untersuchung der Frage zu knüpfen, ob und in welchem Maße dasselbe mit Nutzen auf die Alt-Preußische Rechtsverfassung zu übertragen sei.

Nach französischer Verfassung äußert sich die Wirksamkeit des Staats-Anwaldes in dem Criminal-Prozesse zunächst und hauptsächlich bei der Einleitung und Führung der Untersuchung. Dem Staatsanwalde liegt es ob, in Verbindung mit der gerichtlichen Hülfs-Polizei, vorkommende Verbrechen aufzusuchen und zu erforschen; er hat ausschließlich die Befugniß des ersten Einschreitens, und ihm steht es zu, Denuntiationen aufzunehmen und die Untersuchung zu veranlassen. Die Führung der Untersuchung selbst gebührt zwar dem Instructions-Richter; der Staats-Anwald muß jedoch mit allen Resultaten der Untersuchungen bekannt gemacht werden; ohne seine Zuziehung kann kein wichtiger Akt erfolgen, namentlich nicht der Augenschein aufgenommen und ein Verhaftsbefehl erlassen werden. Der Staats-Anwald hat ferner die Befugniß, Anträge zu stellen, und das Recht, gegen die in der Voruntersuchung ergehenden Beschlüsse des Kriminalgerichtshofes Opposition einzulegen, und es gehen durch seine Vermittlung die Verhandlungen an die Anklagekammer. In den zur peinlichen Anklage verwiesenen Fällen ist sodann der Staats-Anwald der allein berechtigte Ankläger; er steht dem Angeklagten als wahre Hauptpartei entgegen, und er muß eben deßhalb in dieser Eigenschaft mit seinen Conclusionen gehört werden.

Für den vorliegenden Zweck gestatte ich mir nicht, auf eine nähere Prüfung dieser in der Französischen Rechtsverfassung für die Wirksamkeit des Staats-Anwaldes beruhenden Grundzüge und auf deren Rechtfertigung nach innerer Begründetheit und Zweckmäßigkeit einzugehen; ich beschränke mich vielmehr auf die Bemerkung, daß die Staats-Anwaldschaft in diesem Wirkungskreise, wenngleich mit einigen, jedoch das Wesen der Sache nicht berührenden Modificationen, auch in den Preußischen Staat ohne besondere Schwierigkeit eingeführt werden und auch bei uns ihren Nutzen und gedeihlichen Erfolg bewähren könne. Soll jedoch das Institut der Staats-Anwaldschaft, unabhängig von der Revision der Kriminal-Ordnung und sofort eingeführt werden, so tritt die Frage über die Zweckmäßigkeit und Nothwendigkeit jenes Instituts für jetzt in den Hintergrund; zunächst kommt vielmehr zur Erwägung, ob und inwieweit das Institut der Staats-Anwaldschaft mit den Grundsätzen der in gesetzlicher Kraft bestehenden Preußischen Kriminal-Ordnung vereinbar und praktisch ausführbar sein wird.

Hiervon ausgegangen ergibt sich nun aber auf den ersten Blick, daß die Einwirkung, welche dem Staats-Anwald nach französischer Verfassung auf Einleitung und Führung der Untersuchung zusteht, mit der Preußischen Kriminal-Ordnung in keiner Weise vereinbar sein würde. Der Preußischen Kriminal-Ordnung ist der Anklage-Prozeß durchaus fremd; der Kriminalrichter schreitet von Amtswegen ein, führt die Untersuchung selbstständig, ohne Einwirkung irgend einer anderen Behörde und erkennt demnächst auf geschlossenen Akten, ohne mündliches und öffentliches Verfahren. In dieser Beziehung steht sich also die Kriminal-Verfassung nach Preußischem und nach Französischem Rechte in entschiedenen Gegensätzen gegenüber, und eine Vermittlung zwischen beiden ist insoweit weder denkbar, noch ausführbar. Wenn daher das Institut der Staats-Anwaldschaft bei uns auch in den vorgedachten Attributionen zur praktischen Bedeutung gelangen soll, so ist für diesen Zweck unerläßlich, mit einer völligen Umgestaltung der Fundamente der Preußischen Kriminal-Ordnung voranzugehen. Für jetzt und bevor die Revision der Kriminal-Ordnung vollendet sein wird, wird daher jedenfalls darauf Verzicht geleistet werden müssen, das Institut der Staats-Anwaldschaft gerade in diesen seinen bedeutendsten und erfolgreichsten Attributionen bei uns in's Leben zu rufen.

Ein fernerer, nicht minder wichtiger Beruf des Staats-Anwaldes besteht nach der französischen Verfassung aber auch darin, daß derselbe von allen in Kriminal-Untersuchungen ergehenden richterlichen Entscheidungen Kenntniß zu nehmen und zu prüfen hat, ob dieselben den Gesetzen gemäß sind, und daß er gegen dieselben im Interesse des Gesetzes und des Staates Rechtsmittel einzuwenden berechtigt und verpflichtet ist.

Es erscheint kaum zweifelhaft, daß auch in dieser Beziehung die französische Gerichtsverfassung den Vorzug verdiene vor dem Grundsatze der Preußischen Kriminal-Ordnung, welche nur dem Angeklagten, nicht dem Staate, im öffentlichen Interesse ein Rechtsmittel gegen die in Kriminal-Untersuchungen ergehenden Entscheidungen erster Instanz gestattet. Die Erfahrung hat auch bei uns genugsam bethätigt, daß der Staat sich in den Kriminal-Untersuchungen nicht immer durch die Gerichte für hinlänglich vertreten halten darf, und es ist eben deßhalb nothwendig geworden, in den gegen Civil-Beamte wegen Amts- und gemeiner Verbrechen eingeleiteten Untersuchungen der Staatsverwaltung ein Rechtsmittel gegen die Erkenntnisse erster Instanz zu gestatten. Es ist aber kein Grund vorhanden, diese Einrichtung lediglich auf jene besondern Arten der Untersuchungen zu beschränken. Jede Untersuchung ohne Unterschied ist eine öffentliche Sache, in welcher nur nach dem in dem Gesetze ausgesprochenen Willen des Staats entschieden werden darf; eben deßhalb muß aber der Staat ebenso das Recht, als selbst die Pflicht haben, im öffentlichen Interesse die Gerichte in der richtigen Anwendung der Strafgesetze zu überwachen. Dieser Zweck kann aber, wenn anders die richterliche Selbstständigkeit nicht gefährdet werden soll, mit Erfolg nur dadurch gesichert werden, daß dem Staate das Recht beigelegt wird, in allen Untersuchungen gegen die, den Gesetzen nicht entsprechenden Erkenntnisse durch Einlegung des Rechtsmittels auf den Anspruch des höheren, praesumtiv also intelligenteren Richters sich zu berufen, und zur Ausführung dieser Maßregel wird wiederum das Institut der Staats-Anwaldschaft nicht füglich zu entbehren sein.

Das Institut des Staats-Anwaldes wird nun zwar auch in dieser Beziehung nicht eingeführt werden können, ohne gleichzeitig die Preußische Kriminal-Ordnung in einem an sich nicht unwichtigen Grundsatze abzuändern. Dieser Grundsatz gehört indessen nicht zu denjenigen, welche die Kriminal-Ordnung in ihrer ersten und Hauptgrundlage berühren; jene Abänderung der Kriminal-Ordnung und die hiermit in Verbindung zu setzende Einführung der Staats-Anwaldschaft zu bewirken, würde vielmehr ebenso möglich und ausführbar sein, als dies schon jetzt in den gegen Civil-Beamte eingeleiteten Untersuchungen wirklich zur Ausführung gekommen ist. Hierauf würde sich indessen für jetzt und bis zur vollendeten Revision der Kriminal-Ordnung die Wirksamkeit des Staats-Anwaldes im Wesentlichen beschränken müssen; allenfalls würde demselben noch außerdem im gewissen Maße, und insoweit dies mit der jetzt bestehenden Verfassung vereinbar ist, ein gewisses Aufsichtsrecht über die Kriminal-Gerichte übertragen werden können.

Vergleicht man nun aber die Wirksamkeit, welche dem Staatsanwald hiernach für jetzt und vor vollendeter Revision der Kriminal-Ordnung nur eingeräumt werden kann, mit derjenigen, welche dem Staats-Anwalde nach der Französischen Verfassung zusteht, so wird nicht zu verkennen sein, daß seine Wirksamkeit nicht nur schon an und für sich eine sehr beschränkte ist, sondern daß sie gerade in denjenigen Beziehungen, hinsichtlich deren das Institut der Staats-Anwaldschaft vorzugsweise als ein die Zwecke der Kriminal-Rechtspflege förderndes nicht ohne Grund gepriesen wird, für jetzt von jeder Einwirkung und Thätigkeit ausgeschlossen sein würde. Es ist nicht zu erwarten, daß die Einführung der Staats-Anwaldschaft in dieser beschränkten und untergeordneten Richtung die öffentliche Meinung befriedigen werde, im Gegentheil würde diese Einführung, worüber man sich nicht täuschen darf, einen sehr ungünstigen Eindruck hervorbringen. In der öffentlichen Meinung hat sich mehr oder weniger die Ansicht festgestellt, daß die Kriminal-Ordnung und das in derselben vorgeschriebene Verfahren dem Angeklagten keine zureichenden Garantieen gewährt, und es wird deßhalb stärkerer und kräftigerer Schutz begehrt, als die bestehende Verfassung darbietet. Ohne Zweifel ist in dem, was hierüber in neuerer und neuster Zeit in Druckschriften und sonst verhandelt worden, viel Uebertriebenes enthalten; völlig grundlos kann aber dieses Begehren schon deßhalb nicht geachtet werden, weil die gesetzgebende Gewalt selbst eifrigst mit der Revision der Kriminal-Ordnung und Kriminalgerichts-Verfassung sich beschäftigt und die Aufgabe zu lösen sucht, ebensowohl im Interesse des Staates, als in dem des Angeklagten, die bestehende Kriminal-Gesetzgebung zu verbessern. Wenn daher bei dieser Lage der Dinge für jetzt lediglich der erstere Gesichtspunkt in's Auge gefaßt, wenn also nur darauf Bedacht genommen werden soll, dem Staate eine verstärkte Garantie für die richtige und sachgemäße Anwendung der Strafgesetze zu geben, der zweite, den Schutz des Angeklagten in's Auge fassende Gesichtspunkt dagegen, wenn auch nicht ganz beseitigt, doch in entfernter Zukunft verschoben wird, so wird die unbefangene Erwägung sich nicht überrascht halten dürfen, wenn eine solche Maßregel, weit entfernt, in wohlwollender Gesinnung aufgenommen und beurtheilt zu werden, leicht zu den gehässigsten Deutungen hinführen wird. Hierzu kommt aber noch, daß die Einführung der Staats-Anwaldschaft nicht ohne einen sehr bedeutenden Kostenaufwand zu bewirken sein wird; ob aber dieser Kostenaufwand mit dem beschränkten Wirkungskreise, welcher dem Staats-Anwald nach dem Vorstehenden für jetzt nur angewiesen werden kann, in einem richtigen Verhältniß stehen werde, glaube ich meinerseits bezweifeln zu müssen.

Aus den vorstehend entwickelten Gründen kann ich nicht rathsam halten, schon jetzt mit der Einführung des Instituts der Staats-Anwaldschaft in Kriminal-Untersuchungen vorzuschreiten, ich bin vielmehr der Ansicht, daß dieses Institut nur als integrirender Theil der neuen Kriminal-Ordnung und des dadurch zu begründenden veränderten Verfahrens in's Leben treten kann, bis zur Vollendung der Kriminal-Ordnung mithin der Einführung jenes Instituts Anstand zu geben sein dürfte. Die Gründe, welche hierfür sprechen, sind aber nach meiner Ueberzeugung so gewichtig, daß ich Anstand nehme, schon jetzt den von des Königs Majestät befohlenen Entwurf vorzulegen; ich erlaube mir vielmehr die unterthänige und ergebene Bitte, daß sich Ein hohes Staats-Ministerium zuvörderst über die Vorfrage entscheide, ob unter den dargestellten Umständen rathsam und zeitgemäß sein dürfte, schon jetzt mit der Ausführung der angedeuteten Maßregel vorzuschreiten.

So wenig ich verkenne, daß die bestehende Verfassung, nach welcher dem Staate im öffentlichen Interesse gegen die in Kriminal-Untersuchungen in erster Instanz ergehenden Erkenntnisse ein Rechtsmittel nicht zusteht, der Abänderung bedarf, so wage ich doch zu behaupten, daß das Bedürfniß hierzu nicht in dem Maße dringend sei, um diese Verfassung, nachdem sie schon so lange bestanden hat, nicht noch bis zu der anscheinend nicht in ferner Zukunft liegenden Revision der Kriminal-Ordnung aufrecht erhalten werden könnte.

Jedoch selbst diese geradezu musterhafte Darlegung vermochte v. Mühler nicht zu überzeugen und von seinem Drängen abzubringen. Er sowohl, wie die Minister Graf zu Stolberg und Graf zu Arnim gaben schriftliche Erklärungen gegen dieses Votum ab, was wiederum v. Savigny veranlaßte, dem letzteren ein weiteres nachträgliches Votum nachzusenden, in welchem er dringend warnt, den Staatsanwalt durch vorzeitige Einführung ohne gesetzliche Regelung des Strafverfahrens, in welchem er einen gesetzlichen Platz finde, eine Stelle anzuweisen, wie sie die früheren Fiskale, welche sich nicht nur als zweckwidrig erwiesen, sondern auch eine große Gehässigkeit auf sich geladen, gehabt haben, welche Ansicht auch in der Allerhöchsten Cabinetsordre vom 10. März 1809 ihren Ausdruck gefunden und zur Auflösung des unnützen Instituts geführt habe.

v. Mühler, welcher unterdessen in einem Exposée vom 12. Dezember 1843 seine Ansichten über die Funktionen der demnächstigen Staatsanwaltschaft in noch viel weitergehender Weise, als früher, entwickelt hatte, — so sollten beispielsweise selbst alle Monita der Ober-Rechnungs-Kammer dem Staatsanwalt vorgelegt werden — versah die Vota v. Savigny's mit zahlreichen Randbemerkungen, theils zustimmender, in der Hauptsache aber widerstreitender Art. Höchst interessant für die Auffassung, welche man damals von der persönlichen Seite der neuen Institution hatte, ist eine dieser Randbemerkungen, in welcher v. Mühler sagt: er gebe unbedingt nach, daß das Fiskalat nicht die Zwecke erreicht habe, zu denen es bestellt war; der Grund sei darin zu suchen, daß man den Fiskalen keine selbstständige ehrenvolle Stellung zu geben wußte, und daß man sie nöthigte, ihren Unterhalt auf andere Weise zu suchen, — und in welcher es dann weiter wörtlich heißt:

> Ich will die Staatsanwälte blos dem Justizministerium untergeordnet sehen, dessen Organe sie sein sollen. Sie sollen ein anständiges Gehalt erhalten und Aussicht auf Beförderung haben, um sich ihren Obliegenheiten mit Eifer und voller Thätigkeit widmen zu können. Sie sollen die ehrenvolle Bestimmung haben, Wächter der Gesetze zu sein, die Uebertreter der Gesetze zu verfolgen, die Bedrängten schützen, und Allen, denen der Staat seine Vorsorge widmet, ihren Beistand gewähren. Sie sollen nicht selbst inquiriren, sondern das Amt des Richters anrufen, Diejenigen, die Beschwerden zu führen haben, hören, die Beschwerden prüfen, und wenn sie dieselben gegründet finden, Remedur bewirken. — Es wird dafür gesorgt werden, daß nur intelligente, besonnene und ehrenhafte Männer als Staatsanwalte angestellt werden. Von solchen Männern ist nur Gutes zu erwarten.

Fürwahr, einer edleren Auffassung von dem Berufe eines Staatsanwalts wird man schwerlich begegnen. Es ist fast zu bewundern, daß sie schon in jenem Vorstadium so klar durchdacht hervortreten konnte, und man kann es nur aufrichtig bedauern, wenn nicht überall und nicht zu allen Zeiten das Ideale dieser Worte gleich empfunden und gleich hochgehalten worden ist.

In den nun folgenden Sitzungen des Staatsministeriums wurde der Gegenstand auf die Tagesordnung gesetzt. Wenn es auch nicht gelang, eine Einigkeit der Ansichten zu erzielen, so dienten die Verhandlungen doch wesentlich zur Klärung derselben. Es gelangte immer mehr zum eigenen Bewußtsein, worauf man eigentlich hinauswolle, und immer kräftiger gelangte die Empfindung zum Durchbruch, daß es mit der bloßen Installirung einer Staatsanwaltschaft nicht gethan sei, daß man vielmehr zugleich mit derselben unbedingt gewisse Modifikationen des bestehenden Rechts vornehmen müsse, so namentlich eine Verschiebung und Veränderung in den bestehenden Rechtsmitteln des Strafverfahrens.

Am 19. März 1844 beschloß das Staatsministerium denn auch, abweichend von einem früher gefaßten Beschlusse, daß im Interesse des Staats und der Gesetze gegen die Entscheidungen der ersten Richter in Untersuchungssachen ein Rechtsmittel eingeführt werden solle, jedoch nur in bestimmten Fällen, und für den Angeklagten nur gegen die Entscheidungen zweiter Instanz zulässig, für den Staatsanwalt gegen die Entscheidungen erster und zweiter Instanz. Zugleich beauftragte es den Justizminister v. Savigny, die gesammte Materie weiter auszuarbeiten.

Bereits drei Tage später, am 22. März, entledigte sich v. Savigny dieses Auftrags, indem er zwei Entwürfe vorlegte, von denen der eine nur allgemeine „Grundzüge“ über die Einführung eines allgemeinen Rechtsmittels der Aggravation enthält und die Thätigkeit des Staatsanwalts in diesem Verfahren fixirt, der andere aber bereits die Form einer Verordnung wegen Einführung der Staatsanwaltschaft hat. Der letztere Entwurf lautet in der später vom Staatsministerium mit geringen Abweichungen gegen den ursprünglichen Text gutgeheißenen Form folgendermaßen:

Grundzüge
zu einer
Verordnung wegen Einführung der Staats-Anwalte.

1. Für den Bezirk eines jeden Obergerichts wird ein Staats-Anwalt bestellt.

2. Die Ernennung des Staats-Anwalts erfolgt auf den Vorschlag des Justizministers von des Königs Majestät selbst. Derselbe hat den Rang eines Raths vierter Klasse.

3. Wo es das Bedürfniß erfordert, werden durch den Justizminister aus der Zahl der Assessoren dem Staats-Anwalte die nöthigen Gehülfen zugeordnet, welche dessen Anweisungen zu befolgen haben.

4. Der Staats-Anwalt steht unter der unmittelbaren Aufsicht des Justizministers, dessen Aufträge in Justiz-Angelegenheiten er auszuführen verpflichtet ist, und hat eine von den Gerichten unabhängige Stellung. Sein amtlicher Wirkungs-

kreis erstreckt sich auf den ganzen Umfang des Gerichtssprengels desjenigen Gerichts, bei welchem derselbe angestellt ist.

5. Der Staats-Anwalt hat das Recht und die Pflicht, auf die Befolgung der Gesetze zu achten und jede strafbare Verletzung derselben, soweit solche zum Geschäftskreise der gerichtlichen Behörden gehört und von Amtswegen zu rügen ist, zu verfolgen. Insbesondere hat derselbe sein Augenmerk auf diejenigen Verbrechen zu richten, durch welche der Staat in seiner Gesammtheit und die öffentliche Ordnung verletzt wird.

6. Demselben liegt daher ob, vorgefallene oder beabsichtigte Verbrechen oder Verletzungen dieser Art zu ermitteln. Er hat zu diesem Zweck die zur Feststellung des Thatbestandes und zur Ueberführung des Thäters diensamen, zu seiner Kenntniß gelangten Nachrichten zu sammeln, für deren Vervollständigung zu sorgen, und auf Grund derselben bei der betreffenden Gerichts- oder Dienstbehörde die ihm erforderlich erscheinenden Anträge wegen Einleitung der Untersuchung zu machen, die Führung der Untersuchung selbst liegt außer den Grenzen seines Amts.

7. Sämmtliche Justiz- und Polizeibehörden sind verpflichtet, den innerhalb dieses Wirkungskreises (6) an sie ergehenden Requisitionen des Staats-Anwalts unverzüglich zu genügen, ihm auch durch Vorlegung oder Uebersendung ihrer Akten deren Einsicht zu gestatten.

8. Ist die gerichtliche oder Dienstbehörde der Ansicht, daß auf den Antrag des Staats-Anwaltes wegen Einleitung einer Untersuchung nicht einzugehen sey, so ist die Behörde verpflichtet, die Gründe, durch welche diese Ansicht gerechtfertigt werden soll, in einem förmlichen, dem Staats-Anwalte mitzutheilenden Bescheide vollständig zu entwickeln. Hält der Staats-Anwalt die Sache dazu angethan, so hat derselbe, mit Einreichung dieses Bescheides, seine Anträge bei der vorgesetzten Behörde zu verfolgen und von dieser die weitere Anordnung im Wege der Oberaufsicht zu erwarten.

9. Die Polizeibehörden haben zu ermessen, ob nach dem Bedürfniß des Gegenstandes die Verhandlungen über die durch sie ermittelten Verbrechen und Vergehen, Behufs der einzuleitenden Untersuchung unmittelbar dem Gerichte oder dem Staats-Anwalte mitzutheilen und diesem die weiteren Anträge

wegen Einleitung der Untersuchung zu überlassen sind. In allen Fällen, in welchen die Verhandlungen unmittelbar an die Gerichte abgegeben werden, ist hiervon dem Staats-Anwalt Anzeige zu machen.

Die näheren Bestimmungen der Grundsätze, nach welchen die Polizeibehörden hierbei zu verfahren haben, bleiben einer besonderen Instruktion vorbehalten.

10. In der gesetzlich bestehenden Verpflichtung der Gerichtsbehörden, vorgefallene Uebertretung der Gesetze von Amtswegen zu verfolgen, wird durch die Bestellung des Staats-Anwalts nichts geändert; die Gerichte haben vielmehr, ohne die Anträge des Staats-Anwalts abzuwarten, die auf anderem Wege ihnen über vorgefallene Verbrechen zugegangenen Nachrichten nach Vorschrift der Kriminal-Ordnung zu verfolgen und wegen Einleitung der Untersuchung das Erforderliche zu veranlassen. Die Gerichte sind jedoch befugt und verpflichtet, in Fällen, in welchen für den Zweck der von ihnen eingeleiteten Untersuchung, insbesondere Behufs der Ermittelung des Thäters und dessen Gehülfen, davon Nutzen erwartet werden darf, die Mitwirkung des Staats-Anwalts hierzu in Anspruch zu nehmen.

11. Nach dem Abschlusse der auf den Antrag des Staats-Anwalts eingeleiteten Untersuchungen sind demselben die Verhandlungen zur Erklärung darüber vorzulegen, ob die Sache zur Abfassung des Erkenntnisses vorbereitet sey.

Die Frist zur Abgabe dieser Erklärung wird von dem Untersuchungsrichter nach den Umständen bestimmt; in der Regel darf sie einen Zeitraum von 14 Tagen nicht überschreiten und muß, in sofern der Angeschuldigte eine Vertheidigungsschrift anfertigen und einreichen will, mit der zur Einreichung der Vertheidigungsschrift bestimmten Frist gleichen Schritt halten. Nach Ablauf dieser Frist sind die Akten, ohne Abwartung der Erklärung des Staats-Anwalts, zur Abfassung des Erkenntnisses zu befördern.

12. Werden die auf Ergänzung und Vervollständigung der Untersuchung gerichteten Anträge des Staats-Anwalts von dem Untersuchungsrichter begründet gefunden, so ist diesen Anträgen statt zu geben; andernfalls ist aber der Staats-Anwalt hierüber mit Gründen zu bescheiden.

13. Dem Staats-Anwalt bleibt unbenommen, wenn er sich durch die ihm entgegengesetzten Gründe nicht überzeugt findet, Gegenvorstellungen zu machen. Der Lauf der Untersuchung darf jedoch hierdurch nicht unterbrochen und verzögert werden; es ist aber die Pflicht des erkennenden Richters, die Anträge des Staats-Anwalts mit Sorgfalt zu erwägen, und in sofern diese Erwägung zu keinem, den Anträgen des Staats-Anwalts günstigen Ergebniß hinführt, sich hierüber in den Entscheidungsgründen besonders zu äußern.

14. In gleicher Weise ist der erkennende Richter verpflichtet, die von dem Staats-Anwalt zur richtigen Würdigung der Strafbarkeit des Angeklagten und über das zur Anwendung kommende Strafgesetz vorgetragenen Momente und Ansichten zu berücksichtigen. Hält der erkennende Richter dafür, daß der Ausführung des Staats-Anwalts nach den Gesetzen nicht beizutreten sey, so ist dies in den Entscheidungsgründen besonders zu rechtfertigen.

15. Wo es nach der bestehenden Gesetzgebung im Disziplinar-Verfahren gegen Beamte, in fiskalischen und Kriminal-Untersuchungen auf die Erklärung einer Staatsbehörde ankommt, ist dieselbe von dem Staats-Anwalt zu erfordern.

16. In allen Fällen, in welchen einer Staatsbehörde ein Rekurs oder ein Aggravationsmittel zusteht, namentlich also in Untersuchungen wider Beamte, ist der Bescheid oder das Erkenntniß erster Instanz dem Staats-Anwalt an Publikationsstatt zuzufertigen, welcher für die weitere Beförderung an die betreffende Behörde zu sorgen, und wo dieselbe oder er selbst es für nothwendig hält, das zuständige Rechtsmittel einzulegen und zu rechtfertigen hat.

17. Der Staats-Anwalt hat sich hierbei (15. und 16.) nach den ihm im Allgemeinen oder in jedem einzelnen Falle zugehenden Anweisungen zu achten.

18. Die Bestätigung der Erkenntnisse der Obergerichte, soweit sie gesetzlich vorgeschrieben, ist von dem Staats-Anwalt bei dem Justizminister einzuholen und der Antrag hierauf mit seinem Gutachten, hinsichtlich der Gründe, welche geeignet seyn können, die Bestätigung zu ertheilen oder zu versagen, zu begleiten.

Zu diesem Zwecke haben die Obergerichte dem Staats-Anwalte eine Ausfertigung des Erkenntnisses mit den Akten zuzustellen.

19. Alle Begnadigungs-Anträge sind dem Staats-Anwalt zu überweisen, welcher sie mit seinem Gutachten begleitet, an den Justizminister befördert.

20. Der Staats-Anwalt hat darüber zu wachen, daß die erkannten Strafen, entsprechend dem ergangenen Erkenntnisse und den Gesetzen, unverzüglich zur Vollstreckung kommen. Derselbe hat das Recht und die Pflicht, sich von dem Zustande und den Einrichtungen der Straf-Anstalten durch eigene Anschauung Ueberzeugung zu verschaffen und wahrgenommene Uebelstände der betreffenden Behörde zur Abhülfe anzuzeigen und darauf zu halten, daß diese Abhülfe bewirkt werde.

21. Es gehört zum amtlichen Berufe des Staats-Anwalts, Verzögerungen und Unregelmäßigkeiten in der Führung der Untersuchungen, überall, wo solche von ihm wahrgenommen werden, Abhülfe zu verschaffen und dieserhalb allenfalls Anträge bei der vorgesetzten Dienstbehörde zu machen. Der Staats-Anwalt ist berechtigt und verpflichtet, Beschwerden, welche sich auf eingeleitete Untersuchungen beziehen, entgegen zu nehmen und für deren Erledigung und Abhülfe durch geeignete Maaßregeln wirksam zu seyn.

22. Die Bestimmungen über die Wirksamkeit, welche dem Staats-Anwalt außer den Untersuchungen, in Civil-Prozessen, und namentlich in Streitigkeiten in Ehesachen, so wie in Beschwerdesachen, eingeräumt werden soll, bleiben besonderen Verfügungen vorbehalten.

Am 23. März überreichte dann v. Savigny an v. Mühler auch noch das Protokoll einer im Justizministerium am 21. März stattgehabten Berathung, in welchem die Motive jener Entwürfe enthalten waren. In betreff der Einführung neuer Rechtsmittel im Strafverfahren heißt es in diesen Motiven:

Man darf sich nicht verhehlen, daß, wenn dieser Vorschlag ausgeführt werden soll, dadurch dem Institut der Staats-Anwaltschaft eine nicht unbedeutende Arbeitslast zufallen wird. Daß hierzu nicht Ein Staats-Anwalt für jedes Departement ausreichen kann, dürfte einleuchten; es wird vielmehr die Anstellung mehrerer Substituten erforderlich, und diese werden ihren Wohnsitz nicht sämmtlich am Sitze des Obergerichts nehmen können, sondern in dem Departement zu vertheilen sein, so jedoch, daß sie die Geschäftsführung in dem am Orte des Obergerichts domicilirenden Staats-Anwalte concentrirt und die übrigen Anwälte von diesem abhängig sind. Denn, soll der Staats-Anwalt ein Rechtsmittel im Interesse des Staats und des Gesetzes anbringen können, so versteht sich von selbst, daß ihm von den, bei den verschiedenen zur Abfassung von Criminalurteln competenten, in dem ganzen Departement zerstreuten Gerichten ergangenen Erkenntnissen Mittheilung gemacht werden muß, damit er auf Grund derselben die Nothwendigkeit und Zulässigkeit des Rechtsmittels prüfe. Der Umfang der dem Staats-Anwalte obliegenden Arbeit wird daher nicht bloß abhängig sein von den wirklich anzubringenden und durchzuführenden Rechtsmitteln; schon jene Prüfung jedes einzelnen Erkenntnisses ohne Unterschied würde eine kaum bestreitbare Arbeit zur Folge haben. Es wird daher erforderlich sein, auf Mittel Bedacht zu nehmen, um diese Arbeitslast auf ein gewisses, übersehbares Maß zu beschränken. Als ein solches Mittel dürfte sich angemessen empfehlen, wenn gewisse einzelne Verbrechen, etwa gemeiner Diebstahl, Betrug, Eigennutz und unerlaubte Selbsthülfe, mit mehr oder weniger Beschränkung von jener Maßregel ausgenommen würden. In der That dürfte bei dieser Klasse von Verbrechen die Nothwendigkeit im Interesse des Staats und des Gesetzes auf den Richterspruch einzuwirken, nicht so dringend entgegentreten, um nicht jene Rücksicht auf mögliche Verminderung der Arbeitslast den ihr gebührenden Einfluß zu gestatten. Daß der Staat aller Einwirkung auf diese Erkenntnisse sich enthalte, ist übrigens gar nicht erforderlich; es läßt sich vielmehr eine Einrichtung treffen, welche den Zweck, wenn auch nicht ganz, doch im Wesentlichen zu erreichen geeignet sein wird. Diese Einrichtung kann darin bestehen, daß dem Staats-Anwalt von Zeit zu Zeit, etwa alle drei Monate, jene Erkenntnisse mitgetheilt werden. Er kann sodann die bei den Gerichten angenommenen Grundsätze prüfen, und in sofern er dieselben unrichtig findet, dagegen, jedoch lediglich im Interesse des Gesetzes, und zur Nachachtung für künftige Fälle, das Rechtsmittel der Cassation einlegen.

Während dieser Zeit war auch v. Mühler nicht unthätig gewesen, hatte vielmehr nochmals seine Vorschläge zusammengefaßt und von Neuem redigirt.

Auch der Prinz von Preußen, als Mitglied des Staatsraths, hatte seine Ansicht, mit der er sich vollkommen auf die Seite v. Savigny's stellte, in folgendem Schreiben niedergelegt:

Sollte ich der Debatte über die Einführung des Instituts des Staats-Anwalts nicht beiwohnen können, so votire ich hiermit schriftlich dahin:

daß ich keineswegs gegen Einführung dieses Instituts mich erkläre, vielmehr das Nützliche desselben im Allgemeinen anerkenne; gegen die sofortige Einführung mich jedoch erklären muß, aus denen, in der Denkschrift des Ministers von Savigny Excellenz, überwiegend dargelegten Gründen; namentlich trete ich der Ansicht völlig bei, daß bei der dargestellten nur theilweise möglichen Einführung (ohne zuvorige Umgestaltung des ganzen Criminalverfahrens) dieselbe sehr gehässig vom Publikum aufgenommen werden würde, als wohl zum Schutz des Staats kreirt, aber zugleich zum Nachtheil des Verklagten. Ich kann mich daher nur dahin erklären, daß ich dem Antrag beitrete:

die Einführung des Instituts des Staats-Anwalts so lange auszusetzen, bis die neue Criminalordnung zur Berathung kommen wird.

Berlin, den 11ten Dezember 1843.

(gez.) Prinz von Preußen.

So kam denn die Angelegenheit wiederum am 30. April 1844 im Staatsministerium zur Verhandlung. Aber obwohl von den verschiedensten Seiten wohl vorbereitet, und in mannigfachen Sitzungen des Staatsministeriums bereits berathen, brachte es die Schwierigkeit der Materie zu Wege, daß noch immer die verschiedenartigsten, weit auseinandergehenden Meinungen laut wurden. Nur mit Mühe konnte eine Majorität dahin zu Stande gebracht werden, daß man, dem in der Allgemeinen Gerichtsordnung für den fiskalischen Prozeß aufgestellten Prinzip sich anschließend, nur gegen die Erkenntnisse erster Instanz ein Rechtsmittel innerhalb gewisser Grenzen, dem Angeklagten aber die Berufung an den dritten Richter vermittels des Rechtsmittels der weiteren Vertheidigung nur dann gestatten wollte, wenn auf das dem Staatsanwalt gegen das erste Urtheil eingelegte Rechtsmittel eine Abänderung zum Nachtheil des Angeklagten erfolgt.

Alsdann heißt es in dem Protokoll weiter:

Nach dem Vorstehenden ist zwar das Bedürfniß zur Einführung des Instituts der Staats-Anwälte zunächst nur durch die Rücksicht auf das im Interesse des Staats und der Gesetze zu gestattende Rechtsmittel hervorgerufen. Bei den Berathungen im Staatsministerium ist indessen zur Sprache gekommen, daß die Einführung der Staats-Anwälte auch noch in anderer Beziehung wünschenswerth, fast nothwendig sey. Nach der jetzigen Verfassung und nachdem das Institut der Fiskale im Laufe der Zeit untergegangen ist, fehlt es nämlich an einem Organe, vermittelst dessen die Verwaltungs-, namentlich die Polizeibehörden, vorgefallene Verbrechen durch Anklage bei den Gerichten verfolgen und die Uebertreter der Gesetze, und namentlich die Störer der öffentlichen Ordnung zur Verantwortung ziehen können. Der Mangel eines solchen Organs hat, da die Kriminalgerichte, wiewohl nach den Grundsätzen der Kriminal-Ordnung verpflichtet, vorgefallene Verbrechen von Amtswegen zu rügen, nach ihrer Stellung, zumal bei politischen Verbrechen, nicht immer im Stande sich befinden, dieser Verpflichtung nachzukommen, nicht selten auch der Wille hierzu fehlt, zur Folge gehabt, daß die Verwaltungsbehörden und die Ministerien selbst einzuschreiten und als Ankläger bei den Gerichten aufzutreten genöthigt gewesen sind, was indessen nach wiederholt darüber gemachten Erfahrungen zu unangenehmen Konflikten geführt und die Verwaltungsbehörden in eine ganz falsche Stellung versetzt hat. Um diesem Uebelstande abzuhelfen, ist daher in Vorschlag gebracht, zu diesem Zwecke das Fiskalat, wiewohl unter solchen Modifikationen, welche durch das Bedürfniß und durch die gegenwärtige Lage der Gesetzgebung geboten werden, wieder einzuführen. Dieser Vorschlag und der demselben entsprechende Plan, wie dieser der Verhandlung vom 19ten v. M. beigefügt worden, hat zwar anfänglich bei einigen Mitgliedern des Staatsministeriums Widerspruch gefunden, indem von ihnen dafür gehalten ward, daß kein zureichender Grund vorhanden sey, lediglich zu diesem Zweck mit nicht unbedeutendem Kostenaufwand die Staats-

Anwaltschaft einzuführen und vielmehr die bestehenden Einrichtungen, so wie bisher, so auch in der Zukunft für die Erreichung des dabei obwaltenden Zwecks im Wesentlichen zureichend seyn würden. In sofern jedoch die Staats-Anwaltschaft schon Behufs des im Interesse des Staats und der Gesetze einzuführenden Rechtsmittels eingerichtet werden soll, erledigt sich diese Rücksicht von selbst; wir sind daher, da die Nützlichkeit der vorgeschlagenen Einrichtung nicht zu bezweifeln ist, nunmehr insgesammt mit diesem Vorschlage einverstanden und unterwerfen daher auch diesen

Eurer Königlichen Majestät Allerhöchsten Entscheidung.

Berlin, den 30ten April 1844.

Das Staats-Ministerium.

An Seine Majestät den König.

Hierauf erging nachfolgende Allerhöchste Cabinetsordre:

Bei Uebersendung des anliegenden Berichts des Staats-Ministeriums vom 30. v. Mts., will Ich über die Einführung des Instituts der Staatsanwalte, sowie eines im Interesse des Staats und der Gesetze einzulegenden Rechtsmittels in Kriminal-Untersuchungen mit besonderer Berücksichtigung der, in letzter Hinsicht im Staats-Ministerium hervorgetretenen Meinungsverschiedenheit, das Gutachten des Staatsraths erwarten. — Dasselbe hat sich für jetzt auf die Prinzipien-Fragen zu beschränken, und ist die Plenar-Berathung darüber durch die Gesetz-Kommission in Stelle der Justiz-Abtheilung im abgekürzten Verfahren vorzubereiten. — Die Sache ist vorzugsweise, und in dem Maaße zu beschleunigen, daß das Gutachten wo möglich noch vor dem Schlusse der gegenwärtigen Sitzungs-Periode erstattet werden kann.

Potsdam, den 10. Mai 1844.

(gez.) Friedrich Wilhelm.

An den Staatsrath.

Die in vorstehender Cabinetsordre bezeichnete Gesetz-Kommission wurde nun ernannt und bestand aus den Herren:

Geheimen Staats- und Justizminister von Savigny,

Wirklichen Geheimen Rath und Präsidenten des Rheinischen Revisionshofes Sethe,

Wirklichen Geheimen Oberjustizrath von Düesberg,

Wirklichen Geheimen Oberjustizrath Roppenthal,

Wirklichen Geheimen Legationsraths Eichmann,
Geheimen Oberjustizraths Eichhorn und
Geheimen Oberjustizraths Zettwach.

Sie tagte am 30. Mai 1844 in Berlin und beschäftigte sich damit, „das Gutachten vorzubereiten, welches von dem königlichen Staatsrathe nach dem Allerhöchsten Befehl vom 10. Mai über die Einführung des Instituts des Staatsanwalts, sowie eines im Interesse des Staats und der Gesetze einzulegenden Rechtsmittels in Criminaluntersuchungen zu erstatten ist.“

Das Gutachten ist sehr eingehend und umfangreich. Es stellt zunächst mit Einstimmigkeit fest, daß, insofern dem Staate in Criminaluntersuchungen ein Rechtsmittel, gleichviel ob in größerem oder geringerem Umfange beigelegt werden soll, in solchem Falle die Einführung des Instituts des Staatsanwalts unabweislich nothwendig sei, weil ohne solche jene Maßregel praktisch nicht ausführbar sein würde.

Sodann stellt es fest, daß im Allgemeinen von sämmtlichen Mitgliedern der Gesetzkommission anerkannt werde, wie die bestehende Einrichtung, nach welcher nur dem Angeklagten, nicht aber dem Staate ein Rechtsmittel gestattet sei, der inneren Begründung ermangele. Die Einführung eines solchen Rechtsmittels wird also im Prinzip gutgeheißen, und sehr genau ausgearbeitete Vorschläge zu seiner Einführung und Durchführung gemacht.

Ueber die Frage, ob dieses Rechtsmittel sofort, vor Abänderung der übrigen Criminalgesetzgebung (und mit ihm das Institut der Staatsanwaltschaft) einzuführen sei, gingen die Ansichten auseinander, doch sprach sich schließlich die überwiegende Mehrheit für die Bejahung dieser Frage aus.

Es ward nunmehr aber auch zur Erwägung gestellt, ob die Einführung der Staatsanwaltschaft auch dann zu empfehlen sei, wenn von einem dem Staate beizulegenden Rechtsmittel Abstand genommen werden solle.

Die Meinungen gingen auseinander. Die Einen warnten vor einer Wiedereinführung des als unpraktisch erwiesenen Fiscalats, wenn auch in anderer Form. Selbst wenn man unter dem Namen des Staatsanwalts einen besonderen Beamten anstellen wolle, um durch diesen die zur Begründung einer Anklage erforderlichen Thatsachen zu sammeln und die substantiirte Anklageschrift bei dem Gerichte einzureichen, werde ein solcher Beamter immer nur durch die

Ministerien resp. durch die Provinzialregierungen geleitet werden können. Da aber in diesen Behörden selbst die geeigneten Beamten vorhanden seien, so sei die Einrichtung eines besonderen Instituts überflüssig.

Die Wirksamkeit des Staatsanwalts nur auf politische Verbrechen zu richten, sei jedenfalls etwas sehr Bedenkliches; in solcher Weise würde die hohe Bedeutung des Instituts des Staatsanwalts in der öffentlichen Meinung vielen Anstoß finden.

In Erwiderung hierauf wurde bemerkt, daß wenn die Wirksamkeit des Staatsanwalts lediglich auf Ermittelung und Verfolgung politischer Verbrechen beschränkt sein sollte, allerdings von der Einführung dieses Instituts abzurathen sein würde. Dies sei aber nicht die Ansicht; die Wirksamkeit des Staatsanwalts solle sich vielmehr als Wächter der Gesetze auf Ermittelung und Verfolgung aller Uebertretungen der Gesetze richten, und in dieser seiner Stellung werde der Staatsanwalt immer gute Dienste leisten, wenngleich einzuräumen sei, daß sein Wirkungskreis, hierauf beschränkt, eben nicht von großer Bedeutung sein werde. Die Sache aus diesem Gesichtspunkt aufgefaßt, berühre die Einführung des Staatsanwalts im Wesentlichen nur das Interesse der Verwaltung; vom Standpunkte der Justiz aus sei also keine ausreichende Veranlassung vorhanden, der durch die Verwaltung gewünschten Einführung des Staatsanwalts zu widersprechen.

Für diese letztere Ansicht erklärte sich auch eine überwiegende Mehrheit in der Gesetzcommission; allgemein war man aber auch einverstanden, daß zur Zeit kein Anlaß vorhanden sei, auf eine nähere Prüfung darüber einzugehen, welche Functionen in solchem Falle dem Staatsanwalt zu übertragen seien.

Hierbei kam noch zur Erwägung, daß die Wirksamkeit des Staatsanwalts wesentlich bedingt werde durch die persönlichen und intellectuellen Eigenschaften desjenigen Beamten, welchem diese amtliche Stellung anvertraut wird, und daß aller Vorsicht ungeachtet bei dessen Auswahl ein Mißgriff leicht vorkommen könne. Um solchen Nachtheilen zu begegnen, ward vorgeschlagen, das Amt des Staatsanwalts stets nur aus dem Gesichtspunkte eines besonders ertheilten Commissoriums zu betrachten, welches zu jeder Zeit widerrufen werden könne. Dieser Vorschlag ward jedoch bedenklich gefunden, weil in dieser Weise die Stellung des Staatsanwalts der erforderlichen Selbstständigkeit entbehren und in der öffentlichen Meinung nicht zureichendes Vertrauen genießen würde; dagegen waren die Mitglieder der Gesetzcommission einverstanden darin, daß jener Zweck zu erreichen sein werde, wenn die Anstellung des Staatsanwalts auf eine gewisse Zeit, die jedoch den Zeitraum von zwei Jahren nicht werde übersteigen dürfen, widerruflich erfolge. Bewähre sich der provisorisch Angestellte, so werde die Anstellung definitiv zu bewirken sein; wenn nicht, werde er in seine frühere amtliche Stellung zurücktreten, folglich auch fernerhin auf das höhere Gehalt, welches, wie beabsichtigt werde, dem Staatsanwalt als solchen zu Theil werden solle, keinen Anspruch machen können.

Schließlich schlug die Gesetzcommission vor, zuvörderst das Gutachten einer Anzahl von Präsidenten der Landesjustizcollegien einzuholen.

Letzterem Vorschlag traten die beiden Justizminister bei. Savigny arbeitete nochmals eine das gesammte bisherige Material in übersichtlicher und knapper Form umfassende Denkschrift aus, und diese wurde am 17. Juli 1844 an 21 Präsidenten und Vicepräsidenten Zwecks gutachtlicher Aeußerung versandt.

Es war denselben eine Frist von längstens 4 Wochen gestellt. Allein die Herren übereilten sich nicht. Mehrfache Erinnerungen wurden nothwendig; auch der inzwischen eingetretene Wechsel im Ministerium (an die Stelle v. Mühler's war Uhden getreten) förderte die Sache nicht sonderlich, so daß erst am 1. Februar 1845 die Gesetzcommission sich mit den inzwischen sämmtlich eingegangenen Gutachten befassen konnte.

Wie vorauszusehen war, gingen die Urtheile über die sämmtlichen Punkte der Denkschrift in den Principien sowohl, wie in den Einzelnheiten, weit auseinander. Bemerkenswerth aber ist, daß die Frage, „ob ein Bedürfniß vorhanden sei, dem Staate ein Rechtsmittel beizulegen, und insbesondere, ob dieses Bedürfniß so dringend sei, um dasselbe sofort und vor Revision der Criminalordnung befriedigen zu müssen," nur in 6 Gutachten bejaht, in 15 dagegen verneint worden ist. Die Frage wegen Einführung der Staatsanwaltschaft war in den Gutachten vielfach verschoben und mit anderen Fragen verquickt worden, so daß eine reine Majorität eigentlich in keinem Punkte festzustellen war. Die Einen sprachen sich gegen die Einführung aus; die Anderen hielten sie für nützlich, glaubten aber kein Bedürfniß anerkennen zu sollen; die Dritten gaben das Vorhandensein des Bedürfnisses zu, sprachen sich aber entschieden gegen jegliches „Flickwerk", gegen jede Einführung vor Umarbeitung des Criminalprozesses aus.

Die Gesetzcommission erachtete dem gegenüber mit 7 gegen 1 Stimme, daß in den vorliegenden Gutachten Gründe nicht vorhanden seien, welche bestimmen könnten, von dem früher hinsichtlich der Bedürfnißfrage gefaßten Beschlusse wieder abzugehen. Die weitere Berathung führte sie jedoch zu der Ueberzeugung, daß in einer Beziehung die Angelegenheit zu einem definitiven Beschlusse noch nicht zureichend vorbereitet sei, darin nämlich, daß, wenn das Institut des Staatsanwalts in's Leben gerufen werde, diese Maßregel eine möglichst umfassende sein, und halbe Maßregeln vermieden werden müssen, und ob und in welchem Umfange die beabsichtigte Einrichtung mit der bestehenden Gerichtsverfassung vereinbar sei, oder ob nicht eine mindestens theilweise Umgestaltung der Untersuchungs- und erkennenden Behörden nothwendig werden müsse.

Deßhalb, und weil überdies der derzeitige Chef der Justizverwaltung bisher noch keine Gelegenheit zu einer eingehenden Aeußerung gehabt hatte, vereinigte sich die Gesetzcommission in dem Beschlusse, die Verhandlungen dem Justizminister Uhden zu diesem Zwecke mitzutheilen und der weiteren Berathung bis zum Eingange von dessen Erklärung Anstand zu geben.

Gleichzeitig aber faßte die Commission einstimmig zwei weitere, sehr interessante Beschlüsse:

1. Die Frage, ob dem Staatsanwalte in Ehescheidungssachen das Recht der Berufung eingeräumt werden soll, soll erst dann entschieden werden, wenn mit der Abänderung des materiellen Ehescheidungsrechts vorgeschritten werden wird.

2. Die dem Justizminister beigelegte Befugniß zur Bestätigung richterlicher Straferkenntnisse in Untersuchungssachen wegen Hochverraths und Landesverrätherei, sowie in den Fällen, in welchen auf Todesstrafe oder auf lebenswierige Freiheitsentziehung erkannt worden, ist aufzuheben, vorausgesetzt jedoch, daß gleichzeitig dem Staate ebensowohl gegen das erste, als gegen das zweite in Strafsachen ergehende Erkenntniß ein (durch die Staatsanwaltschaft zu betreibendes) Rechtsmittel beigelegt wird.

Nachdem nun auch der Justizminister Uhden seine Ansichten in einem äußerst umfangreichen Votum niedergelegt und dieses am

2. Juli 1845 dem Justizminister v. Savigny übermittelt hatte, kamen beide Minister dahin überein, in einer mündlichen Conferenz den Gegenstand weiter zu berathen. Die Conferenz fand statt am 2. Dezember 1845, und es nahmen an derselben Theil außer den beiden Ministern: der Wirkliche Geheime Oberjustizrath Bornemann, der Geheime Oberjustizrath Kisker, der Kammergerichts-Assessor Friedberg und der Geheime Oberjustizrath Zettwach (letzterer als Referent).

In dieser Conferenz einigten sich die Minister über die wenigen Punkte, über welche noch Meinungsverschiedenheit zwischen ihnen geherrscht hatte. Besonders hervorgehoben zu werden verdienen folgende principielle Feststellungen:

1. Der Staatsanwalt soll sich nicht nur im Interesse des Staats, sondern in gleichem Grade auch für den Angeklagten, also für dessen Vertheidigung wirksam zeigen. Dies wird wesentlich dazu beitragen, die öffentliche Stimme für die beabsichtigte neue Einrichtung zu gewinnen und der Ansicht zu begegnen, daß es nur darauf abgesehen sei, dem Staate, namentlich bei politischen Verbrechen, neue Stützen zu gewähren.

2. Entgegen der ursprünglichen Ansicht des Justizministers Uhden, daß der Staatsanwalt bei den Begnadigungsgesuchen und bei der Strafvollstreckung nicht mitzuwirken habe, wurde ausgesprochen, daß nichts hindern könne, denselben, da er Organ des Justizministeriums sein solle, in einzelnen Fällen von besonderer Bedeutung, auch für diese Zwecke in Anspruch zu nehmen; wohl aber sei es „völlig unausführbar", ihm mehrere Geschäfte zu übertragen, als „nach seiner eigentlichen Bestimmung" durchaus nothwendig sei.

3. der dritte Punkt betraf die bis dahin noch gar nicht angeregte Frage der Stellung der Staatsanwaltschaft zu der Polizei. Die Auffassung über diesen Gegenstand findet sich in musterhaft klarer Weise wiedergegeben in einem Votum des Justizministers v. Savigny vom 17. Dezember 1845, welches dem Staats-Ministerium vorgelegt wurde. Bei der Wichtigkeit gerade dieser Materie für die ganze Position der Staatsanwaltschaft dürfte es angezeigt erscheinen, das Votum in seinem vollen Wortlaut hier wiederzugeben. Es lautet:

Votum
des Staats- und Justiz-Ministers v. Savigny.

Einem Königlichen Hohen Staats-Ministerium vorzulegen.

Bei den Verhandlungen, welche in dem Königlichen Hohen Staats-Ministerium über die Einführung der Staatsanwaltschaft stattgefunden haben, ist die Frage, ob dieses Institut schon jetzt einzuführen sei, hauptsächlich deshalb bejaht worden, weil es nach der bestehenden Verfassung, und nachdem das Institut der Fiskale im Laufe der Zeit untergegangen ist, an einem Organe fehle, vermittelst dessen die Verwaltungs- und Polizeibehörden vorgefallene Verbrechen durch Anklage bei den Gerichten verfolgen und die Uebertreter des Gesetzes und namentlich die Störer der öffentlichen Ruhe zur Verantwortung ziehen können. Nach dem Gesichtspunkte, welcher in dieser Beziehung in der Berathung des Königlichen Hohen Staats-Ministeriums leitend war, sollte es zwar zu den Obliegenheiten des Staatsanwalts gehören, das auf ein vorgefallenes Verbrechen Bezug habende Material zu sammeln und in gehöriger Übersicht und Verbindung den Gerichten vorzulegen. Dabei war es jedoch nicht auf eine Concurrenz der Wirksamkeit des Staatsanwalts mit der der Polizeibehörden oder gar auf eine beliebige Ausschließung der letztern durch jenen abgesehen; der leitende Gedanke war vielmehr, daß der Staatsanwalt, in der Mitte stehend zwischen den Polizei- und Gerichtsbehörden, mit seiner Thätigkeit erst dann beginnen solle, wenn die Function der Polizeibehörde im Wesentlichen beendigt ist.

Bei der weitern Berathung, welche über diese Angelegenheit stattgefunden hat, ist die Frage in Erwägung gezogen, ob die Stellung, welche hiernach der Staatsanwalt, der Polizei gegenüber, erhalten würde, eine völlig befriedigende und eine solche seine werde, welche zur Sicherung des Zwecks ausreichend sei. Des Herrn Justiz-Ministers Uhden Excellenz, mit welchem ich hierüber communicirt habe, und welcher mit mir von dem Gesichtspunkte ausgeht, daß der Staatsanwalt Wächter des Gesetzes sein, und als solcher darauf achten müsse, wie dem Gesetze und nur diesem ein Genüge geschehe, hat obige

Frage verneint und eine Bestimmung dahin in Vorschlag gebracht:

daß die Polizeibehörden verpflichtet sind, dem Staatsanwalte von den im Bezirke seiner Amtsthätigkeit vorkommenden Verbrechen, sowie von jeder, von ihnen bewirkten Verhaftung innerhalb 24 Stunden Anzeige zu machen, daß ferner die Polizeibehörden die Anweisung des Staatsanwalts in den Fällen zu befolgen haben, in welchen er die zur Feststellung des Thatbestandes und der Thäterschaft diensamen vorläufigen Ermittelungen nicht selbst übernimmt.

Zur Rechtfertigung dieses Vorschlages ist im Wesentlichen angeführt worden, daß wenn der Staatsanwalt die ihm als Wächter des Gesetzes obliegende Aufgabe lösen solle, vor Allem nöthig sei, daß die Criminal-Polizei möglichst in seine Hand gelegt und ihm ein materielles imperium über sämmtliche Polizeibeamte der Art beigelegt werde, daß diese gehalten sein müssen, ihre criminalpolizeiliche Thätigkeit der Autorität des Staatsanwalts unterzuordnen, seinen Anweisungen in dieser Beziehung Genüge zu leisten und sich, wo er eingreife, eines selbstständigen Eingreifens zu enthalten. Grade bei den, einer Untersuchung vorhergehenden, Operationen der Polizeibehörden liege die Gefahr einer Rechtsverletzurg nahe und die Erfahrung lehre, wie nicht selten die unteren Polizei-Agenten sich solcher Rechtsverletzungen, zum Nachtheile der Betroffenen, dabei zu Schulden kommen lassen. Diesem Übelstande abzuhelfen, und schon dem ersten polizeilichen Angriffe eine juridische Basis zu geben, müsse ganz eigentlich Aufgabe der Staatsanwaltschaft sein; es folge dies aus dem der Institution zu Grunde liegenden Principe, und ihre Lösung würde überdies der neuen Schöpfung den besten Halt in den Augen des Volks geben. So lange nicht eine vollständige gerichtliche Polizei, wie sie in Frankreich besteht, eingeführt worden, sei zwar die Wirksamkeit der eigentlichen Polizei für die Voruntersuchung nicht zu entbehren; es müsse aber auf Mittel Bedacht genommen werden, ihre criminalpolizeiliche Wirksamkeit der Controle des Staats-Anwalts unterzuordnen. Dies werde am Einfachsten und Zweckmäßigsten dadurch geschehen, daß, wie im französischen Verfahren, dem Staatsanwalte nicht nur von allen in seinem Bezirke ob causam criminalem erfolgten Verhaftungen täglich ein kurzer, tabellarisch eingerichteter Polizei-Rapport erstattet, sondern ihm auch gleichzeitig eine Liste der, überhaupt zur Kenntniß der Polizeibehörden gelangten, Vergehen vorgelegt werde. Der Staatsanwalt werde durch diese Rapporte und Listen in den Stand gesetzt sein, zu beurtheilen, ob entweder die Natur des angezeigten Verbrechens oder die Individualität des Angeschuldigten es angemessen erscheinen lasse, die Sache speziell ins Auge zu fassen und selbstthätig einzuschreiten oder ob er die Polizeibehörde allein prociren lassen und abwarten wolle, daß ihm die Anzeige zugehe, der Verhaftete sei entweder auf freien Fuß gesetzt oder dem Criminalrichter übergeben worden. Geschehe letzteres nicht in einer Frist, die der Staatsanwalt nach der Natur des angezeigten Verbrechens für ausreichend erachten dürfe, um ein Resultat herbeizuführen, so müsse er Anzeige über die Lage der Sache zu erfordern, berechtigt sein, wodurch der Staat ein Mittel bekomme, der vielleicht unmotivirten polizeilichen Haft seiner Unterthanen vorzubeugen und die Sache möglichst schnell in die Hände der Justiz zu bringen. Wo aber die Individualität des Falles dem Staatsanwalte wichtig genug erscheine, um, sei es wegen der Person des Angeklagten, sei es wegen der Natur des Verbrechens, die Sache selbst in die Hand zu nehmen, müsse er zum augenblicklichen selbstthätigen Einschreiten berechtigt sein und überall, wo er dies thue, würde die Polizeibehörde verpflichtet sein müssen, dann nur seinen Anweisungen Folge zu leisten, wie sie denn überhaupt in allen Fällen, in welchen schon der erste Angriff vom Staatsanwalte ausgeht, sich nur als sein Organ zu betrachten, daher seine Aufträge auszuführen, sich aber jeden eigenen Procedirens zu enthalten haben werde.

Dieser Ausführung und dem darauf gegründeten Antrage trete ich meiner Seits aus voller Überzeuguug bei, und nicht minder hat auch die Gesetz-Commission in der hierüber veranlaßten Berathung die vorgedachten Vorschläge, aus den dafür angeführten überzeugenden Gründen, als durchaus zweckentsprechend, einstimmig anerkannt.

Da hierin jedoch eine sehr wichtige Abweichung von dem in dieser Beziehung in den Berathungen des Königlichen Hohen

Staats-Ministeriums aufgestellten Grundsatze gefunden werden muß, so ist es nach § 9 des Regulativs vom 3. Januar 1844 erforderlich, daß Ein Königlich Hohes Staats-Ministerium hierüber, bevor die Sache zur Berathung in das Plenum des Staatsraths gelangt, beschließe. Ich stelle daher diesen Beschluß unterthänigst und ganz ergebenst anheim, indem ich schließlich nur noch die Bemerkung beifüge, daß auch das Königliche Ministerium des Innern vorläufig gegen den gemachten Vorschlag nichts zu erinnern gefunden hat.

Berlin, den 17. Dezember 1845.

gez. von Savigny.

Das Staatsministerium trat indessen den Vorschlägen der Justizminister nicht bei. In seiner Sitzung vom 23. Dezember 1845 lehnte es mit allen Stimmen gegen die der Justizminister den Plan der Einführung der Staatsanwaltschaft in der vorgeschlagenen Weise ab.

Inzwischen mehrten sich abermals die Klagen über sachwidrige Erkenntnisse der Strafgerichte. Die Präsidenten der Gerichtshöfe fühlten sich veranlaßt, solche dem Justizministerium einzureichen, und in diesem kam immer mehr die Ueberzeugung zum Durchbruch, daß gegen solche Vorfälle nur die Einführung der Staatsanwaltschaft und ein in deren Hände gelegtes, dem Staate zustehendes Rechtsmittel Abhülfe schaffen könne. Auch die Beschwerden über Uebergriffe der Polizeibehörden und ihrer Beamten gegen das Publikum bei ihren die Kriminaljustiz angehenden Amtshandlungen nahmen zu.

Das mochte wohl die beiden Justizminister veranlaßt haben, die durch den Beschluß des Staatsministeriums in's Stocken gerathene Angelegenheit wieder in Fluß zu bringen. In einem gemeinschaftlichen Promemoria vom 23. März 1846 legten sie noch einmal dem Staatsministerium ihre ganze Stellungnahme zu der Frage dar und betonten namentlich ihre Anschauung über die laut gewordenen Bedenken. Es dürfte nicht uninteressant sein, von dem Wortlaut dieses Promemoria in Nachstehendem Kenntniß zu nehmen, zumal aus demseben sich die Gründe ergeben, welche das Staatsministerium zu seiner ablehnenden Haltung bestimmt hatten. Beigefügt war demselben das Anheimgeben an das letztere, eine nochmalige Berathung der Angelegenheit eintreten zu lassen.

Promemoria
der Staats- und Justiz-Minister von Savigny und Uhden über die Einführung der Staats-Anwaltschaft im Kriminal-Prozesse.

Bei dem ursprünglichen Plane der Einführung der Staats-Anwaltschaft war zwar schon der Gedanke leitend, daß der Staats-Anwalt Wächter des Gesetzes sein solle, bei den früheren Berathungen wurde jedoch hauptsächlich geltend gemacht:

> es müsse der Staat, gleich dem Angeklagten, ein Rechtsmittel gegen unangemessene Entscheidungen des Kriminalrichters haben, und es sei darum nöthig, in dem Staats-Anwalte das Organ hiefür zu schaffen.

Die Einführung eines Rechtsmittels im Interesse des Staates konnte somit als der eigentliche Zweck, die der Staatsanwaltschaft mehr als Mittel zur Erreichung jenes Zweckes erscheinen.

Hierauf begründete sich wesentlich der Widerspruch, den das Institut sowohl bei den darüber befragten Gerichten, als im Königlichen Staats-Ministerium fand.

Man ging davon aus, daß dasselbe neben dem Inquisitionsverfahren der Kriminal-Ordnung nicht wohl bestehen könne. Mindestens werde das Publikum in dem Staats-Anwalte einen neuen Feind des schon ungünstig gestellten Angeklagten erblicken, und darum das Institut im hohen Grade mißliebig aufnehmen.

Diese Besorgniß war nach dem früheren Plane, demzufolge der Staats-Anwalt nur als Organ eines gegen den Angeklagten gerichteten Rechtsmittels dienen, und in sofern die Stellung eines Fiskals haben sollte, nicht ungegründet.

Wir haben daher den Grundgedanken des Planes dahin schärfer hervortreten lassen:

> daß der Staats-Anwalt als Wächter des Gesetzes befugt sein solle, bei dem Verfahren gegen den Angeklagten von Anfang an dahin zu wirken, daß überall dem Gesetze ein Genüge geschehe.

Bei dieser Grundlage erhält der Staats-Anwalt eine Stellung, welche ihn eben so sehr zum Schutz des Angeklagten, als zu einem Auftreten wider denselben verpflichtet, und bei welcher insbesondere die Ermächtigung zur Einlegung von Rechtsmitteln gegen unrichtige Erkenntnisse nur eine der dem Staats-Anwalte obliegenden Funktionen bildet.

Bei dieser Grundlage erschien es aber auch unumgänglich nothwendig, die Wirksamkeit des Staats-Anwalts als Wächter des Gesetzes nicht erst mit der Überweisung eines Angeklagten an die Gerichte, sondern schon bei den vorhergehenden Operationen der Polizei-Behörden eintreten zu lassen, weil sonst ein wesentlicher, und oft sehr präjudizieller Theil des Verfahrens seiner Kontrole entzogen geblieben, und der Zweck des Institutes in einem erheblichen Umfange durch dessen Einrichtung vereitelt, oder doch verkümmert worden wäre.

Die Gesetz-Kommission ist dieser Auffassung beigetreten, und dieselbe in dem anliegenden Entwurfe, so weit es die bestehende Verfassung zuließ, consequent durchgeführt worden.

In der am 23. Dezember v. J. Statt gefundenen Berathung im Königlichen Staats-Ministerium haben sich, uns ausgenommen, sämmtliche anwesenden Herren Mitglieder gegen den Plan erklärt.

Der Widerspruch beruht wesentlich darauf:

1, daß das Institut in der ihm vindicirten breiten Basis mit der in den alten Provinzen bestehenden Gerichts- und Polizei-Verfassung nicht vereinbar sei, mithin nicht nur nicht seinem Zweck entsprechen, sondern auch in die Funktionen der Polizei überhaupt, und bei politischen Umtrieben insbesondere, höchst störend und lähmend eingreifen würde.

2, daß der bedeutende Kostenaufwand für die beabsichtigte Einrichtung mit dem möglichen Erfolge in keinem Verhältnisse stehen möchte.

Diese Bedenken möchten jedoch bei näherer Erwägung nicht durchgreifend erscheinen.

I.

Die materiellen Bedenken

anlangend, so kann nicht zugegeben werden, daß das Institut, in der von uns projektirten Weise, mit der bestehenden Gerichts- und Polizei-Verfassung unvereinbar sei, vielmehr ist es nachweislich, daß dasselbe gerade in der bestehenden Verfassung seine Berechtigung und Anknüpfungs-Punkte findet.

Jede Verletzung, die durch Uebertretung eines Kriminalgesetzes entstanden ist, muß in der Regel, unabhängig von dem Antrage des Beschädigten, auf gerichtlichem Wege gesühnt werden. Schon hierin liegt die absolute Verpflichtung der Gerichte, wegen jedes Verbrechens, sobald es auf glaubhafte Weise zu seiner Kenntniß kommt, einzuschreiten. Die Gesetze legen demselben diese Verpflichtung aber auch ausdrücklich auf — cfr. §§. 2 und 106 seq. der Kriminal-Ordnung. -- Ferner verordnet der §. 12 Tit. 17 Thl. II des A.L.R.,

> daß die Polizeigerichtsbarkeit bei einem jeden Vorfalle, wodurch die öffentliche Ruhe und Sicherheit gestört worden, zwar das Recht des ersten Angriffs und der vorläufigen Untersuchung habe,

der §. 13 a. a. O. bestimmt aber ausdrücklich:

> daß die Polizei, sobald bei dieser Untersuchung sich herausstelle, daß außer der Uebertretung des Polizeigesetzes zugleich ein vorsätzliches oder schuldbares Verbrechen begangen worden, die fernere Verfügung der ordentlichen Gerichtsbarkeit zu überlassen habe,

wie denn die Polizei-Behörden nach §. 14 l. c.

> nicht einmal den zur Begründung einer künftigen Kriminal-Untersuchung erforderlichen objektiven Thatbestand, ohne Zuziehung der ordentlichen Gerichte, feststellen dürfen.

Diese Bestimmungen sind in der späteren Gesetzgebung auf keine Weise abgeändert worden; es sind somit schon jetzt die Polizeibehörden verpflichtet, von den zu ihrer Kenntniß kommenden Verbrechen den Gerichten ungesäumt Anzeige zu machen, nicht minder aber auch, wenn diese einmal eingegriffen haben, ihren Requisitionen zu genügen.

Dieser in der bestehenden Gesetzgebung begründete Zustand dauert in den kleineren Gerichtsbarkeiten im Wesentlichen noch fort und wenn derselbe in den größeren Städten nicht mehr in dem Maaße erkennbar ist, in diesen vielmehr die Polizeibehörden unabhängiger von den Gerichten procediren, so ist dies eine Folge von Aenderungen, die immer nur als

Ausnahmen des verfassungsmäßigen Zustandes zu betrachten sind.

So hat, um nur ein Beispiel anzuführen, in Berlin bis zum Jahre 1814 die gerichtliche Polizei lediglich von richterlichen Beamten dependirt. Denn mit dem Erscheinen der Cirkular-Verordnung vom 26. Februar 1799 wurde eine Immediat-Commission niedergesetzt, von welcher die gerichtliche Kriminal-Polizei ressortirte. Diese Commission bestand nur aus richterlichen Beamten, und die Polizei-Behörden konnten, wo es sich um ein Verbrechen handelte, nur auf Requisition dieser Commission einschreiten.

Durch Hofrescript vom 18. Oktober 1804 wurde dieselbe zwar aufgehoben, ihr Wirkungskreis aber wieder auf eine richterliche Behörde, die Kriminal-Deputation des hiesigen Stadtgerichtes, übertragen.

Erst als im Jahre 1814 die hiesige Polizei-Verwaltung reorganisirt und der Direktor der Kriminal-Deputation, v. Schlechtendal, zum Chef des Polizeiwesens ernannt wurde, gingen die Attribute der Kriminal-Deputation auf das neue Polizei-Präsidium über, dem Kriminalgerichte aber sind nach wie vor de jure rücksichtlich der gerichtlichen Polizei alle die Kompetenzen geblieben, welche die Kriminal-Ordnung dem Richter zutheilt.

Soll nun das, was diese gewollt, überall zur Anerkennung gebracht werden, so müßten die Funktionen der gerichtlichen Polizei, welche jetzt faktisch an vielen Orten allerdings allein von den Polizeibehörden geübt werden, lediglich den Gerichten anheimfallen, allein jedenfalls empfiehlt sich eine Einrichtung als die bessere, welche ein Organ schafft, das in der Mitte zwischen Polizei und Gerichtsbehörden stehend, dazu berufen ist, das vermittelnde Band zwischen beiden abzugeben, beiden die ihnen gemeinschaftliche Aufgabe lösen zu helfen.

Dies soll die Mission des Staats-Anwaltes sein, und die ihm zu diesem Ende beizulegenden Attribute erscheinen, nach dem bisher Angeführten, weder neu, noch sind dieselben der Art, daß sie die Befürchtung rechtfertigen: es könnte das neue Amt die Autorität der Polizeigewalt schmälern, ihre Wirksamkeit lähmen.

Wir glauben im Gegentheil uns der Überzeugung hingeben zu dürfen, daß das neue Institut die wohlthätigste Rückwirkung auf die Polizei äußern würde.

Diese wird nur zu oft als Partei aufgefaßt, ja mit der höchsten Regierungs-Gewalt identificirt, woher es denn auch kommt, daß, wenn auf Instanz der Polizei-Behörden eine Untersuchung eingeleitet worden und diese mit der Freisprechung des Angeklagten endet, dies immer einen so nachtheiligen moralischen Eindruck macht, daß man schon um deshalb wünschen muß, der Polizei diese Einwirkungen auf Kriminal-Untersuchungen ganz abgenommen zu sehen.

Übernimmt nun ein eigener, mit einem bedeutenden Amtsansehen bekleideter Justizbeamte diese bisher von den Polizeibehörden ausgeübten Funktionen, so wird, schon weil derselbe pro lege, also auch für den Angeklagten wirksam sein kann, der Verdacht einer Parteinahme nicht aufkommen, zu gleicher Zeit aber auch die Gehässigkeit den Polizei-Behörden abgenommen, und somit der Weg angebahnt werden, das Mißtrauen und Widerstreben des Publikums in Vertrauen umzuwandeln.

Demgemäß wird man in der Staats-Anwaltschaft keineswegs ein den Polizei-Behörden gewissermaßen feindseliges Element erkennen, und um so weniger behaupten dürfen, daß er vorzugsweise nur den Polizei-Behörden gegenüber zum Wächter des Gesetzes bestellt werde, als ihm nach den §§. 7 bis 10 des Entwurfes eine um vieles größere Berechtigung den Gerichtsbehörden gegenüber eingeräumt werden soll.

Den Polizeibehörden gegenüber ist eigentlich nur die Bestimmung neu:

daß von jeder durch sie bewirkten Verhaftung dem Staats-Anwalte innerhalb 24 Stunden Anzeige zu machen sei,

allein sie dürfte auch am entschiedensten ihre Rechtfertigung in sich tragen.

Die Kriminal-Ordnung enthält sehr detaillirte Vorschriften darüber, wann, unter welchen Bedingungen die Verhaftung eines Verdächtigen oder Angeklagten zulässig sein solle — §§. 203—208 — und macht diese, wo nicht Einzelrichter fungiren, von der Berathung und dem Beschlusse des Collegiums abhängig.

Im grellsten Widerspruch mit diesen, zum Schutze der

persönlichen Freiheit den Unterthanen gegebenen vorsorglichen Bestimmungen, hat jeder, auch der geringste Polizeibeamte, das Recht: Jedweden zu verhaften, und wenngleich den Polizeibedienten, wie den Richtern, die Pflicht auferlegt ist, keinen Arrestaten über zwei mal vier und zwanzig Stunden im Arreste sitzen zu lassen, ohne die zur Untersuchung weiter erforderlichen Schritte zu thun — §. 460 und 382 seq. Thl. II Tit. XX. des A.L.R., — so sind doch immer wieder von Neuem die Klagen über willkührlich vorgenommene oder unmotivirt lang dauernde polizeiliche Verhaftungen laut geworden.

Daß diese Klagen keinesweges für unbegründet zu erachten, dafür darf die anliegende Zusammenstellung, welche nur Fälle enthält, die bei dem hiesigen Kriminalgerichte zur Kenntniß gekommen sind, angeführt werden.

Die Belege, welche dieselbe über Unregelmäßigkeiten bei Ausübung der Kriminal-Polizei beibringt, würden sehr leicht vermehrt werden können, und wenngleich hieraus keinesweges ein Vorwurf gegen die Pflichttreue der Polizeibeamten selbst hergeleitet werden soll, der Grund der Erscheinung vielmehr darin zu suchen ist, daß jene Beamte immer zum schnellen und augenblicklichen Einschreiten gezwungen sind, und darum um vieles eher irren und mißgreifen können, als andere, so ergiebt sich doch andererseits daraus die Nothwendigkeit: diese Verhaftungsgewalt wenigstens einer nachträglichen Rechts-Controle zu unterwerfen.

Nur eine solche wird durch die in Vorschlag gebrachte Haftanzeige an den Staats-Anwalt bezweckt, und da die Verhaftungsgewalt der Polizeibeamten selbst in ihrer Integrität bestehen bleibt, so ist auch nicht zu befürchten, daß ihre Wirksamkeit irgend wie dadurch beeinträchtigt werden möchte.

Es ist namentlich die Befürchtung laut geworden, daß in extremen Zeitverhältnissen, besonders bei politischen Umtrieben und Verschwörungen, der Staats-Anwalt mit seinen Ansprüchen auf Beobachtung juridischer Formen die Thätigkeit der Polizei paralysiren, und somit hindernd wirken möchte.

Hiergegen ist zu erinnern, daß ja die höhere und Sicherheitspolizei, als überwachende Behörde, durch die Staats-

Anwaltschaft gar nicht berührt wird, sie also in dieser Eigenschaft nach wie vor freie Hand für ihre Operationen behält.

Nur erst, wenn ein politisches Verbrechen ermittelt ist, und gegen bestimmte Individuen mit einer Untersuchung vorgeschritten werden soll, wird die Concurrenz des Staats-Anwalts eintreten müssen, dann aber auch von ihr keine Gefahr, sondern nur Nutzen zu erwarten sein.

Eine gefährliche Einwirkung des Staats-Anwaltes in solchen außerordentlichen Fällen ist schon um deshalb nicht möglich, weil ja derselbe nach § 3 des Gesetz-Entwurfes unter dem Justiz-Minister steht, und er schuldig ist, den Anweisungen dieses überall Folge zu leisten.

Da nun bedeutendere politische Umtriebe und Verschwörungen meistentheils sich über Kreise erstrecken werden, welche die dem einzelnen Staats-Anwalte gesteckten geographischen Grenzen überschreiten, so folgt schon hieraus, daß es jederzeit in der Hand des Justiz-Ministers liegt, ob und unter welchen Beschränkungen er eine Concurrenz des Staats-Anwalts eintreten lassen wolle? Überhaupt berechtigen außerordentliche Umstände zu außerordentlichen Maaßregeln, und in dem Rechte des Justiz-Ministers:

dem Staats-Anwalte Anweisungen zu ertheilen,

ist ein genügendes Mittel gegeben, schädliche Einwirkungen des Institutes in außerordentlichen Fällen, namentlich bei politischen Verbrechen, abzuhalten.

Erwähnt darf in dieser Beziehung wohl noch werden, daß, nachdem durch die Allerhöchste Verordnung vom 18. Februar 1842 — Ges.-Samml. S. 86 — in den Rheinlanden bei Staatsverbrechen das Rheinische Untersuchungsverfahren wiederhergestellt worden, damit auch die Concurrenz des Staats-Anwaltes wieder eingeführt ist, welche, so lange bei jenen Verbrechen das exceptionelle Verfahren der Kriminal-Ordnung bestand,

— Verordnung vom 6. März 1821, Gesetzsamml. S. 30. Allerhöchste Ordre vom 2. August 1834, Gesetzs. S. 148, vom 18. April 1835 S. 67, vom 25. April 1835 S. 47, vom 17. August 1835 S. 170 und 30. September 1836 S. 301 —

natürlich ausgeschlossen war. —

Klagen über diese wieder eingeführte Concurrenz der Prokuratoren sind bisher nicht laut geworden, und da der Staats-Anwalt nach dem Entwurfe weniger Macht erhalten soll, als überhaupt das öffentliche Ministerium nach französischem Rechte besitzt, so ist nicht zu besorgen, daß sich das Institut hier weniger, als es in Frankreich der Fall ist, bei extremen Zeitverhältnissen mit den Kompetenzen und der Aufgabe der Polizei werde vereinigen lassen.

Eine Reorganisation oder Umgestaltung der bisherigen Polizei-Verfassung ist daher eben so wenig nöthig, als von dem neuen Institute eine Compromittirung der Polizei zu befürchten steht, da es sich von selbst versteht, daß, wenn auch die niederen Polizei-Beamten verpflichtet sein müssen, den Anweisungen des Staats-Anwaltes Folge zu leisten, er die höheren Polizei-Behörden nur wird requiriren dürfen.

Es ist daher auch nicht abzusehen, wie das so wichtige Landraths-Amt auf irgend eine Weise durch die Staats-Anwaltschaft gefährdet werden könne.

Man darf sich freilich nicht der Hoffnung hingeben, daß stets volles Einverständniß zwischen den Polizeibehörden und den Staats-Anwälten herrschen werde, vielmehr soll die Möglichkeit, ja Wahrscheinlichkeit mancherlei Differenzen und Konflikte von Vorne herein zugegeben werden.

Allein derartige Konflikte finden überall statt, wo mehrere Behörden auf ein und demselben Gebiete concurriren; sie kommen schon jetzt nur zu häufig zwischen den Gerichts- und Polizeibehörden vor und werden immer zahlreicher und stärker werden, je schärfer die Gerichte die ihnen von der Kriminal-Ordnung gestellte Aufgabe:

> sobald ein Verbrechen begangen worden, selbstständig einzugreifen, und keiner anderen Behörde Concurrenz zu gestatten,

zu lösen suchen werden, und nicht eine neue Behörde geschaffen wird, die, indem sie bei beiden als Wächter des Gesetzes fungirt, das vermittelnde Band zwischen ihnen bildet.

Mancherlei wird sich übrigens durch die in dem Gesetzentwurfe vorbehaltene Geschäfts-Instruktion in den Verhältnissen beider Behörden regeln lassen, das Beste aber muß freilich in dieser Beziehung immer von der Tüchtigkeit der zu wählenden Staats-Anwälte, dem guten Willen der Polizeibehörden geschehen.

Denn nur dann ist von dem neuen Institute etwas Ersprießliches zu hoffen, wenn letztere dasselbe nicht mit Mißtrauen, als eine ihr Amtsansehen schmälernde Kontrole aufnehmen, ihm vielmehr mit Vertrauen entgegen kommen, und nichts anderes in der Staats-Anwaltschaft erkennen, als eine Behörde, die geschaffen ist:

mit ihnen Hand in Hand zu gehen, ihre Aufgabe mit lösen zu helfen.

Ihr aber wird es obliegen, durch Takt und diskrete Geschäftsführung Mißtrauen und Eifersucht, wo auch immer sie ihr entgegen treten, zu besiegen, und sich sowohl zu den Behörden, als zu dem Publikum eine wirksame und würdige Stellung zu erwerben.

Jene Wirksamkeit aber würde die Stellung des Staats-Anwaltes entbehren, wenn seine Thätigkeit erst mit der Ueberweisung des Angeklagten an den Richter beginnen, und nicht vielmehr dem Institute die in dem Gesetz-Entwurfe entwickelte breitere Basis gegeben würde.

Sollte daher diese nicht adoptirt werden, so würde ich, der Justiz-Minister Uhden dafür stimmen, lieber das ganze Projekt fallen zu lassen, obgleich ich es beklagen möchte, eine Einrichtung nicht ins Leben treten zu sehen, die meiner festen Überzeugung nach, belebend und befruchtend auf Polizei- und Gerichtsbehörden und die Kriminalrechtspflege als solche, einwirken würde, und welche überdies in dem Entwurfe des neuen Strafgesetzbuchs überall vorausgesetzt wird.

Es ist

II.

der bedeutende Kostenaufwand, den das neue Institut erfordern würde, als ein Argument gegen dasselbe geltend gemacht und angeführt worden: es möchten diese Kosten mit dem möglichen Erfolge in keinem Verhältnisse stehen.

Bei den früheren Berathungen war angeführt worden:

es würden sich die Kosten der neuen Einrichtung für jedes Obergericht auf etwa 400 Thlr. jährlich beschränken, weil es völlig ausreiche, wenn bei jedem Obergerichte ein Staats-Anwalt aus der Zahl der bereits vorhandenen Räthe, ohne diese zu vermehren, genommen, und ihm das höchste Rathsgehalt beigelegt werde.

Da aber die Obergerichte keinesweges ein Mitglied entbehren können, dieselben vielmehr mit Arbeiten dermaßen überbürdet sind, daß die Geschäfte nur durch die Hülfe der, meistens unbesoldeten, Assessoren, bewältigt werden können, so müssen wir diesen Vorschlag für unausführbar, und die Anstellung eines eigenen Staats-Anwaltes bei jedem Obergerichte für nothwendig erklären.

Es lag allerdings in unserem Plane, überdies noch etwa bei 18 bis 20 großen Untergerichten und Inquisitoriaten solche anzustellen; wir wollen uns jedoch, zur Ersparung von Kosten, gern dazu verstehen, die Anstellung eigener Staats-Anwälte bei Untergerichten zunächst auf die Kriminalgerichte der drei Hauptstädte Berlin, Königsberg und Breslau zu beschränken, auch die Gehälter überhaupt geringer, als wir beabsichtigt hatten, zu normiren.

Wird den bei den Obergerichten in den großen Städten Berlin, Königsberg und Breslau anzustellenden Staats-Anwälten ein Gehalt von 2000 Thalern, den bei den 14 übrigen Obergerichten ein Gehalt von 1500 Thalern, den drei Untergerichts-Staats-Anwälten aber ein Gehalt von 1200 Thl. beigelegt, so ergiebt dies für 20 Staats-Anwälte die Total-Summe von:

36 000 Thalern.

Jedem würde mindestens ein besoldeter Hülfsarbeiter, resp. Substitut mit einem Gehalte von 600 Thl. zuzuordnen sein, macht . . . . 12 000 Thl.
Auf Subalternbeamte, Büreau-Unkosten, und sonstige Auslagen noch . . . . 20 000 Thl.
gerechnet, ergiebt eine Gesammt-Summe von circa

62 600 Thl.

jährlich.

Auch diese Summe ist allerdings nicht unbedeutend, es ist jedoch bei derselben folgender sehr wesentliche Umstand nicht außer Acht zu lassen.

Es sind bisher für die Staats-Anwaltschaft im Eheprozesse keine besonderen Beamten erfordert, deren Geschäfte vielmehr interimistisch von anderen richterlichen Beamten versehen worden.

Dies ist hauptsächlich in der Hoffnung geschehen, daß bald bei allen Obergerichten Staats-Anwälte für den Kriminal-Prozeß angestellt werden würden, und dann die Staats-Anwaltschaft im Eheprozesse mit der für den Kriminal-Prozeß einzuführenden werde verbunden werden können.

Würde aber die Erfüllung dieser Hoffnung wieder in weite Ferne gerückt oder müßte gar ganz aufgegeben werden, so würde ich, der Justizminister Uhden darauf bestehen müssen:

> daß dem jetzt in der Ehe-Anwaltschaft zum großen Nachtheile der Geschäfte bestehenden provisorischen Zustande ein Ende gemacht werde, und die Anstellung eigener Ehe-Anwälte erfolge.

Diese würde einen Kosten-Aufwand von circa 27 000 Thl. erheischen, und wenn jene Summe bei der von uns für die Staats-Anwaltschaft überhaupt geforderten compensando in Abzug gebracht wird, so ist der verbleibende Rest von circa

36 000 Thaler

doch in der That eine zu geringe Summe, als daß sie ein Motiv abgeben könnte, eine für die Kriminalrechtspflege als heilsam, ja nothwendig erkannte Maaßregel zurückzuweisen.

Freilich wird, wenn zunächst die Ernennung von Staats-Anwälten nur bei den Obergerichten und den drei größten Untergerichten erfolgen soll, in der nächsten Zukunft der Zweck des neuen Institutes nicht vollständig und allseitig erreicht werden können; indessen wenn es zunächst auch noch nicht alle die Vortheile sichert, welche es, reichlicher ausgestattet, gewähren könnte, so werden solche auch in seiner beschränkten Ausdehnung nicht fehlen, und bei seiner weiteren Entwickelung im Laufe der Zeit immer mehr hervortreten.

Uebrigens wird, wenn sich in der nächsten Zukunft das Bedürfniß herausstellen sollte:

> bei einem oder dem anderen Untergerichte einen eigenen Staats-Anwalt zu haben,

damit ausgeholfen werden können, daß der Justiz-Minister ermächtigt wird,

> einem bei einem solchen Gerichte nicht betheiligten Justiz-

beamten die Funktionen des Staats-Anwalts als Substituten des bei dem Obergerichte angestellten Staats-Anwaltes, unter der Kontrole dieses, zu übertragen.

Überdies wird der bei dem Obergerichte residirende Staats-Anwalt auch sonst auf die entfernten, in seinem Amtsbezirke liegenden Untergerichte entweder unmittelbar, oder durch Ertheilung von Aufträgen an andere Gerichtspersonen, einwirken, und im Interesse des Gesetzes darüber wachen können, daß nicht Ungebührlichkeiten vorkommen event. diese, sei es durch Beschwerde bei den competenten Gerichten, sei es durch Einlegung von Rechts-Mitteln wieder beseitigt werden.

Namentlich ist es in Bezug auf diesen letztgedachten wichtigen Theil seiner Amtsthätigkeit:

die Einlegung von Rechtsmitteln,

von weniger Bedeutung, ob das Erkenntniß am Orte seines Sitzes gefällt ist, oder nicht, und höchstens der Zeitverlust, welcher in einzelnen Fällen durch Uebersendung der Akten, zur Einsicht, nöthig werden möchte, dabei in Anschlag zu bringen.

Den bezüglichen Gesetz-Entwurf haben wir, obgleich derselbe noch vielfacher Modifikationen und Aenderungen bedürftig sein möchte, doch in seiner ursprünglichen Fassung gelassen, weil er in dieser unseren Berathungen zu Grunde gelegen hat, und er jedenfalls dazu beitragen kann, ein mehr concretes Bild des neuen Institutes, wie es von uns gedacht worden, zu geben.

In dieser Weise die Staats-Anwaltschaft aufgefaßt und ausgeführt ist dieselbe — um schließlich das Resultat des bisher Gesagten nochmals in wenigen Worten zusammen zu fassen —

1, mit der bestehenden Gerichts- und Polizei-Verfassung keinesweges unvereinbar, findet vielmehr gerade in dieser gesetzlich bestehenden Verfassung ihre Berechtigung und Anknüpfungs-Punkte.

Es steht:

2, von ihr nicht zu befürchten, daß sie die Polizei- und Gerichtsbehörden in Konflikte verwickeln werde, vielmehr wird sie umgekehrt, indem sie als Vermittlerin zwischen beiden Behörden auftritt, dazu beitragen, den jetzt nur zu häufig vorkommenden und immer mehr zu befürchtenden Konflikten vorzubeugen und abzuhelfen.

Es ist von ihr

3, eine Schmälerung der Autorität und Wirksamkeit der Polizeibehörden schon um deshalb nicht zu befürchten, weil die höheren Polizeibehörden ihr nicht untergeordnet werden sollen, dieselben auch überhaupt in ihrer Eigenschaft als überwachende Behörden gar nicht von ihr berührt werden, weshalb denn auch

4, dieselben in außerordentlichen Zeitverhältnissen, namentlich bei wichtigeren politischen Umtrieben, stets freie Hand behalten werden und in ihren Operationen durch die Staats-Anwaltschaft nicht behindert werden können.

Dieselbe ist:

5, nicht nur überall in dem Entwurfe des neuen Strafgesetzbuchs vorausgesetzt, sondern auch

6, nöthig, wenn der Staat, wie im Interesse desselben als nothwendig anerkannt wird, ein Rechts-Mittel gegen unrichtige Entscheidungen des Kriminalrichters erhalten will.

7, Der Kosten-Aufwand endlich aber ist zu gering, als daß er ein Motiv abgeben könnte, das als nützlich, ja nothwendig erkannte Institut zurückzuweisen.

Berlin den 23ten März 1846.

Die nochmalige Berathung im Staatsministerium hat auch stattgefunden. Ebenso war die Angelegenheit auch bereits dem Staatsrathe unterbreitet. In diesem Stadium aber ging von anderer Seite die Anregung aus, zunächst — gewissermaßen zur Probe — in Betreff der bei dem Kammergericht und dem Kriminalgericht zu Berlin zu führenden Kriminal-Untersuchungen eine Neuregelung des Verfahrens eintreten zu lassen und hierbei auch die Einführung einer Staatsanwaltschaft vorzusehen.

Die Veranlassung hierzu war der Polenaufstand im Jahre 1846, in Folge dessen eine große Anzahl von Personen wegen Staatsverbrechen in Untersuchung und Haft geriethen. Der Prozeß gehörte zum Forum des Kammergerichts. Wäre er nach den Bestimmungen der alten Kriminalordnung und den Grundsätzen des Inquisitionsprozesses geführt worden, so war vorauszusehen, daß er Jahre lang dauern werde. Das öffentliche Interesse erheischte aber dringend eine möglichst rasche Aburtheilung. Friedrich Wilhelm IV. folgte deßhalb den ihm gemachten Vorschlägen und befahl die schleunige Ausarbeitung eines die Oeffentlichkeit und Mündlichkeit in Untersuchungssachen einführenden Gesetzes für den oben genannten geographischen Bezirk.

Die aus diesem Anlaß zu führenden Berathungen wurden in raschem Tempo gefördert, während man die Entwürfe der beiden Justizminister, betreffend die generelle Einführung des Instituts der Staatsanwaltschaft bei Seite legte, und unterm 25. Juli 1846 publizirte bereits die Gesetzsammlung das mit dem 1. Oktober 1846 in Kraft tretende:

„Gesetz, betreffend das Verfahren in den bei dem Kammergericht und dem Kriminalgericht zu Berlin zu führenden Untersuchungen. Vom 17. Juli 1846.“

Der Eingang dieses Gesetzes lautet:

„Wir Friedrich Wilhelm, von Gottes Gnaden, König von Preußen pp.

Schon seit Unserem Regierungsantritt ist Unsere Absicht dahin gerichtet gewesen, zur Herbeiführung einer der Würde des Richteramts entsprechenden, schleunigen und doch gesicherten Rechtspflege die Vorschriften der Kriminalordnung vom 11. Dezember 1805 und der Allgemeinen Gerichtsordnung Thl. I Tit. 35 Abschn. 2 einer Umgestaltung zu unterwerfen und ein mündliches Verfahren vor dem erkennenden Richter in Unsern Provinzen, in welchen das Allgemeine Landrecht gilt, einzuführen. Bei den umfassenden Vorbereitungen, welche die endlichen Bestimmungen hierüber und insbesondere die jedenfalls nöthige sorgfältige Berücksichtigung der bestehenden Gerichtsverfassung erfordern, haben wir beschlossen, ein solches Verfahren zunächst nur bei den Gerichten in unserer Haupt- und Residenzstadt Berlin, deren Verfassung hierbei keine Schwierigkeit entgegenstellt, anzuordnen. Wir bestimmen demgemäß, nach vernommenem Gutachten Unseres Staatsministeriums und einer von Uns aus Mitgliedern des Staatsraths ernannten Commission, was folgt.

Obwohl der Inhalt des Gesetzes als bekannt vorausgesetzt werden kann, sei kurz erwähnt, daß dasselbe ein mündliches Verfahren vor dem erkennenden Gericht einführte, bei welchem der

Staatsanwalt und der Angeklagte zu hören sei, ferner unter Ausschließung von Zwangsmitteln eine einigermaßen freie Beweiswürdigung, ferner für Staatsanwalt und Angeklagten eine Appellation gegen die Erkenntnisse erster Instanz und schließlich, falls die Entscheidung der zweiten Instanz von der der ersten abweicht, eine Revision für den Angeklagten, soweit das Urtheil zu seinem Nachtheil, für den Staatsanwalt, wenn es zu Gunsten des Angeklagten abgeändert worden.

Die speciellen Bestimmungen für die Staatsanwaltschaft lassen wir hier wörtlich folgen:

§ 2.

Bei dem Kammergericht, sowie bei dem Criminalgericht, und zwar bei jedem für die zu dessen Competenz gehörenden, im § 1 gedachten Untersuchungssachen, soll ein Staatsanwalt aus der Zahl der zum höheren Richteramte befähigten Beamten bestellt werden, dessen Amt es ist, bei allen Verbrechen, mit Ausnahme der im § 24 bezeichneten leichten Verbrechen (die zur Competenz der Einzelrichter gehörenden) die Ermittlung der Thäter herbeizuführen und diese vor Gericht zu verfolgen.

Jedem Staatsanwalte sind, soweit das Bedürfniß es erfordert, Gehülfen beizuordnen, die unter seiner Aufsicht stehen und seinen Anweisungen Folge leisten müssen, überall aber, wo sie für ihn auftreten, zu allen Funktionen desselben berechtigt sind.

Welchen Beamten die Verfolgung der leichten Verbrechen obliegt, ist im § 25 bestimmt. (Polizeianwalte, welche der Polizeipräsident commissarisch zu ernennen hat.)

§ 3.

Die Staatsanwalte und deren Gehülfen gehören nicht zu den richterlichen Beamten; sie sind in ihrer Amtsführung nicht der Aufsicht der Gerichte, sondern der des Justizministers unterworfen und müssen den Anweisungen desselben Folge leisten.

Die Ernennung der Staatsanwalte erfolgt durch Uns auf den Antrag des Justizministers.

Die Gehülfen werden den Staatsanwalten vom Justizminister beigeordnet und können von demselben aus dieser Stellung zu jeder Zeit wieder abberufen werden.

§ 4.

Das Polizeipräsidium und dessen Beamte bleiben, wie bisher, verpflichtet, den Verbrechen jeder Art nachzuforschen und alle keinen Aufschub gestattenden vorbereitenden Anordnungen zur Aufklärung der Sache und Festmachung des Thäters zu treffen. Sie haben aber die von ihnen aufgenommenen Verhandlungen dem betreffenden Staatsanwalte zur weiteren Veranlassung zu übersenden, auch den Requisitionen desselben wegen Einleitung oder Vervollständigung solcher polizeilichen Voruntersuchungen oder wegen Verfolgung oder Verhaftung verdächtiger Personen Folge zu leisten.

Von jeder wegen eines Verbrechens vorgenommenen Verhaftung ist die Polizeibehörde dem betreffenden Staatsanwalt binnen 24 Stunden Anzeige zu machen verpflichtet.

§ 5.

Die Gerichte sollen bei Einleitung und Führung der Untersuchungen nicht ferner von Amtswegen, sondern nur auf Antrag des Staatsanwalts einschreiten; sie sind aber verpflichtet, von allen amtlich zu ihrer Kenntniß kommenden Verbrechen dem Staatsanwalte sogleich Mittheilung zu machen, auch den von demselben an sie gerichteten Anträgen wegen Feststellung des Thatbestandes und wegen sonst erforderlicher Ermittlungen zu genügen und zu deren Erledigung, wenn es nöthig ist, einen Untersuchungsrichter zu ernennen.

Waltet Gefahr im Verzuge ob, so hat das Gericht auch ohne Antrag des Staatsanwalts alle diejenigen Ermittlungen, Verhaftungen oder Anordnungen vorzunehmen, welche nothwendig sind, um die Verdunkelung der Sache zu verhüten.

§ 6.

Dem Staatsanwalt legt sein Amt die Pflicht auf, darüber zu wachen, daß bei dem Strafverfahren den gesetzlichen Vorschriften überall genügt werde. Er hat daher nicht blos darauf zu achten, daß kein Schuldiger der Strafe entgehe, sondern auch darauf, daß Niemand schuldlos verfolgt werde.

§ 7.

Untersuchungsverhandlungen, Verhaftungen oder Beschlagnahmen hat der Staatsanwalt nicht selbst vorzunehmen, sondern solche nach den Umständen entweder bei der Polizeibehörde oder bei dem betreffenden Gerichte zu beantragen; er ist jedoch befugt, allen polizeilichen und gerichtlichen Verhandlungen, welche Gegenstände seines Geschäftskreises betreffen, beizuwohnen, und mit dem Beamten, welcher die Verhandlung zu führen hat, in unmittelbare Verbindung zu treten und seine Anträge und Mittheilungen zur Förderung des Zwecks der Untersuchung an diesen Beamten zu richten.

§ 8.

Dem Staatsanwalt steht die Einsicht aller polizeilichen und gerichtlichen Akten, welche sich auf einen zu seinem Geschäftskreise gehörenden Gegenstand beziehen, jederzeit frei. Auch gehört es zum Berufe desselben, den Unvollständigkeiten, Verzögerungen oder sonstigen Unregelmäßigkeiten, welche er in den Untersuchungen wahrnimmt, durch Anträge bei der vorgesetzten Behörde des die Untersuchung führenden Beamten Abhülfe zu schaffen.

§ 9.

Wegen Amtsverbrechen darf der Staatsanwalt nur auf Grund eines Antrags der vorgesetzten Dienstbehörde des anzuklagenden Beamten (§§ 5 u. fg. des Gesetzes vom 29. März 1844) einschreiten.

Einem solchen Antrage aber muß der Staatsanwalt stets genügen und die Anklage dem Gerichte zur Beschlußnahme selbst dann einreichen, wenn seine Ansicht über die Begründung der Anklage von der der Dienstbehörde abweicht. Auch ist er verpflichtet, gegen die gerichtlichen Entscheidungen in Sachen dieser Art Rechtsmittel einzulegen, wenn die Dienstbehörde ihn hierzu auffordert.

§ 10.

Verbrechen, deren Bestrafung die Gesetze von dem Antrage einer Privatperson abhängig machen, darf der Staatsanwalt nur dann vor Gericht verfolgen, wenn hierauf von jener Person angetragen worden ist. Doch ist er sowohl in diesen Fällen, als auch dann, wenn bei Verbrechen anderer Art die Betheiligten sich an ihn wegen Veranlassung der Untersuchung wenden, befugt, die gerichtliche Verfolgung zu verweigern, wenn er dieselbe für gesetzlich nicht begründet erachtet.

Ueber Beschwerden wegen solcher Verweigerung hat der Justizminister zu entscheiden.

§ 11.

Die Gerichte sind an die Anträge des Staatsanwalts nicht dergestalt gebunden, daß sie nur darüber, ob solche in der angebrachten Art begründet seien, zu entscheiden hätten; sie sind vielmehr verpflichtet, jede Strafthat, deren Untersuchung und Bestrafung der Staatsanwalt beantragt hat, ihrer Beurtheilung zu unterwerfen, und wenn sie hierbei finden, daß diese That zwar eine strafbare ist, allein gegen ein anderes Strafgesetz, als das von dem Staatsanwalt bezeichnete verstößt, so liegt ihnen ob, demgemäß was Rechtens zu beschließen.

§ 12.

So lange das Gericht die förmliche Eröffnung einer Untersuchung noch nicht beschlossen hat, kann der Staatsanwalt von der Anklage Abstand nehmen, und es ist, wenn er dies erklärt, jedes weitere Verfahren einzustellen. Ist aber die förmliche Untersuchung einmal beschlossen, so muß dieselbe durch ein Urtheil beendet werden.

§ 13.

Gegen einen Beschluß des Gerichts, durch welchen der Antrag auf Eröffnung einer Untersuchung zurückgewiesen wird, steht dem Staatsanwalte innerhalb einer zehntägigen präklusivischen Frist, welche mit dem Ablauf des Tages beginnt, an dem die Mittheilung des Bescheides erfolgt ist, die Beschwerde an das Appellationsgericht offen. Bei der Entscheidung dieses Gerichts muß es verbleiben.

§ 14.

Sowohl während der gerichtlichen Voruntersuchung, als während des ganzen Laufes der gerichtlichen Untersuchung steht dem Gerichte die Beschlußnahme über die Verhaftung oder Freilassung des Angeklagten zu.

Durch die Publikation dieses Gesetzes, das namentlich auch in Ansehung der Staatsanwaltschaft auf zum Theil wesentlich anderen Grundlagen beruhte, als die früheren Vorschläge, waren die Justizminister mit ihren Absichten in eine eigene Lage gebracht. Es war ihnen unzweifelhaft, daß das früher projektirte Gesetz wegen Einführung der Staatsanwaltschaft auf sich beruhen bleiben müsse und neben dem Gesetz vom 17. Juli 1846 nicht weiter verfolgt werden könne, daß vielmehr abzuwarten sei, wie bei der Frage über die demnächstige Ausdehnung des durch das Gesetz eingeführten Kriminalverfahrens auch jene Angelegenheit zum Austrage gebracht werde.

Da nun aber bereits der Staatsrath mit der Sache befaßt war, so beantragten sie gemeinschaftlich die Zurückziehung des diesem ertheilten Auftrags. Hierauf erging folgende Allerhöchste Kabinetsordre:

> Ich bin aus den, in dem Berichte des Staatsministeriums vom 26. v. M. angeführten Gründen damit einverstanden, daß die Berathung über die allgemeine Einführung der Staatsanwaltschaft in Kriminal-Untersuchungen so lange ausgesetzt werde, bis die weitere Ausdehnung des vorläufig auf Berlin beschränkten Kriminal-Prozedur-Gesetzes vom 17. Juli v. J. in nähere Erwägung gezogen werden wird, und habe hiernach den, dem Staatsrath ertheilten Auftrag zur Begutachtung jenes Gegenstandes für jetzt zurückgenommen.
>
> Berlin, den 3. Mai 1847.

An gez. Friedrich Wilhelm.
das Staats-Ministerium.

Damit war der erste Versuch einer generellen Einführung der Staatsanwaltschaft in der Preußischen Monarchie gescheitert. Das, was dabei in Wirklichkeit zu Stande gekommen war, verlohnt nicht die Kritik. Das „parturiunt montes“ steht ihm nur zu deutlich an der Stirn geschrieben. Von Allem Etwas, aber Nichts konsequent durchgeführt. Ein ängstlicher Vorstoß gegen ein nicht klargelegtes Ziel. Ein schüchtern hingeworfenes Versuchsobjekt, das nur zu bald im Polenprozeß auf eine harte Probe gestellt werden sollte, und das sicherlich, wäre es nicht durch anderweite Ereignisse überholt worden, über kurz oder lang durch den eigenen Mangel an Lebensfähigkeit zu Grunde gegangen sein würde. Ein blindes Anlehnen an die Französischen Vorbilder, und doch wieder ein eigenartiges Streben nach Abweichungen, nach Selbstständigkeit. Dazwischen arge Mißgriffe, wie die Uebertragung des landesherrlichen Abolitionsrechtes an den Justizchef als Chef der Staatsanwaltschaft und die Zulassung des Staatsanwalts zur Voruntersuchungs-Verhandlung unter Ausschließung des Beschuldigten.

Wenn gleichwohl diesem ersten Versuche in unserer Betrachtung ein ausgedehnterer Raum verstattet worden ist, so geschah das darum, weil in jedem Werdeprozeß die ersten Stadien der Entwicklung die interessantesten sind, und weil die Grundideeen, welche in diesem ersten Stück Geschichte der Preußischen Staatsanwaltschaft hervorgetreten sind, trotz des Mangels ihrer sofortigen Verwirklichung vorbildlich geworden sind für die Gesetzgeber, welche sich in einer späteren Zeit mit diesem Gegenstande zu beschäftigen hatten, weil auf ihnen schließlich doch das ganze Gebäude der Preußischen und der Deutschen Staatsanwaltschaft errichtet worden ist.

Daneben kann es gewiß nicht gleichgültig sein, etwas ausführlicher kennen zu lernen, in welcher einsichtigen Weise in jener, nun schon mehr denn ein halbes Jahrhundert zurückliegenden Zeit bedeutende Männer einen Stoff ergriffen und verarbeitet haben, der nicht nur in sich selbst die größten Schwierigkeiten bot, sondern wegen seiner gänzlichen Unbekanntschaft, wegen des Mangels jeder Erfahrung, jeder Bewährung auf einheimischem Boden immer auf's Neue gewaltige Hindernisse aufthürmte. Kein Jurist wird ohne tiefe Bewunderung die Auseinandersetzungen lesen, in denen ein Mann wie Savigny mit seinem gewaltigen Geistesvermögen den spröden Stoff in angemessene Formen zu bringen suchte. Kein Jurist wird sein lebhaftes Bedauern unterdrücken können, daß es diesem Manne nicht vergönnt gewesen ist, was er erstrebt und vorbereitet hatte, auch zu einem gedeihlichen Ende zu führen. Er würde sein eigenes Wort, daß seine Zeit keinen Beruf zur Gesetzgebung habe, Lügen gestraft haben.

1848—1859.

Trotz seiner Stümperhaftigkeit machte man mit dem Gesetze vom 17. Juli 1846 keine übelen Erfahrungen. Der Inquisitionsprozeß war eben zu verhaßt, als daß man nicht Alles willkommen geheißen hätte, was dazu beitrug, ihm ein Ende zu bereiten. Die Beliebtheit des Gesetzes wuchs, und man dachte ernstlich daran, seine Ausdehnung auf ein größeres geographisches Gebiet herbeizuführen.

Allein in jener schwerfälligen und unschlüssigen Zeit ging Alles einen Schneckengang. Man hatte wohl Pläne und dachte an deren Verwirklichung; man fühlte das völlig Unhaltbare der Situation und ahnte die Mittel, die geeignet gewesen wären, ihr ein Ende zu machen; man grübelte, machte Entwürfe und Vorschläge, aber zu einem entscheidenden Schritte konnte man sich nicht aufraffen. Immer wieder tauchten alte und neue Bedenken auf, immer wieder vertagte man und legte bis zu günstigerer Gelegenheit zurück.

Erst dem „großen" (oder tollen?) Jahre 1848 war es vorbehalten, Wandel zu schaffen.

Es soll hier keine Geschichte der Revolution geschrieben werden. Auch liegt es dem Thema dieser Schrift fern, abzuwägen, was Gutes und was Böses uns von damals überkommen ist. Für unsern Zweck genügt es festzustellen, daß uns das Jahr eine Umwälzung auf dem Gebiete des Strafprozesses und damit in erster Linie die Geschworenengerichte brachte.

Das war nicht von gestern auf heute gekommen. Seit langen Jahren war man unzufrieden mit dem geheimen Inquisitionsprozeß; diese Unzufriedenheit wurde genährt und vergrößert durch wahre, übertriebene und unwahre Berichte über eine nachlässige und ungerechte Judikatur. Man verlangte nach Oeffentlichkeit und Mündlichkeit des Strafverfahrens, weil man glaubte, hierin allein eine

Garantie gegen die angeblichen Uebergriffe des gelehrten Richtertums finden zu können. Aber dabei blieb man nicht stehen. Man wies auf die Rheinlande hin und weiter westlich auf Frankreich. Je mehr man Grund zur Unzufriedenheit mit den eigenen Verhältnissen zu haben glaubte, in desto hellerem Lichte erschienen die Vorzüge, die das Verfahren anderer Länder zu bieten hatte. Das Geschworenengericht erschien berufen, alle Mängel unserer Strafjustiz zu heilen.

In der Zeit der Gährung steckte man die Köpfe zusammen und brütete dumpf über diesem Allheilmittel. Als aber die Explosion erfolgte, da schrieb man das Wort stolz auf die Fahnen, da reihte man es in die Zahl der unwiderruflichen Forderungen ein, ohne deren Bewilligung es kein Paktiren, keinen Frieden gab. In dem dunkeln Drange, etwas Besseres an die Stelle des Bestehenden zu setzen, klammerte sich die Menge blind an das, was ihr als besser gezeigt wurde, und verfocht es mit dem Fanatismus, ohne den man in dieser aufgeregten Zeit überhaupt nichts in Angriff nahm. Noch weniger aber hatte sie sich klar gemacht, was denn die Erfüllung ihres Wunsches, die Einführung des Schwurgerichtes, im Gefolge haben könnte und müßte, so z. B. die Einführung der — Staatsanwaltschaft. Nach dem Geschworenengericht hatten sie Alle geschrieen, nach der Staatsanwaltschaft Niemand.

Und doch war sie die unausbleibliche Folge. Schon die Einführung der Oeffentlichkeit und Mündlichkeit des Strafverfahrens bedingte, wenn anders sie nicht eine halbe Maßregel bleiben sollte, den öffentlichen Ankläger, ausgerüstet mit der ausschließlichen Anklagebefugniß. Das Schwurgericht aber war ohne diese Institution gar nicht denkbar. Hier bedurfte der Staat eines Gegengewichtes, eines kräftigen Korrektivs, nicht nur bei der Erhebung, sondern auch bei der Durchführung der Anklage, und allermeist in der mündlichen Verhandlung. Und das konnte nur der Staatsanwalt sein.

Selbst die revolutionären Massen haben das begriffen. Sie haben keinen Widerspruch gegen die Einführung der Staatsanwaltschaft erhoben. Sie kannten sie nicht, wie sie das Schwurgericht nicht kannten. Sie haben sie nicht herbeigerufen, wie das Schwurgericht, weil sie ihnen Niemand mundgerecht gemacht hatte. Im Gegentheil, sie mögen sie nicht herbeigesehnt haben, aber sie nahmen sie ruhig hin als ein nothwendiges Uebel, das von dem Schwurgericht nun einmal unzertrennbar war.

So ist denn unsere Staatsanwaltschaft recht im eigentlichen Sinne ein Kind der Revolution, wenn auch sehr wider Willen.

Doch ist sie es nicht ausschließlich. Auch die einsichtsvollen Kreise der Bevölkerung wollten von dem alten Strafverfahren nichts mehr wissen, und nicht zuletzt die Juristenwelt war von der Nothwendigkeit einer gründlichen Reform überzeugt. Aber woher nehmen? Etwas Eigenes, Selbstständiges zu schaffen, war die Zeit viel zu geistesarm; man mußte nach Vorbildern suchen, und man nahm diejenigen, welche durch ihren umständlichen Apparat am meisten imponirten.

So würde die Reform des Strafprozesses, und in ihrem Gefolge die Einführung des Schwurgerichts und der Staatsanwaltschaft auch ohne Revolution gekommen sein, früher oder später; das „glorreiche" Jahr 1848 hat sie nur beschleunigt.

Man wird das nicht bestreiten können, sobald man sich nur ein wenig in die Litteratur jener Zeit vertieft. Wenn in jener exaltirten Zeit ein Landgerichtsdirektor aus Westphalen, zugleich Abgeordneter für die Nationalversammlung, schreiben konnte: „Mündlichkeit, Oeffentlichkeit und Geschworenengerichte sind schon lange als drei Anker bezeichnet, an denen wir Alle wie an Glaube, Liebe und Hoffnung festhalten", so zwingt uns ein solches überschwängliches Plaidiren wohl ein Lächeln ab, allein es muß uns doch auch als Beweis gelten, wie unumstößlich fest die Ueberzeugung von den Wohlthaten saß, die dieses Dreigestirn nach sich ziehen werde.

Wir können solche Uebertreibungen um so leichter bei Seite lassen, als es an besonnenen Stimmen nicht fehlte. So legte beispielsweise eine große Juristenversammlung zu Hamm in Westphalen am 14. Oktober 1848 dem Justizministerium ein Protokoll ihrer Berathungen vor, in welchem es hinsichtlich der Strafjustiz heißt:

> Das Ministerium von Auerswald hat in dem am 26. Juni d. Js. der National-Versammlung in Berlin vorgelegten Programme in Betreff der Reorganisation der Rechtspflege die Absicht ausgesprochen, die anerkannten Vorzüge des rheinischen Gerichtsverfahrens im ganzen Lande zu verallgemeinern. So erfreulich es ist, daß die vielen wirklichen Vorzüge der rheinischen Gerichtsverfassung bald auch den übrigen Provinzen zu Theil werden sollen, so hat doch andrerseits das Programm die Besorgniß erregt, daß das Staatsministerium die allgemeine Einführung des rheinischen Gerichtsverfahrens

in allen seinen Zweigen beabsichtige. Wenn gleich diese Absicht in dem Programme nicht mit klaren Worten ausgesprochen ist, so wird jene Besorgniß doch theils dadurch, daß in dem Programme von Vorzügen des in den übrigen Provinzen geltenden Gerichtsverfahrens nicht die Rede ist, theils durch vielfache anderweitige Nachrichten über die Pläne des nunmehr zurückgetretenen Ministerii gerechtfertigt, kann auch, da in dem Programme des jetzigen Ministerii der Justiz-Organisation nicht gedacht wird, noch nicht als beseitigt angesehen werden.

Die Ueberzeugung, daß die Einführung der französischen Gesetzbücher unzweckmäßig und den übrigen Provinzen durchaus nicht erwünscht sein würde, hat die Veranlassung zu einer am 7. und 8. d. Mts. hier abgehaltenen Versammlung von praktischen Juristen gegeben. Der Zweck derselben war, dahin zu wirken, daß auch das Gute in unserer Gerichtsverfassung anerkannt und aufrecht erhalten werde, daß uns nicht mit dem Mangelhaften auch das, was sich bewährt hat, genommen, vielmehr aus dem, was in der Rheinprovinz, und dem, was in den übrigen Provinzen besteht, vorurtheilsfrei das Bessere entnommen, und ein neues, die Vorzüge der in den verschiedenen Provinzen bisher bestandenen Einrichtungen vereinigendes Ganze geschaffen werde; dadurch würden nicht nur die verschiedenen Interessen in den Provinzen unsers Staats versöhnt, sondern auch ein bedeutender Schritt zur Anbahnung eines allgemeinen deutschen Rechts gethan werden.

Der unterzeichnete Ausschuß ist von der Versammlung beauftragt worden, die nachstehenden Ansichten und Wünsche Einem Hohen Justizministerio vorzulegen. Die Versammlung hat es übrigens nicht als ihre Aufgabe angesehen, ins Einzelne gehende Vorschläge zu machen, sondern nur prinzipielle Fragen zur Sprache zu bringen.

1. Die Grundprinzipien des rheinischen Untersuchungsverfahrens: Staatsanwaltschaft und Anklageprozeß, Oeffentlichkeit und Mündlichkeit und Schwurgerichte bei den eigentlichen Verbrechen und bei allen politischen und Preßvergehen, wurden von der Versammlung fast einstimmig als den Vorzug vor unserm Criminalverfahren verdienend anerkannt und der Wunsch ausgesprochen, daß recht bald eine auf den an-

geführten Prinzipien beruhende Criminalprozeßordnung für die ganze Monarchie erlassen werden möchte. Die Versammlung war jedoch der Ansicht, daß namentlich drei wesentliche Mängel des rheinischen Verfahrens beseitigt werden müßten. Zunächst ist die Voruntersuchung eine mangelhafte; sie hat nicht sowohl den Zweck, das richterliche Urtheil vorzubereiten, als vielmehr das Material zur Anklage herbeizuschaffen. Es wird darin auf die Feststellung des objektiven Thatbestandes nicht die nöthige Rücksicht genommen, und das auf diese Art Versäumte läßt sich, namentlich bei Tödtungen, später durch Zuziehung von Sachverständigen zu den Assisen meistens nicht mehr nachholen. Auch kann dadurch, daß der Angeschuldigte nicht sofort bei der Voruntersuchung zugezogen und demselben Gelegenheit gegeben wird, schon hier seinen Vertheidigungsbeweis zu führen, der Vertheidigung in sehr bedenklicher Weise präjudizirt werden. Ein zweiter Mangel liegt in der unrichtigen Stellung des französischen Staatsanwalts; dieser muß, wie er auch nach den Verordnungen vom 28. Juni 1844 über das Verfahren in Ehesachen und vom 17. Juli 1846 über das Untersuchungsverfahren beim Kammergericht und Criminalgericht in Berlin auftritt, nur als öffentlicher Ankläger und Wächter des Gesetzes, ohne irgend ausgedehntere Befugnisse dem Richter gegenüber zu haben, als der Angeklagte, vor den Richter treten, um von ihm Recht zu nehmen. In der Rheinprovinz ist aber das öffentliche Ministerium zugleich Aufsichtsbehörde über die Richter; diese Stellung muß das Vertrauen auf die richterliche Unabhängigkeit wankend machen. Ferner sind dem Staatsanwalt schon in der Voruntersuchung zu viele Befugnisse, welche nur dem Richter zustehen sollten, namentlich auch Zeugen zu vernehmen, eingeräumt, und in der Hauptuntersuchung, namentlich in der öffentlichen Verhandlung, kann derselbe ein für den unschuldig Angeklagten gefährliches Uebergewicht ausüben (cfr. Mittermaier, Mündlichkeit etc. pag. 196. sqq.)

Ein dritter Mangel liegt in der Zusammensetzung des Geschwornengerichts; die Geschwornen werden aus den Höchstbesteuerten, aus den höheren Verwaltungsbeamten, reichen Kaufleuten, überhaupt aus privilegirten Ständen entnommen, und der Präfekt hat die Generalliste der Geschworenen aufzustellen. Die Beseitigung aller Privilegien ist eine der ersten Forderungen unsrer Zeit; die hohe Steuerquote, welche Jemand bezahlt, darf nicht den Maaßstab der Beurtheilung abgeben, ob Jemand die geistigen und moralischen Eigenschaften besitzt, welche das Vertrauen zu den Geschwornen gewähren, und dem von dem Ministerio abhängigen Präfekten darf nicht die Bildung der Geschwornenliste überlassen werden. Die Geschwornenliste muß, ebenso wie bei der Wahl von Abgeordneten zur National-Versammlung, durch indirekte Wahlen gebildet, und keine andre Bedingungen der aktiven und passiven Wahlfähigkeit gemacht werden, als sie in dem Gesetze vom 8. April d. Js. für Wahlrecht und Wählbarkeit zur Volksvertretung gestellt worden sind. Man darf vertrauen, daß die Wahlmänner, sowohl was die Intelligenz, als was die Moralität betrifft, die Befähigsten zu Geschwornen wählen werden.

2. Die Mitwirkung des öffentlichen Ministeriums bei den Civilprozessen, wie sie der Code kennt, wurde als nicht empfehlenswerth erachtet; selbst von Rheinischen Juristen werde sie für entbehrlich gehalten.

Bei der Regierung hatte das Verlangen nach einer Reorganisation der Gerichte nicht alsbald günstigen Wiederhall gefunden. Zwar war man diesem Verlangen an sich nicht abhold und hatte ja den guten Willen auch schon durch das Gesetz vom 17. Juli 1846, welches gewissermaßen eine Versuchsstation in Berlin etablirte, bethätigt. Ebenso hatte man in Betreff der Oeffentlichkeit im Civilprozeß einen Schritt weiter gethan, indem der Zutritt zu den mündlichen Verhandlungen in Civilprozessen, der bisher nur den Justizbeamten freigestanden hatte, durch Verordnung vom 7. April 1847 fortan „allen Männern" gestattet wurde, und zurückgewiesen nur diejenigen werden sollten, welche das Recht, die Nationalkokarde zu tragen, verloren hatten, sowie diejenigen, deren äußere Erscheinung eine Verletzung des Anstandes besorgen ließ. Gegen eine allgemeine Reorganisation erhoben sich aber, zumal im Strafprozeß, immer von Neuem Bedenken, namentlich in Betreff der Einführung der Schwurgerichte, und so kam man zu keinem Entschluß.

Nachdem aber die Märzstürme über das Land dahingebraust waren, sah man ein, daß längeres Zaudern unmöglich war. Bereits am 27. März 1848, also nur wenige Tage nach dem unglücklichen 18., war im Justizministerium ein vollständiger Entwurf eines

„Provisorischen Gesetzes über die Gerichts-Einrichtung“ fertiggestellt. Derselbe enthielt neben einer Menge „transitorischer“ folgende „definitive“ Bestimmungen:

§ 1.

Die Patrimonialgerichtsbarkeit und ebenso die geistliche Gerichtsbarkeit in weltlichen Sachen ist aufgehoben und fällt an den Staat zurück.

§ 2.

Der eximirte Gerichtsstand ist aufgehoben.

§ 3.

In Strafsachen entscheiden Schwurgerichte über die Frage: ob der Angeklagte schuldig oder nichtschuldig ist, und zwar

1. wegen aller politischen und Preßverbrechen und Vergehen,

2. wegen derjenigen Privat-Verbrechen, welche die mit den „Reichsständen“ zu vereinbarende Strafprozeßordnung festsetzen wird.

§ 4.

Ein mit den Reichsständen zu vereinbarendes Gesetz wird die Gerichts-Einrichtung ordnen, alle Sachen den zustehenden Justizbehörden zuweisen und wegen des Uebergangs der Lasten und Nutzungen der Gerichtsbarkeit auf den Staat Bestimmungen treffen.

In den Motiven zu diesem Gesetzentwurfe heißt es:

Des Königs Majestät haben

Schwur-Gerichte,

Aufhebung der Patrimonial-Gerichtsbarkeit und des eximirten Gerichtsstandes

verheißen.

Es ist unmöglich, in ein Paar Wochen die Gesetzentwürfe auszuarbeiten. Auch würde der jetzt zusammentretende vereinigte Landtag nicht competent sein, diese Gesetze mit des Königs Majestät zu vereinbaren.

Es kommt aber Alles darauf an, das Vertrauen zu beleben und zu kräftigen:

daß das Verheißene eine Wahrheit sein und bleiben wird.

Darum ist es wichtig, so schnell als möglich Einrichtungen in's Leben zu rufen, die dies beweisen.

Eine definitive Gerichtseinrichtung erfordert ruhige reife Erwägung, eine so zu sagen improvisirte wäre ein Unglück. Das Bestehende einreißen ohne gleichzeitig etwas hinzustellen, das dauern soll, würde dazu beitragen, den festen Gang der Rechtspflege und damit einen Grundpfeiler des Staats zu erschüttern. Alles drängt dazu: einerseits nicht zu zögern, anderseits für Ruhe im Innern zu sorgen.

Deshalb empfiehlt sich ein transitorisches Gesetz, welches einerseits entschieden die neue Bahn betritt, anderseits auf den bestehenden Organismus der Justiz sich stützt; welches die vorhandenen Organe benutzt, aber ihnen schon eine andere Stellung giebt; welches ohne allzugroße und kostspielige neue Einrichtungen gehandhabt werden kann.

Ein solches transitorisches Gesetz kann auch mit dem vereinigten Landtage berathen werden, denn es ist ja eben weiter nichts als ein neues Pfand des Vertrauens, und zum Niederlegen eines solchen kann und wird der vereinigte Landtag seine Hand gern bieten. Er präjudizirt in keiner Art den Reichsständen.

Aber damit dieses Gesetz seinen Zweck erreichen kann, ist es wichtig, daß vorangeschickt werden einige wenige Sätze, die die Grundlage bilden, die nicht transitorisch sein sollen. Es könnte zu mancherlei Mißdeutungen und Verdächtigungen Anlaß geben, wenn man diese Sätze in ein blos transitorisches Gesetz aufnähme ohne recht unzweideutig festzustellen und jedem klar zu machen, daß die schönen Güter, die wir schon als in unserem Besitz betrachten können, uns gewiß sind.

Daher wird vorgeschlagen

1. das Gesetz ein provisorisches d. h. ein solches zu nennen, das noch nicht Alles enthält.
2. Dasselbe in 2 Abschnitte zu theilen.

   Im ersten auszusprechen,

   daß fortan Schwurgerichte, kein eximirter Gerichtsstand und keine Patrimonial-Gerichtsbarkeit, auch keine geistliche Gerichtsbarkeit in weltlichen Sachen bestehen sollen.

Diese Basis unserer neuen Gerichts-Einrichtung haben wir bereits als festgestellt zu betrachten. Des Königs Majestät hat es bereits ausgesprochen; das Land hat sie mit Freuden aufgenommen, und der vereinigte Landtag, das Organ durch das der König die Wünsche des Landes hört, wird keinen Anstand nehmen, dies zu bestätigen.

Wie auf dieser Basis weiter auszuführen, wie die Einrichtungen ins Leben zu rufen, das muß allerdings einer Vereinbarung mit den Reichsständen vorbehalten bleiben. Darum kündigt sich der zweite Abschnitt nur als transitorische Bestimmungen enthaltend an.

Allein es erhoben sich wiederum Bedenken, ob es wohlgethan sei, schon jetzt mit einem solchen Gesetzentwurfe hervorzutreten, ob man nicht lieber den Kammern (also den Landständen) ein Gesetz vorlegen solle, welches nur bestimme, daß von einem festzusetzenden Tage ab die Privatgerichtsbarkeit und der eximirte Gerichtsstand aufgehoben sein solle, und ob man an die Frage der Einführung der Schwurgerichte nicht früher herangehen solle, als bis die Kammern ausdrücklich erklärt hätten, daß sie die Schwurgerichte wollten.

Das Letztere wäre nun freilich überflüssige Mühe gewesen, denn die Einführung der Schwurgerichte war eine Forderung, die das Volk mit solcher Wucht aufgestellt hatte, daß nicht anzunehmen war, es werde sie zurücknehmen, oder die Kammern werden sich in entgegengesetztem Sinne aussprechen.

Gleichwohl unterbreitete man die Materie den Landes-Justizkollegien (Oberlandesgerichten) und forderte sie auf, ihre Gutachten abzugeben. Dadurch gerieth die Angelegenheit in's Stocken. Die Gutachten liefen nur langsam ein und dienten auch nicht viel zur Klärung, da sie — wie vorauszusehen war — zwar die Fundamentalsätze der Oeffentlichkeit und Mündlichkeit des Verfahrens acceptirten, im Uebrigen aber, und ganz besonders in Betreff der weiteren formellen Behandlung der Sache weit auseinandergingen.

Anfangs hatte man beabsichtigt, die Rheinische Gerichtsverfassung pure nach den alten Provinzen zu verpflanzen; allein damit wäre eine vollständige Umgestaltung des Bestehenden, die Errichtung großer Appellations- und Landgerichte mit zahlreichen Einzelrichtern verbunden gewesen, und dieses Experiment erwies sich als zu theuer. Nunmehr wurden wieder Zweifel rege, ob bei kleineren Gerichtsbezirken genügendes Material zu Geschworenen vorhanden sein werde.

Gleichzeitig tauchten Bestrebungen auf, ein gleichförmiges Kriminalverfahren und ein übereinstimmendes Kriminalrecht im ganzen deutschen Vaterlande herbeizuführen. Namentlich waren es die Thüringischen Staaten, welche sich zu diesem Ende zusammenthaten und auch schon einen Delegirten nach Coblenz gesandt hatten, zum Behufe der „Autopsie" der dortigen Assissenverhandlungen. Die Verhandlungen zerschlugen sich, nicht am wenigsten deßhalb, weil Preußen, dem die Sorge um den eigenen Heerd näher lag, die Mitwirkung ablehnte.

Alle diese Dinge aber hemmten den Fortgang der Preußischen Arbeiten. Auch wollte man die Frage der Schwurgerichte gern mit der der Verfassung lösen. Noch in der konstituirenden Versammlung vom 28. Juli 1848 erklärte der Justizminister, nur wenn der Verfassungs-Entwurf angenommen werde, sei er im Stande, Vorlagen wegen Errichtung der Geschworenengerichte zu machen; und der erste Entwurf eines Gesetzes über die Geschworenengerichte wurde auch erst am 28. August 1848 fertiggestellt.

Auch die Nationalversammlung hatte unter ihren Postulaten als ein dringendes Bedürfniß ein neues Gesetz bezeichnet, das eine durchgreifende Reform der Gerichtsverfassung und des Strafprozesses zum Gegenstand haben, ein öffentliches und mündliches Verfahren und vor allen Dingen das Geschworenengericht einführen solle. Die Abgeordneten v. Kirchmann und Genossen hatten sogar schon einen gedruckten „Entwurf eines Gesetzes über das Verfahren in Untersuchungssachen mit Geschworenengerichten" eingebracht, und die Regierung war auch geneigt, diesen Gegenstand mit der Nationalversammlung zu berathen.

Allein die Nationalversammlung wurde aufgelöst, bevor der Entwurf zur Berathung gestellt werden konnte, und damit waren die Bestrebungen der Nationalversammlung, wie der Entwurf, begraben.

Nunmehr oktroyirte der König von Preußen, vielfachem Drängen nachgebend und in der richtigen Erkenntniß, daß nur auf diesem Wege die Wirren der Zeit in ruhigere Bahnen geleitet werden könnten, am 5. Dezember 1848 eine Verfassung. Es war unzweifelhaft, daß das Volk von den einmal aufgestellten Forderungen in Betreff des Gerichtsverfahrens gutwillig nicht abgehen werde, und deßhalb wurde auch in der Verfassung verheißen: Oeffentlichkeit und Mündlichkeit im Strafprozeß, und ein Geschworenengericht, das „bei allen politischen Verbrechen und bei Preßvergehen" die Entscheidung über die Schuld des Angeklagten fällen solle.

Auf Grund dieser Verfassungsurkunde erließ sodann der König Anfang 1849 die beiden inhaltsreichen Verordnungen, welche die Grundlage unseres gesammten Strafverfahrens werden sollten und endlich auch für den ganzen Umfang der Monarchie mit Ausnahme der Rheinlande das Institut der Staatsanwaltschaft einführten. In den Rheinlanden beließ man es bei den aus dem französischen Rechte überkommenen Einrichtungen, sowohl in Betreff des Verfahrens, wie der Staatsprokuratur.

Die erste dieser Verordnungen vom 2. Januar 1849 hob die Privatgerichtsbarkeit und den eximirten Gerichtsstand auf, regelte die Organisation der Gerichtsbehörden, indem sie als Gerichte erster Instanz Stadtgerichte und Kreisgerichte, zweiter Instanz Apellationsgerichte und dritter Instanz das Obertribunal einführte, eine Anzahl allgemeiner Vorschriften über das Verfahren erließ und schließlich die Ernennung und Qualifikation der Justizbeamten regelte. Dieser Verordnung wurden die nachfolgenden Motive beigegeben:

> Die Verheißungen, welche die Aufhebung des eximirten Gerichtsstandes und der Patrimonialgerichtsbarkeit, sowie die Mündlichkeit und Oeffentlichkeit der Rechtspflege, in Strafsachen unter Zuziehung von Geschworenen, betreffen, erfordern baldige Erfüllung; ihre Ausführung ist aber durch Veränderungen der Gerichts-Organisation im Allgemeinen bedingt. Die Aufhebung des eximirten Gerichtsstandes hat die theilweise Auflösung der bestehenden Obergerichts-Behörden, deren Geschäfte in gewissem Umfange auf die ordentlichen Gerichte erster Instanz übergehen, zur Folge; die aufzuhebenden Privatgerichte müssen den Königlichen Gerichtsbehörden einverleibt werden; die Mündlichkeit und Oeffentlichkeit der Rechtspflege setzt für alle wichtigeren Rechts-Angelegenheiten, besonders für die Behandlung der Strafsachen, eine collegialische Verfassung der Gerichtsbehörden voraus, welche auch bei den jetzt bestehenden Königlichen Gerichten zwar angebahnt, jedoch nicht überall vorhanden ist.

Bei der hiernach nothwendigen neuen Gestaltung ist früher von dem Plane ausgegangen worden, die Rheinische Justizverfassung in die östlichen Provinzen des Staates zu verpflanzen. Ohne Zweifel besitzt sie mehrere erhebliche Vorzüge, auch würde durch Realisirung des Plans die so wünschenswerthe Uebereinstimmung der Gerichtsverfassung im ganzen Staate und die Abtrennung der in den östlichen Provinzen den Gerichtsbehörden noch obliegenden Verwaltung der Nachlaß-, Vormundschafts- und Hypotheken-Sachen möglich gemacht werden. Die Vorzüge, welche die Rheinische Gerichtsverfassung in Betreff des Strafverfahrens darbietet, werden indeß durch die vorgelegte besondere Verordnung über diesen Gegenstand nicht minder erreicht werden. Wollte man in der Aneignung ihrer Eigenthümlichkeiten weiter gehen und sofort völlige Uebereinstimmung herbeiführen, so würde das Institut der Einzelrichter, die Rheinische Prozeßordnung, das Rheinische Vormundschafts- und das dortige Hypothekenwesen angenommen werden müssen. Das nach Rheinischer Verfassung sehr ausgedehnte Institut der Einzelrichter ist aber in den östlichen Provinzen keineswegs beliebt; die zeitherige Patrimonialgerichts-Verfassung hat seine großen Mängel hervortreten lassen, und gerade diese Mängel sind es, welche die so allgemeine Forderung der Aufhebung der Patrimonialgerichtsbarkeit mit ihren Einzelrichtern hervorgerufen haben. Ein Bedürfniß, das durch die Verordnungen vom 1. Juli 1833 und 21. Juli 1846 geregelte Civilprozeß-Verfahren mit einem anderen, und namentlich mit dem Rheinischen zu vertauschen, hat sich nicht ergeben. Man ist mit jenem überall zufrieden; es ist einfach und führt zu einer raschen und gründlichen Entscheidung der Rechtsstreitigkeiten. Ein bewährter praktischer Jurist sagt in seiner Beurtheilung der Verordnung vom 21. Juli 1846 (Sommers Archiv XII S. 470), daß Preußen jetzt die beste Prozeßordnung in Deutschland besitze. Die altländische Hypotheken-Verfassung ist der Rheinischen, wie allgemein anerkannt wird, vorzuziehen; denn die wesentlichen Requisite einer guten Hypotheken-Verfassung werden bei der letzteren vermißt, weil die Grundsätze der Publicität und Spezialität nicht vollständig zur Durchführung gelangt sind. Das der altländischen Hypothekenordnung eigenthümliche Legalitätsprinzip, durch welches der Hypothekenverkehr allerdings erschwert wird, läßt sich modifiziren, ohne die übrigen Vorzüge aufzugeben; auf Verminderung der Kosten wird in diesem Wege und durch eine Revision der Sportelsätze hingewirkt werden. In dem Vormundschaftswesen ist die freiere Bewegung der Vormünder, welche die Rheinischen

Einrichtungen gestatten, allerdings als ein Vorzug anzuerkennen, andererseits haben sich aber auch wider das Institut des Familienraths Einwendungen erhoben, welche auf mannigfache Umgestaltungen desselben dringen.

Geht hieraus hervor, daß eine gute Gerichtsverfassung nur erzielt werden kann, wenn die Vorzüge der altländischen Verfassung beibehalten und blos ihre mangelhaften Institute mit den für besser erkannten Rheinischen vertauscht werden, so ist damit die Nothwendigkeit anerkannt, daß auf beiden Seiten Veränderungen eintreten müssen. Eine solche Verschmelzung läßt sich nicht zur Ausführung bringen, so lange nicht eine Revision der bestehenden Gesetzgebungen stattgefunden hat. Hierauf zu warten ist nicht der Wunsch der Nation. Auch wird in den östlichen Provinzen nach einer Ueberweisung der Gegenstände der sogenannten Verwaltungsjustiz in andere Behörden wenig Verlangen getragen. Nur die Mehrzahl der Richter spricht sich wohl dafür aus, weil sie vorziehen, sich ausschließlich dem in der Regel ihren Neigungen mehr zusagenden rein richterlichen Berufe, welcher zugleich fast niemals mit Vertretungen in vermögensrechtlicher Beziehung verbunden ist, zu widmen. Das Publikum ist größtentheils anderer Meinung; es legt fast überall Gewicht auf die fernere Verwaltung jener Gegenstände durch die Gerichtsbehörden, welche sich durch die Gesetzmäßigkeit und Zuverlässigkeit ihres Verfahrens sein Vertrauen erworben haben. Die allgemeine Stimme hat sich sowohl in öffentlichen Blättern, als auch durch sehr zahlreiche Petitionen besonders lebhaft gegen Einführung der großen Rheinischen Landgerichte und der einzeln stehenden Friedensrichter ausgesprochen. Durch eine solche Gerichts-Organisation würden in Folge der nothwendig gebotenen Aufhebung so vieler, theils collegialischer, theils kleinerer Gerichte den mittleren Städten, deren Nahrungsverhältnisse ohnehin so sehr gelitten haben, die empfindlichsten Nachtheile zugefügt werden.

Den vorstehenden Motiven ist eine ausführlichere Wiedergabe eingeräumt worden, als es der Rahmen dieser Arbeit vielleicht erfordert hätte. Aber sie geben ein so treffendes Bild der Anschauungen, von denen man damals bei der Neuformation der Gerichte ausging, und diese neue Organisation war doch so wesentlich die Grundlage für die neu einzuführende Staatsanwaltschaft, daß die kleine Abschweifung wohl gerechtfertigt erscheinen dürfte.

Die Bestimmungen über die Ernennung der Staatsanwälte und deren Gehülfen waren einer zweiten Verordnung vorbehalten. Diese, die Verordnung vom 3. Januar 1849, lehnte sich zwar an das Gesetz vom 17. Juli 1846 an, gab aber doch viel mehr durchgearbeitete und konsequent durchgeführte Vorschriften für das gesammte strafgerichtliche Prozeßverfahren, setzte das Schwurgericht ein für alle Verbrechen, welche in den Gesetzen mit einer härteren als dreijährigen Freiheitsstrafe bedroht sind, und für alle politischen und Preßvergehen und enthielt schließlich die Bestimmungen über Organisation und Thätigkeit der Staatsanwaltschaft.

Die Bestimmungen über die Thätigkeit der Staatsanwaltschaft sollen weiter unten im Zusammenhang wiedergegeben werden; hier folgen nur diejenigen, welche sich auf die dienstliche Stellung und Organisation der Behörde beziehen, soweit sie von besonderer Wichtigkeit sind, und in der Fassung, in der sie demnächst Gesetzeskraft erlangt haben.

§ 2.

Bei jedem Appellationsgericht soll ein Oberstaatsanwalt, und für jedes Kreis- oder Stadtgericht ein Staatsanwalt aus der Zahl der zum höheren Richteramte befähigten Beamten bestellt werden, dessen amtlicher Beruf es ist, bei Verbrechen die Ermittlung der Thäter herbeizuführen und dieselben vor Gericht zu verfolgen.

Jedem Staatsanwalte sind, soweit das Bedürfniß es erfordert, vom Justizminister Gehülfen beizuordnen, welche unter seiner Aufsicht stehen und seinen Anweisungen Folge leisten müssen, überall aber, wo sie für ihn auftreten, zu allen Verrichtungen desselben berechtigt sind.

art. 1.

Die Staatsanwaltschaft ist befugt, alle ihr erforderlich scheinenden Anträge zu stellen, welche auf die Vorbereitung, die Einleitung und Führung der Untersuchung, auf die gerichtlichen Verfügungen und Beschlüsse in derselben, sowie auf die Strafvollstreckung Bezug haben.

Handelt es sich um eine erhobene Beschwerde, so muß die Staatsanwaltschaft bei dem Gericht, welches über die Beschwerde zu beschließen hat, auf ihr Verlangen mit ihrem schriftlichen oder mündlichen Antrage gehört werden; das Gericht kann auch der Staatsanwaltschaft die Beschwerde zur Stellung eines schriftlichen Antrages von Amtswegen vorlegen lassen.

Vor Erlassung eines Beschlusses über die Freilassung eines Verhafteten in den Fällen des § 13 der Verordnung (während der Voruntersuchung und während des ganzen Laufes der gerichtlichen Untersuchung) muß die Staatsanwaltschaft mit ihren Anträgen gehört werden.

Die Staatsanwaltschaft hat das Recht, auch im Interesse des Angeklagten Rechtsmittel einzulegen.

§ 3.

Die Oberstaatsanwalte, Staatsanwalte und deren Gehülfen gehören nicht zu den richterlichen Beamten. Sie sind in ihrer Amtsführung nicht der Aufsicht der Gerichte, sondern die Staatsanwalte der Aufsicht des Oberstaatsanwalts, und dieser mit ihnen der des Justizministers unterworfen, dessen Anweisungen sie nachzukommen haben. Die definitive Ernennung der Oberstaatsanwalte und Staatsanwalte erfolgt durch Uns auf den Antrag des Justizministers.

§ 4.

Den Polizeibehörden und anderen Sicherheitsbeamten verbleibt die ihnen gesetzlich obliegende Verpflichtung, Verbrechen nachzuforschen und alle keinen Aufschub gestattenden vorbereitenden Anordnungen zur Aufklärung der Sache und vorläufigen Haftnahme des Thäters mit Beobachtung der Vorschriften des Gesetzes vom 24. September 1848 zu treffen. Sie haben jedoch die von ihnen aufgenommenen Verhandlungen dem betreffenden Staatsanwalte zur weiteren Veranlassung zu übersenden, auch den Requisitionen desselben wegen Einleitung oder Vervollständigung solcher polizeilicher Voruntersuchungen Folge zu leisten.

§ 5.

Die Gerichte sind verpflichtet, von Verbrechen, welche amtlich zu ihrer Kenntniß kommen, dem Staatsanwalte sogleich Mittheilung zu machen, auch den von demselben an sie gerichteten Anträgen wegen Feststellung des Thatbestandes und wegen sonst erforderlicher Ermittlungen, Verhaftungen zu genügen, und, wenn es nöthig ist, einen Untersuchungsrichter zu ernennen.

Waltet Gefahr im Verzuge ob, so hat das Gericht auch ohne Antrag des Staatsanwalts alle diejenigen Ermittlungen, Verhaftungen oder sonstigen Anordnungen vorzunehmen, welche nothwendig sind, um die Verdunkelung der Sache zu verhüten. Die Verhandlungen hierüber sind demnächst dem Staatsanwalte mitzutheilen.

§ 6.

Dem Staatsanwalte legt sein Amt die Pflicht auf, darüber zu wachen, daß bei dem Strafverfahren den gesetzlichen Vorschriften überall genügt werde. Er hat daher nicht blos darauf zu achten, daß kein Schuldiger der Strafe entgehe, sondern auch darauf, daß Niemand schuldlos verfolgt werde.

§ 7.

Untersuchungsverhandlungen, Verhaftungen oder Beschlagnahmen hat der Staatsanwalt, wenn nicht Gefahr im Verzuge obwaltet und der Fall der Ergreifung auf frischer That vorliegt, nicht selbst vorzunehmen, sondern solche nach den Umständen entweder bei der Polizeibehörde oder bei dem betreffenden Gerichte zu beantragen. Er ist jedoch befugt, allen polizeilichen und gerichtlichen Verhandlungen, welche Gegenstände seines Geschäftskreises betreffen, beizuwohnen, mit dem Beamten, welcher die Verhandlung zu führen hat, in unmittelbare Verbindung zu treten und seine Anträge und Mittheilungen zur Förderung des Zweckes der Untersuchung an diesen Beamten zu richten.

§ 8.

Dem Staatsanwalte steht die Einsicht aller polizeilichen und gerichtlichen Akten, welche sich auf einen zu seinem Geschäftskreise gehörenden Gegenstand beziehen, jederzeit frei. Auch gehört es zum Berufe desselben, den Unvollständigkeiten, Verzögerungen oder sonstigen Unregelmäßigkeiten, welche er in den Untersuchungen wahrnimmt, durch Anträge bei der vorgesetzten Behörde des die Untersuchung führenden Beamten Abhülfe zu schaffen.

§ 9.

Verbrechen, deren Bestrafung die Gesetze von dem Antrage einer Privatperson abhängig machen, darf der Staatsanwalt nur dann vor Gericht verfolgen, wenn hierauf von jener Person angetragen worden ist. Doch ist er sowohl in diesen Fällen, als auch dann, wenn bei Verbrechen anderer Art die Betheiligten sich an ihn wenden, befugt, die gerichtliche Verfolgung zu verweigern, sofern er dieselbe für gesetzlich begründet nicht erachtet.

Ueber Beschwerden wegen solcher Weigerungen hat der Oberstaatsanwalt zu entscheiden.

§ 10.

Dem Oberstaatsanwalte steht die Befugniß zu, die Funktionen der Staatsanwaltschaft auch bei den Gerichten erster Instanz seines Amtsbezirks selbst oder durch einen seiner Gehülfen zu übernehmen, wenn er dies für zweckmäßig erachtet.

Die Verordnungen vom 2. und 3. Januar 1849 waren ohne die verfassungsmäßige Mitwirkung der Kammern erlassen worden. Man hatte den Weg der Gesetzesform verlassen, weil man bei der damals grassirenden Sucht nach Berathungen und Streitereien, bei der geradezu herrschenden Redewuth etwas Verständiges auf diesem Wege in absehbarer Zeit nicht glaubte zu Stande bringen zu können. Wollte man handeln, so mußte man rasch handeln. Man wählte deßhalb den durch die Verfassung zugelassenen Weg der Verordnung.

Aber es war nicht die Absicht der Regierung, diesen Zustand auf die Dauer bestehen zu lassen. Vielmehr legte sie noch in demselben Jahre die Verordnungen den Kammern zum Zwecke der nachträglichen verfassungsmäßigen Zustimmung vor. In Betreff der Verordnung vom 3. Januar 1849 geschah dies unter Hinzufügung nachstehender Motive, welche übrigens schon alsbald mit der Verordnung ausgearbeitet worden waren:

Der Artikel 92 der Verfassungsurkunde vom 5. Dezember 1848 bestimmt, daß die Verhandlungen vor dem erkennenden Gerichte in Civil- und Strafsachen öffentlich sein sollen, und der Artikel 93 der Verfassungsurkunde ordnet an, daß bei den mit schweren Strafen bedrohten Verbrechen, bei allen politischen Verbrechen und bei Preßvergehen die Entscheidung über die Schuld des Angeklagten durch Geschworene erfolgen soll. Da sich überall das dringende Bedürfniß einer Umgestaltung des in den altländischen Provinzen eingeführten Untersuchungsverfahrens nach Maßgabe jener Bestimmungen geltend gemacht hat, so war der schleunige Erlaß einer Verordnung über die möglichst gleichmäßige collegialische Organisation der Untergerichte, bei welchen bisher die collegialische Verfassung nur zum Theil stattgefunden hat, desgleichen über die Einführung des Anklage-Prozesses und des Instituts der Staatsanwaltschaft in das Untersuchungsverfahren, und über die Bildung der Schwurgerichte erforderlich. Mit Bezug auf Artikel 105 der Verfassungsurkunde,

> wonach, wenn die Kammern nicht versammelt sind, in dringenden Fällen unter Verantwortlichkeit des gesammten Staatsministeriums Verordnungen mit Gesetzeskraft erlassen werden können, jedoch den Kammern bei ihrem nächsten Zusammentritt sofort zur Genehmigung vorzulegen sind,

durfte unter solchen Umständen nicht gezögert werden, Gerichtseinrichtungen herbeizuführen, durch welche zugleich einem anerkannten Zeitbedürfnisse entsprochen wird.

Hierdurch rechtfertigt sich der provisorische Erlaß der vorliegenden, unter dem 3. Januar d. J. Allerhöchst vollzogenen Verordnung. Der weiteren Vorschrift des allegirten Artikels der Verfassungsurkunde wird gegenwärtig genügt, indem die Regierung die Verordnung nachträglich den versammelten Kammern zur Genehmigung vorlegt.

Im Jahre 1849 fand in den Kammern eine Berathung nicht mehr statt, weil der Schluß der Session dazwischenkam. Im Jahre 1850 hatte die Vorlage dasselbe Schicksal, weil die Regierung die Absicht kundgab, eine vollständige neue Strafprozeßordnung, bestimmt, sowohl die alte Kriminalordnung, wie die Verordnung vom 3. Januar 1849 und das ganze Rheinische Strafverfahren zu ersetzen, einzubringen.

In 1851 gelangte die Vorlage zum dritten Male an die Kammern, und zwar zuerst an die Erste Kammer. Diese nahm in ihrer „Kommission für die Rechtspflege“, wie damals die Kommission für das Justizwesen genannt wurde, eine gründliche Berathung der Materie vor, aus welcher das Folgende für uns von Wichtigkeit sein dürfte:

Zunächst rügte man, daß der § 2 der Verordnung, welcher die Staatsanwaltschaft einführe, nicht in dem Organisationsgesetz über die Gerichte, wohin er gehöre, Platz gefunden habe. Da er nun aber einmal hier eine Stelle gefunden habe, so einigte man sich dahin, ihn daselbst stehen zu lassen.

Sodann erklärte man sich dagegen, daß ein Staatsanwalt für mehrere Gerichte angestellt werden solle. Man war der Ansicht, daß das seine Thätigkeit zersplittern müsse, und verlangte für jedes Strafgericht einen besonderen Staatsanwalt. Da aber der Vertreter der Regierung erklärte, daß das für jetzt schon wegen der hohen Kosten unausführbar sei, und man die Erfüllung eines solchen Wunsches einer späteren Zukunft, zumal nach Sammlung größerer Erfahrungen, vorbehalten müsse, fügte sich die Kommission und gab den Einwand auf.

Eine gleiche Erwägung ergab sich in Betreff der Stellung der Staatsanwälte und ihrer Gehülfen.

Ueber dieselben wurde bemerkt, daß die Wichtigkeit ihres Amtes, ihre selbstständige, den Gerichten gleichgeordnete Stellung auch eine gleiche Qualifikation, gleiche Rang- und Gehaltsverhältnisse erfordere. Was insbesondere die Gehülfen betreffe, so fordere auch deren Amt Reife und Uebung, wenn sie nicht zum Nachtheile der Rechtspflege, welcher sich insbesondere durch den Einfluß des relativen Mangels an Gewandheit und Eloquenz auf die Geschworenen hervorstellen werde, hinter die tagtäglich sich im Reden und Vertheidigen übenden Rechtsanwälte zurücktreten sollten. Es erscheine daher erforderlich, diese Gehülfen nicht vorübergehend aus wenig praktisch geübten und nur gering diätarisch besoldeten jungen Leuten zu wählen, sondern feste beigeordnete Staatsanwälte zu ernennen und diese durch angemessene Rang- und Gehalt-Verhältnisse auch äußerlich in ihrem Amte zufrieden zu stellen.

Die Seitens der Königlichen Regierung abgegebene Erklärung, daß zur Zeit das Personalbedürfniß sich noch nicht übersehen lasse, und der Mangel an Personen den strengeren Rücksichten auf Qualifikation entgegentrete, daß es aber die Absicht sei, alle Staatsanwälte in Hinsicht auf Qualifikation, Rang und Gehalt den Mitgliedern der Gerichte gleich zu stellen, — bewog die Kommission, für jetzt von Anträgen hierüber abzusehen.

Die Fassung des § 3 der Verordnung, nach welcher Oberstaatsanwalt und Staatsanwalt der Aufsicht des Justizministers unterworfen sein sollen, „dessen Anweisungen sie nachzukommen haben", gab zu der Bemerkung Veranlassung, daß dieses nur von der Thätigkeit der Staatsanwälte in requirendo und nicht von der in concludendo gelte, indem ein Staatsanwalt, insofern er vor Gericht sich über die Schuld oder Nichtschuld äußere und deßhalb, sowie wegen Anwendung eines Strafgesetzes Anträge zu stellen habe, solchen Anweisungen nicht unterworfen, sondern nur durch seine Ueberzeugung gebunden sein könne.

Diese Ansichten wurden von dem Organe der Königlichen Regierung, wie von der Kommission als begründet anerkannt, ein Ausdruck derselben aber nicht für erforderlich erachtet.

In Betreff der Stellung des Staatsanwalts zur Polizei wurde hervorgehoben, daß es im Systeme einer geordneten gerichtlichen Polizei der Stellung des Staatsanwalts entspreche, Anweisungen zu ertheilen, nicht Requisitionen zu stellen. Da indessen ein geordnetes System in dieser Richtung noch nicht bestehe, dessen Grundlagen aber namentlich mit Beziehung auf die Gemeindeordnung zu erwarten seien, so wolle man von Anträgen auf eine Aenderung der vorgeschlagenen Bestimmungen für jetzt Abstand nehmen.

Schließlich aber überwog in der Kommission das Bedauern, daß nicht eine allgemeine, für die gesammte Monarchie gültige Strafprozeßordnung vorgelegt sei, alle anderen Erwägungen.

Die Regierung ließ durch ihren Vertreter erklären, daß die deßhalbigen Arbeiten noch nicht so weit vorgeschritten seien, um ihre baldige Einbringung erwarten zu können, und daß es sich darum empfehle, vorläufig der Verordnung vom 3. Januar 1849 die Gesetzeskraft zu verleihen. Allein dem setzte die Kommission folgende Erwägungen entgegen:

Die Verordnung habe nur den Charakter einer Novelle zu den bisherigen gesetzlichen Bestimmungen, sie sei kein erschöpfendes Gesetz. Es leuchte aber von vornherein ein, wie mißlich und fast unausführbar das Unternehmen gewesen, auf solchem Wege, durch blos zusätzliche Bestimmungen, die wesentlichsten Grundzüge bestehender Strafprozeßgesetze nicht blos zu ändern, sondern sogar in ihr Gegentheil zu verkehren, gleichwohl aber die übrigen Vorschriften dieser Gesetze, welche unvermeidlich ebenfalls durch solche prinzipielle Aenderungen mehr oder weniger affizirt werden müßten, für die praktische Anwendung fortbestehen lassen zu wollen. Dies habe sich denn auch in der Wirklichkeit gezeigt. Vielmehr stelle es sich als ein unerläßliches Bedürfniß heraus, eine ganz neue, nach einheitlichen Grundsätzen gestaltete, umfassende Strafprozeßordnung abzufassen. Dies bezwecke die Staatsregierung gegenwärtig, und sie verbinde damit zugleich die Absicht, dieses neue Strafprozeßgesetz auch in dem Bezirke des Appellationsgerichtshofes zu Köln einzuführen, dergestalt, daß alsdann, nach erfolgter Emanation des den Kammern jetzt vorliegenden und von der Zweiten Kammer bereits angenommenen neuen Strafgesetzbuchs die Kriminal-Rechtspflege sowohl materiell wie formell in der ganzen Monarchie eine vollkommen einheitliche sein werde.

Aus diesen Erwägungen kam die Kommission für die Rechtspflege am 30. März 1851 zu dem Beschluß, entgegen dem Wunsche der Regierung dem Plenum noch einmal die Vertagung der Berathung über die Vorlage vorzuschlagen, und die Erste Kammer beschloß demgemäß.

Man hatte sich ja nie im Unklaren darüber befunden, daß die Verordnungen vom 2. und 3. Januar 1849 nur Flickwerk bedeuteten, und daß es namentlich bedauerlich sei, nicht eine allgemeine, wohlausgearbeitete Strafprozeßordnung für die ganze Monarchie, einschließlich der Rheinlande, zu besitzen. Neben den Arbeiten, welche die Vorlegung der gedachten Verordnungen an die Kammern zum Gegenstand hatten, liefen daher andere Arbeiten, welche die Vorlage einer solchen umfassenden Strafprozeßordnung bezweckten und von der Hoffnung eingegeben waren, statt der Erhebung jener Verordnungen zu Gesetzen etwas ganz Neues, Vollendeteres an deren Stelle setzen zu können.

Bereits unterm 29. Juli 1850 hatte der Justizminister einen solchen ausgearbeiteten Strafprozeßentwurf dem Staatsministerium vorgelegt, und nachdem derselbe vielfach umgestaltet war, am 15. März 1851 folgende Allgemeine Verfügung an das Königliche Obertribunal, den Königlichen Revisions- und Kassationshof, die Königlichen Appellationsgerichte und an die Herren General-Prokuratoren und Ober-Staatsanwälte erlassen können:

> Die Verordnung vom 3. Januar 1849 hat die Mündlichkeit und Oeffentlichkeit des Verfahrens in Untersuchungssachen, welche bereits durch die Verordnungen vom 17. Juli 1849 und vom 7. April 1847 für die ganze Monarchie in Aussicht gestellt worden war, allgemein eingeführt. Dadurch sind die Hauptgrundlagen des Untersuchungsverfahrens in dem ganzen Staatsgebiete dieselben geworden, und es haben die

Gründe aufgehört, welche das Bestehen verschiedener Strafprozesse in den älteren Provinzen des Staates und in der Rheinprovinz rechtfertigten. Da überdies die Verkündigung eines allgemeinen Strafgesetzbuches als nahe bevorstehend erscheint, da ferner die, durch den Artikel 92 der Verfassungsurkunde gebotene Vereinigung der beiden obersten Gerichtshöfe zu einem Einzigen durch die möglichste Einheit der Gesetzgebung ihre wesentliche Bedeutung erhält, so stellt sich die Ausarbeitung einer allgemeinen Strafprozeßordnung als eine nicht zu verschiebende Aufgabe dar, und zwar um so mehr, als es bei Erlaß der Verordnung vom 3. Januar 1849, welche den Zweck hatte, die Hauptgrundsätze des neuen Verfahrens baldigst in's Leben einzuführen, nicht vermieden werden konnte, zu ihrer Ergänzung auf die Vorschriften der auf einer ganz verschiedenen Grundlage beruhenden Criminalordnung vom 11. Dezember 1805 zu verweisen.

Mit Rücksicht auf diese Gesichtspunkte ist bereits im vorigen Jahre der Entwurf einer allgemeinen Strafprozeßordnung im Justizministerium ausgearbeitet und berathen worden.

Aus den Ergebnissen dieser Berathungen ist der in der Anlage abgedruckte Entwurf hervorgegangen. Derselbe ist bestimmt, an die Stelle der Verordnung vom 3. Januar 1849, der Criminalordnung vom 11. Dezember 1805 und der Rheinischen Strafprozeßordnung zu treten, jedoch mit der Maßgabe, daß in Ansehung solcher Gegenstände, welche wegen Verschiedenheit der Organisation der Gerichtsbehörden, wegen des Zusammenhanges mit dem Civilrechte, oder aus anderen Gründen nicht gleichmäßig für die ganze Monarchie geregelt werden können, die erforderlichen Bestimmungen in besonderen Einführungsgesetzen ihre Stelle finden sollen.

Die Bestimmungen über die Bildung der Schwurgerichte sind, als mit der noch nicht vollendeten Organisation der Gemeinde-, Kreis- und Bezirks-Vertretungen im Zusammenhange stehend, nicht in die Strafprozeßordnung, sondern in einen besonderen Gesetzentwurf aufgenommen worden. Derselbe ist, soweit es sich nicht um die durch die Thätigkeit der Gemeinde- und anderer Verwaltungsbehörden bedingte Aufstellung der Urlisten, Jahreslisten und Dienstlisten der Geschworenen handelt, in der Anlage ebenfalls abgedruckt.

Bei der großen Wichtigkeit des Gegenstandes werden dem Justizminister die Bemerkungen aller Derjenigen willkommen sein, welche den Beruf in sich fühlen, sich über diese Entwürfe, über einzelne darin enthaltene Bestimmungen, über etwaige Ergänzungen oder darüber, was in die besonderen Einführungsgesetze aufzunehmen sein werde, zu äußern.

Wenngleich die Entwürfe niemals Gesetz geworden sind, dürfte es für den Gegenstand dieser Arbeit nicht gleichgültig sein, nachstehend die Bestimmungen kennen zu lernen, wie sie in Betreff der Organisation und Stellung der Staatsanwaltschaft gedacht waren:

§ 28.

Die Staatsanwaltschaft ist in ihren Amtsverrichtungen von den Gerichten unabhängig.

§ 29.

Die Verrichtungen der Staatsanwaltschaft werden wahrgenommen:

1. bei dem Obertribunal durch einen General-Staatsanwalt und dessen Vertreter,
2. bei den Appellationsgerichten durch einen Ober-Staatsanwalt und dessen Vertreter,
3. bei den Gerichten erster Instanz und den Schwurgerichtshöfen durch einen Staatsanwalt und dessen Vertreter,
4. bei den Polizeigerichten durch einen Polizeianwalt.

§ 30.

Dem Oberstaatsanwalte steht die Befugniß zu, Verrichtungen der Staatsanwaltschaft bei den in dem Sprengel des Appellationsgerichts bestehenden Gerichten selbst zu übernehmen oder einem anderen, in dem Sprengel dieses Gerichts angestellten Beamten der Staatsanwaltschaft zu übertragen.

§ 31.

Wenn ein Beamter der Staatsanwaltschaft verhindert ist und durch einen anderen Beamten derselben nicht vertreten werden kann, so muß der Vorstand des Gerichts einen der Richter mit der Vertretung beauftragen.

§ 32.

Das Recht der Aufsicht und Leitung steht zu:

dem Justizminister über alle Beamten der Staatsanwaltschaft, dem ersten Beamten der Staatsanwaltschaft bei einem jeden Gerichte über seine Vertreter und über alle Beamte der Staatsanwaltschaft in dem Sprengel dieses Gerichts.

Der General-Staatsanwalt bei dem Obertribunal hat jedoch dieses Recht über Beamte der Staatsanwaltschaft bei anderen Gerichten nur insofern, als es sich um Sachen handelt, welche an das Obertribunal gelangt sind, oder in Ansehung welcher ihm nach den bezüglichen Gesetzesbestimmungen die Befugniß zusteht, sie von Amtswegen dem Obertribunal vorzulegen.

§ 33.

Die Staatsanwaltschaft ist in dem ihr zugewiesenen Wirkungskreise das Organ der Staatsregierung zur Wahrnehmung des öffentlichen Interesse und die Vertreterin des Gesetzes. Sie hat darüber zu wachen, daß bei dem Strafverfahren den gesetzlichen Vorschriften überall genügt werde.

§ 34.

Die Staatsanwaltschaft ist berufen, im Interesse der öffentlichen Ordnung die begangenen strafbaren Handlungen zu ermitteln, gegen deren Thäter die öffentliche Klage zu erheben, in Beziehung auf die gesetzliche und zweckmäßige Führung der Untersuchung und auf die zu erlassende Entscheidung Anträge zu stellen, in den geeigneten Fällen, auch im Interesse des Beschuldigten, Rechtsmittel einzulegen und die Vollstreckung der richterlichen Verfügungen und Urtheile zu bewirken.

Sie kann nöthigenfalls den Beistand aller Polizeibeamten, sowie der bewaffneten Macht unmittelbar erfordern und von allen sonstigen Personen Hülfeleistung verlangen.

§ 35.

Die Staatsanwaltschaft wird durch die von einem Beamten derselben geäußerten Ansichten und gestellten Anträge nicht gebunden, noch an der Vornahme irgend einer ihr zustehenden Amtshandlung verhindert.

§ 36.

Der Beruf der Staatsanwaltschaft, die Gerichte mit der Untersuchung und Entscheidung zu befassen, beschränkt nicht den Beruf der Gerichte, nach eingeleiteter Untersuchung das

Sachverhältniß durch alle gesetzlichen Mittel aufzuklären, auf die Thatsachen, welche den Gegenstand der Klage bilden, eintretendenfalls ein anderes, als das von der Staatsanwaltschaft in Bezug genommene Strafgesetz anzuwenden und die Art und Höhe der Strafe lediglich nach dem Gesetze zu ermessen.

§ 37.

Die Staatsanwaltschaft hat die Befugniß, bei allen Handlungen, welche die Untersuchung betreffen, gegenwärtig zu sein. Den Berathungen und Abstimmungen der Gerichte soll sie nicht beiwohnen.

§ 38.

Die Staatsanwaltschaft kann jederzeit von dem Stande der anhängigen Untersuchungen durch Einsicht der Akten Kenntniß nehmen oder deren Mittheilung verlangen.

Sie kann in jeder Sache und in jeder Lage derselben die ihr geeignet scheinenden Anträge stellen.

Auf jeden Antrag der Staatsanwaltschaft muß richterliche Verfügung oder Beschlußnahme erfolgen.

§ 39.

Die Staatsanwaltschaft kann Vernehmungen und Ermittlungen jeder Art vornehmen, um den Thatbestand und den Thäter zu erforschen und Aufklärungen und Beweise zu erlangen.

§ 40.

Die Staatsanwaltschaft ist nicht befugt, eidliche Vernehmungen, Verhaftungen von Personen, Haussuchungen oder Beschlagnahmen vorzunehmen, vorbehaltlich der Bestimmung des § 42.

§ 41.

Erachtet die Staatsanwaltschaft es vor Anstellung der öffentlichen Klage für erforderlich, daß in Beziehung auf Verbrechen oder Vergehen die Einnehmung des Augenscheins, die Vernehmung derjenigen Personen, welche der That verdächtig sind, die eidliche oder nichteidliche Vernehmung von Zeugen oder Sachverständigen gerichtlich erfolge, so kann sie den Polizeirichter darum ersuchen.

§ 42.

In allen Fällen, wo vor Anstellung der öffentlichen Klage Gefahr im Verzuge obwaltet, kann die Staatsanwaltschaft, wenn weder der Untersuchungsrichter, noch der Polizeirichter zur Stelle sind, alle Handlungen der gerichtlichen Voruntersuchung, welche keinen Aufschub erleiden, selbst vornehmen. Auch in diesen Fällen kann sie jedoch nicht die Verhaftung, sondern nur die vorläufige Festnahme verfügen. Der Richter, welcher demnächst mit der Sache befaßt wird, hat die Befugniß, die Ergänzung oder Wiederholung der aufgenommenen Verhandlungen zu bewirken.

§ 43.

Beamte der gerichtlichen Polizei für alle Arten von strafbaren Handlungen sind:

die Polizei-Commissarien und diejenigen Beamten, welchen die Verrichtungen derselben beigelegt werden; in deren Ermangelung die Bürgermeister, Gemeindevorsteher oder Kreisamtmänner.

Beamte der gerichtlichen Polizei für die Zuwiderhandlungen gegen die Feld-, Forst- und Jagdgesetze sind, ohne jedoch die oben gedachten Beamten auszuschließen, die Feld-, Forst- und Jagdschutzbeamten.

§ 44.

Alle Beamte der gerichtlichen Polizei stehen in dieser Eigenschaft unter der Aufsicht und Leitung des Justizministers.

Ueber die Beamten der gerichtlichen Polizei in dem Sprengel eines Appellationsgerichts steht die Aufsicht und Leitung dem Oberstaatsanwalte, über diejenigen in dem Sprengel eines Gerichts erster Instanz dem Staatsanwalte bei diesem Gericht zu.

§ 45.

Die Beamten der gerichtlichen Polizei haben als Organe der Staatsanwaltschaft in dem ihnen angewiesenen Wirkungskreise die begangenen strafbaren Handlungen und die Beweise derselben zu erforschen. Sie haben zu diesem Behufe die der Staatsanwaltschaft in dem zweiten Absatze des § 34 und in dem § 39 beigelegten Befugnisse, unter den in dem § 40 enthaltenen Beschränkungen.

§ 46.

In Fällen, wo vor Anstellung der öffentlichen Klage Gefahr im Verzuge obwaltet, stehen ihnen, wenn weder der Untersuchungsrichter, noch der Polizeirichter, noch ein Beamter der Staatsanwaltschaft zur Stelle ist, die der Staatsanwaltschaft durch den § 42 beigelegten Befugnisse zu.

Der König indessen widerstrebte einer Kodifikation. In einem am 27. Juni 1851 an den Justizminister gerichteten Schreiben sagte er:

Ich kann Ihnen Meine Besorgniß nicht vorenthalten, daß eine neue Codification dieser Materien ein sehr gefährliches Experiment sein wird. Wenn das Verfahren nach beiden in der Monarchie geltenden Systemen — die Richtigkeit der Systeme vorausgesetzt — einzelner Verbesserungen bedarf, was Ich namentlich für das Geschworenen-Institut nach Meinen, Ihnen wohlbekannten Ansichten in weit höherem Grade annehme, als die beiden Gesetzentwürfe es thun, so können diese Verbesserungen durch Singular-Gesetze herbeigeführt werden. Hierzu bedarf es nicht einer Codification. Die Codification aber hat zur nothwendigen Folge, daß ein System, mit dem man noch im Experimentiren begriffen ist, und zwar in einem Experimentiren, das anscheinend zu keinen glücklichen Resultaten führt, sich immer fester setzt und vollständig Wurzel schlägt, ehe die Experimente beendigt sind. Dieses wünsche Ich aber zu vermeiden. — Es kommt hinzu, daß eine Codification, wenn sie nicht gänzlich verunglücken soll, langer Vorbereitungen und Ausarbeitungen bedarf, daß aber jene Mängel, namentlich in der Gesetzgebung über das Geschworenen-Institut, dringend Abhülfe fordern.

Nachdem unterdessen viele Gutachten von Obergerichten und aus dem Kreise der Staatsanwaltschaft eingelaufen waren, wurde die Angelegenheit in der Sitzung des Staatsministeriums vom 20. September 1851 zur Berathung gestellt.

Für die Vorlegung eines allgemeinen Strafprozeßordnungs-Entwurfs an die Kammern wurde geltend gemacht, daß eine Verschiedenheit der Gesetzgebung in demselben Staate, vorzüglich in dem Gebiete des öffentlichen Rechts, sich nur in soweit rechtfertige, als sie durch überwiegende Gründe geboten sei; solche lägen aber gegenwärtig, nachdem die Hauptgrundlagen des Strafverfahrens in der ganzen Monarchie dieselben geworden seien, nicht mehr vor. Die Vereinigung der beiden obersten Gerichtshöfe zu einem Einzigen, welche durch die Verfassung geboten sei, erhalte erst durch die möglichste Einheit der Gesetzgebung ihre wesentliche Bedeutung. Die für die älteren Provinzen verkündigte Verordnung vom 3. Januar 1849 bedürfe einer umfassenden Revision; es sei nothwendig, sie mit der zu ihrer Ergänzung dienenden Kriminalordnung vom 11. Dezember 1805, welche auf durchaus verschiedenen Grundlagen beruhe, zu einem im inneren Einklange stehenden Ganzen zu verschmelzen; dieses könne alsdann auch für die Rheinprovinz Geltung erlangen.

Gegen die Vorlegung wurde bemerkt, daß, wenn auf die Uebereinstimmung der Gesetzgebung in dem ganzen Staatsgebiete Werth zu legen sei, dies sich doch nur auf die Hauptgrundsätze, nicht auf alle Einzelnheiten beziehen könne. Einer völligen Uebereinstimmung trete überdies die in mancher Beziehung abweichende Organisation der Gerichte und der Staatsanwaltschaft in den älteren Provinzen einerseits und der Rheinprovinz andererseits entgegen. Eine Strafprozeßordnung müsse, wie es auch der Entwurf thue, bei Bestimmung der Behörden, welche die gerichtlich-polizeilichen Verrichtungen wahrzunehmen hätten, sowie bei den Vorschriften über die Bildung der Geschworenenlisten, sich an die Gemeindeordnung anschließen; die Gemeindeordnung vom 11. März 1850, deren Revision in wesentlichen Punkten beabsichtigt werde, sei zur Zeit nicht als eine solche zu betrachten, welche dergestalt feststehe, daß die Strafprozeßordnung sich daran anlehnen könne.

Vor Allem dürfe nicht außer Acht gelassen werden, daß einzelne Einrichtungen, welche die Verordnung vom 3. Januar 1849 eingeführt habe, wenigstens für die alten Provinzen von zweifelhaftem Werthe seien, daß die Erfahrung erst darüber entscheiden müsse, ob die eingetretenen nicht glücklichen Ergebnisse in dem Wesen dieser Einrichtungen oder nur in solchen Unvollkommenheiten der Ausführung, welche eine Abhülfe zulassen, ihren Grund haben. So lange man noch in solchen Versuchen begriffen sei, erscheine es nicht gerathen, daß die Regierung durch einen Akt freier Selbstthätigkeit jene Einrichtungen den Kammern von Neuem vorschlage und sie durch Kodifizirung befestige. Es sei gerathener, sich auf das, was die Verfassung gebiete, zu beschränken, nämlich die Verordnung vom 3. Januar 1849 den Kammern vorzulegen. Die Berathung derselben werde Gelegenheit darbieten, auf diejenigen Verbesserungen im Einzelnen, welche die bisherige Erfahrung als nothwendig gezeigt habe, hinzuwirken.

Diese Momente wurden für überwiegend erachtet und beschlossen, von der Vorlegung einer allgemeinen Strafprozeßordnung an die Kammern zur Zeit abzusehen.

Der König schloß sich dieser Auffassung an und ertheilte nunmehr durch Allerhöchste Cabinetsordre, gegeben Potsdam, den 21. November 1851, dem Justizminister den Auftrag, die Verordnung vom 3. Januar 1849 nunmehr abermals den Kammern zur Genehmigung vorzulegen.

Diesmal gelangte sie zunächst an die zweite Kammer. Dieselbe ertheilte der Verordnung die verfassungsmäßige nachträgliche Genehmigung, jedoch nur mit den Zusätzen, wie sie das Gesetz vom 3. Mai 1852 enthält. Diesem Verfahren schloß sich die erste Kammer an, und in dieser Form wurde dann das Gesetz auch von dem König vollzogen.

In Ansehnng der Staatsanwaltschaft enthält es nur unbedeutende Abänderungen. Auch in der nächsten Zukunft brachte die Gesetzgebung nur unwesentliche Veränderungen, welche die Staatsanwaltschaft berührten und zumeist die Kompetenz der Gerichte betraf. So das Einführungsgesetz zum Strafgesetzbuch vom 14. April 1851, das Gesetz betreffend die Ergänzungen hierzu vom 22. Mai 1852, das Gesetz über die Kompetenz des Kammergerichts zur Untersuchung und Entscheidung wegen der Staatsverbrechen, das Gesetz vom 6. März 1854, betreffend die Kompetenz der Gerichte bei politischen und Preßvergehen und schließlich das Gesetz, betreffend die Abänderung und Ergänzung einiger Bestimmungen des Einführungsgesetzes zum Strafgesetzbuch vom 14. April 1856.

Aus ihrem Inhalt mag als von besonders einschneidender Wichtigkeit nur hervorgehoben werden, daß das Gesetz vom 6. März 1854 den Schwurgerichten die Kompetenz in Betreff der politischen und Preßvergehen wieder entzog.

So war denn die gesetzliche Regelung der Einführung und Einrichtung der Staatsanwaltschaft auf einem Ruhepunkte angelangt, ihre Thätigkeit war in feste Grenzen geleitet, ihre Machtbefugnisse waren festgelegt. Deßhalb empfiehlt es sich, an dieser Stelle eine allgemeine Uebersicht der gesammten Obliegenheten der Preußischen Staatsanwaltschaft im Geltungsbereiche der Verordnung vom 3. Januar 1849 und des Gesetzes vom 3. Mai 1852, also ausschließlich der Rheinländischen Staatsprokuratur, folgen zu lassen, wie sie sich zu jener Zeit entwickelt hatten:

Diese Staatsanwaltschaft war überhaupt thätig:

a) in eigentlichen Strafsachen,
b) in Disciplinarsachen,
c) in Ehescheidungssachen,
d) in Konkurssachen.

Die Thätigkeit in eigentlichen Strafsachen ist die überwiegend bedeutendste. Im Einzelnen sind die wesentlichsten Obliegenheiten folgende:

1. In eigentlichen Strafsachen.

Die Staatsanwaltschaft ist berufen, die Ahndung der strafbaren Handlungen herbeizuführen und insbesondere die darauf abzielenden Anträge bei den Gerichten zu stellen. Für die Verfolgung der von dem Einzelrichter zu strafenden Gesetzesübertretungen ist eine besondere „Polizeianwaltschaft" bestellt, deren Ernennung auf Vorschlag des Oberstaatsanwalts durch die Provinzialregierung erfolgt.

Die Staatsanwaltschaft ist die alleinige Behörde, welche zur Erhebung einer Anklage bei den Gerichten befugt ist. Nur bei Zuwiderhandlungen gegen die Vorschriften über die Erhebung öffentlicher Abgaben und Gefälle können die betreffenden fiskalischen Behörden, wenn der Staatsanwalt nicht einschreitet, die Anklage erheben. Der Staatsanwalt kann aber bis zum rechtskräftigen Erkenntniß die Verfolgung übernehmen.

Die amtliche Thätigkeit des Staatsanwalts bei Verfolgung der strafbaren Handlungen beginnt, sobald eine solche Handlung

a) durch Mittheilung der Polizeibehörden, Gerichte oder anderer Behörden,
b) durch die Denunziation von Privatpersonen,
c) durch eigene Wahrnehmung oder ihm persönlich zugängig gewordenes Gerücht

zu seiner Kenntniß gekommen ist.

In diesen Fällen hat er zunächst zu erwägen, ob sofort eine Anklage begründet werden könne. Entscheidet er sich dagegen und glaubt er, nicht schon sofort die Verfolgung ablehnen zu müssen, so überweist er entweder die Sache den Polizeibehörden zur weiteren Ermittelung oder führt die nöthigen Feststellungen durch das Skrutinialverfahren herbei oder beantragt die förmliche gerichtliche Voruntersuchung. Wird ihm ein verhafteter Angeschuldigter vorgeführt, so hat er entweder seine sofortige Freilassung zu verfügen oder den gerichtlichen Haftbeschluß zu extrahiren. Ist die förmliche

Voruntersuchung beschlossen, so hat der Staatsanwalt nicht mehr die alleinige Leitung der Sache, vielmehr beschließt das Gericht nach Vernehmung seiner Anträge. Gegen die Beschlüsse des Gerichtes hat er das Rechtsmittel der Beschwerde.

Wenn die Sache zur Erhebung der Anklage reif ist, so wird diese, ausgenommen bei schwurgerichtlichen Sachen und Staatsverbrechen, sofort mittels Einreichung eines schriftlichen Aufsatzes bei Gericht erhoben. In den letztgedachten Arten von Sachen dagegen hat der Staatsanwalt zunächst die vorläufige Versetzung in den Anklagestand zu beantragen und die Anklage erst, nachdem die gerichtlichen Beschlüsse auf Versetzung in den vorläufigen und definitiven Anklagestand ergangen sind, zu erheben.

Hat das Gericht auf erhobene Anklage die Einleitung der Untersuchung verfügt, so begründet der Staatsanwalt dieselbe bei der mündlichen Verhandlung und stellt seinen Strafantrag.

Sobald erkannt ist, hat der Staatsanwalt zu prüfen, ob die Entscheidung richtig sei und eventuell die Rechtsmittel der Appellation, Nichtigkeitsbeschwerde oder des Rekurses einzulegen. Bei dem durch diese Rechtsmittel nothwendigen Schriftenwechsel fertigt er die nöthigen Schriftsätze als Appellant oder Appellat, Implorant oder Implorat.

Bei der Appellation und dem Rekurse vertritt der Oberstaatsanwalt die Sache in der mündlichen Verhandlung zweiter Instanz und stellt seine Anträge. Der Generalstaatsanwalt vertritt die Sache bei der mündlichen Verhandlung über die bei dem Obertribunal anzubringende Nichtigkeitsbeschwerde.

Nach eingetretener Rechtskraft des Strafurtheils hat der Staatsanwalt über dessen Vollstreckung, welche das Gericht verfügt, zu wachen, und bei flüchtigen Verbrechern die zur Ergreifung derselben erforderlichen Ermittlungen zu machen.

Bei der Restitution gegen rechtskräftige Erkenntnisse wird der Staatsanwalt gehört und hat seine Anträge zu stellen.

b. In Disciplinarsachen.

1. Der Oberstaatsanwalt hat das Recht und die Pflicht, allen Beamten der Staatsanwaltschaft und Polizeianwaltschaft in seinem Bezirke Warnungen und Verweise zu ertheilen. Das gleiche Recht hat der Staatsanwalt für die Untergebenen seines Bezirks.

2. Bei der Bestrafung der Dienstvergehen der Justizbeamten

nach den Gesetzen vom 7. Mai 1851 und 21. Juli 1852 hat die Staatsanwaltschaft im Wesentlichen dieselben Obliegenheiten wie bei den ad a erörterten Untersuchungssachen, also Ermittlungen anzustellen, Anklage zu erheben, die Sache in der mündlichen Verhandlung zu vertreten und Rechtsmittel einzulegen.

c) In Ehesachen.

Der Staatsanwalt ist verpflichtet, nichtige Ehen anzufechten. Er ist in allen Prozessen, welche die Scheidung, Ungültigkeit oder Nichtigkeit einer Ehe zum Gegenstande haben, von Amtswegen zuzuziehen und kann alle ihm gutdünkenden Anträge stellen, aber kein Rechtsmittel einlegen. Für das Interesse der Kinder der Ehegatten hat er durch geeignete Anträge bei Gericht zu sorgen und kann selbst vorläufige Verfügungen treffen.

d) In Konkurssachen.

Nach der Konkursordnung vom 8. Mai 1855 wird der Staatsanwalt von jeder Konkurseröffnung benachrichtigt und hat über den Stand des Konkurses von den Verwaltern der Masse und dem Gerichte nach Bedürfniß Auskunft zu erfordern, um die etwaige Bestrafung des Kridars herbeizuführen.

Nach § 215 der Konkursordnung wird er über die Zulässigkeit eines von dem Kridar angebrachten Rehabilitirungsgesuchs gehört.

Im Anschluß an diese Übersicht dürfte es zweckmäßig sein, eine Aufstellung der durch die Gesetzgebung nunmehr geschaffenen Staatsanwaltsstellen und deren Rangstufen zu geben:

Für jedes Appellationsgericht, mit Ausnahme desjenigen zu Köln, ist ein Oberstaatsanwalt und für jedes Stadtgericht und Kreisgericht ist ein Staatsanwalt aus der Zahl der zum höheren Richteramte befähigten Personen bestellt.

Jedem Staatsanwalte sind nach Bedürfniß vom Justizminister Gehülfen zugeordnet, welche mindestens die Qualität als Referendare haben müssen. (Später dahin abgeändert, daß auch die Staatsanwaltsgehülfen die Befähigung zum höheren Richteramte haben müssen.)

Im Bezirke des Appellationsgerichtshofs zu Köln besteht die Staatsanwaltschaft:

a) bei dem Appellhofe

aus dem Generalprokurator, dem drei Generaladvokaten und drei Staatsprokuratoren zur Seite stehen,

b) bei den Landgerichten (Kollegialgerichten I. Instanz) aus dem Oberprokurator, welchem zwei bis vier Staatsprokuratoren beigeordnet sind.

Bei dem Obertribunal fungirt ein Generalstaatsanwalt, dem drei Oberstaatsanwälte beigegeben sind. Der Generalstaatsanwalt hat zugleich die Funktionen des früheren Generalprokurators bei dem jetzt mit dem Obertribunal vereinigten Rheinischen Revisions- und Kassationshofe.

Die Rangverhältnisse sind folgende:

1. Generalstaatsanwalt: Rath II. Klasse mit dem Rechte des Vortritts vor den übrigen Räthen II. Klasse beim Obertribunal, mit Ausnahme der Vizepräsidenten.
2. Oberstaatsanwälte beim Obertribunal: Räthe II. Klasse.
3. Generalprokurator beim Appellhofe zu Köln: Rath II. Klasse.
4. Erster Generaladvokat daselbst: Rath III. Klasse.
5. Oberstaatsanwälte bei den Appellationsgerichten: Räthe zwischen der III. und IV. Rangklasse, den Räthen der IV. Rangklasse vorgehend.
6. Staatsanwälte bei den fünf Stadtgerichten: Räthe IV. Kl.
7. Oberprokuratoren, übrige Generaladvokaten: Räthe IV. Kl.
8. Die übrigen Staatsanwälte: Rang der Stadt- und Kreisgerichtsräthe zwischen der IV. und V. Rangklasse.
9. Staatsprokuratoren: V. Rangklasse mit dem Rechte des Vortritts vor den übrigen derselben Klasse.
10. Etatsmäßige Staatsanwaltsgehülfen: V. Rangklasse. Rang der Stadt- und Kreisrichter.

Was nun die Besoldungen dieser Beamten anlangt, so wollte schon alsbald nach dem Inkrafttreten der Verordnung vom 3. Januar 1849 der Justizminister (Rintelen, nicht mehr v. Savigny; diesen hatte der Sturm der Revolution hinweggefegt, wahrlich nicht ihr schlechtestes Opfer) definitive Staatsanwälte ernennen und maximum, wie minimum ihrer Gehälter je nach der Größe des betreffenden Gerichts festsetzen. Er hatte für Oberstaatsanwälte ein Gehalt von 1600--2000 Thlrn., für Staatsanwälte ein solches von 800—1500 Thlrn., ausnahmsweise für ganz kleine Gerichtsbezirke 700 Thlr., in Aussicht genommen. Aber seine löbliche Absicht scheiterte an dem Widerstande des Finanzministers, der von einer solchen Fixirung nicht früher etwas wissen wollte, als auch die der Richtergehälter geschehen sei, und sich überhaupt dafür aussprach, daß die

Funktionen des Staatsanwalts zunächst interimistisch durch beauftragte Richter erfolge. Dem entsprechend bestimmte der Justizminister durch Reskript vom 15. März 1849: die interimistischen Staatsanwälte beziehen das Gehalt ihrer bisherigen Stellen fort, erhalten aber Zulagen, welche Anfangs am Jahresschluß gezahlt werden sollten, dann aber vierteljährlich praenumerando gezahlt wurden.

Auf die Dauer war dieser Zustand natürlich unhaltbar, und so fand denn auch eine Vereinbarung zwischen dem Finanzminister und dem Justizminister statt, nach welcher bereits in den Etat pro 1850 die Gehälter der Beamten der Staatsanwaltschaft eingestellt werden konnten. Dabei wurde indeß ausdrücklich bestimmt, daß diese Besoldungen nur als Maximalbeträge gelten sollten, bis zu denen die Dotirung der einzelnen Stellen des Justizministers Bestimmung unterliege.

Außerdem wurde jedem Oberstaatsanwalte ein Dispositionsfond von jährlich 600 Thlrn., und jedem Staatsanwalt ein solcher von 425 Thlrn. überwiesen, aus welchem ein Aktuarius und ein Schreiber zu remuneriren, und die Schreibmaterialien anzuschaffen waren. Der Schreiber hatte gleichzeitig die Botengeschäfte zu besorgen.

Die definitive Gestaltung der Besoldungen war dann folgende:

1. Generalstaatsanwalt: 3500 Thlr.
2. Drei Oberstaatsanwälte beim Obertribunal: 3000 und 2200 Thlr.
3. Oberstaatsanwalt beim Kammergericht: 2000 Thlr.
4. Zwanzig Oberstaatsanwälte bei den Appellationsgerichten: 1800—1400 Thlr.
5. Drei Staatsanwälte bei den Appellationsgerichten: 1000—800 Thlr.
6. Vier Staatsanwaltsgehülfen bei den Appellationsgerichten: 700 Thlr.
7. Staatsanwälte bei dem Stadtgericht Berlin: 1800—800 Thaler.
8. Staatsanwälte bei den übrigen Stadtgerichten: 1300 Thlr.
9. Staatsanwälte bei den Kreisgerichten: 1000—800 Thlr.
10. Staatsanwaltsgehülfen bei den Stadtgerichten: 700 Thlr.
11. Staatsanwaltsgehülfen bei den Kreisgerichten: 600 Thlr.
12. Ein Staatsanwalt in den Hohenzollernschen Landen: 1700 fl.

Außerdem sind ausgeworfen für Staatsanwälte und deren Gehülfen bei den Kreisgerichten in Städten von mehr als 2000 Einwohnern an Lokalzulagen zusammen: 2200 Thlr. 15 Sgr.

Ferner:

13. Generalprokurator beim Appellhofe zu Köln: 3000 Thlr.
14. Drei Generaladvokaten daselbst: 2000—1500 Thlr.
15. Drei Staatsprokuratoren daselbst: 1200—1000 Thlr.
16. Neun Oberprokuratoren: 1500 Thlr.
17. Fünfundzwanzig Staatsprokuratoren: 1200—1000 Thlr.

Sobald die Verordnung vom 3. Januar 1849 in Kraft getreten war, also mit dem 1. April 1849, suchte sich die Staatsanwaltschaft im neuen Hause einzurichten. „Im eigenen Hause" konnte sie leider nicht sagen, denn sie verfügte vielfach nicht einmal über ein eigenes Zimmer. Die Gerichte waren zum größten Theil äußerst beschränkt in ihren Räumlichkeiten, und wo dies nicht der Fall war, da waren sie vielleicht auch nicht sonderlich entgegenkommend gegen den neuen Eindringling. Kurzum die Staatsanwaltschaft war in den ersten Jahren ihres Bestehens äußerst beschränkt in ihrem räumlichen Dasein. Mit Mühe und Noth konnten ihr hier und da mehr oder weniger schlechte Arbeitszimmer eingeräumt werden, ein großer Theil ihrer Mitglieder mußte vom Justizminister angewiesen werden, in ihren Wohnungen zu arbeiten. Eigene Büreaubeamten hätte die Staatsanwaltschaft Anfangs trotz der Bewilligung der Mittel überhaupt nicht; diejenigen der Gerichte sollten ihre Arbeiten mit verrichten; ebenso verhielt es sich mit den Boten.

Dazu kam, daß ein großer Theil der Staatsanwälte für zwei und mehrere örtlich auseinandergelegene Gerichte bestellt war. Dadurch entstanden Reisekosten und in Folge dessen Zweifel, in welchem Umfange dieselben zu liquidiren seien, und wer sie festzusetzen habe. Zugleich ergab sich die Nothwendigkeit der Bestellung von Substituten, die Frage, wer zu solchen zugelassen werden dürfe, und wer sie zu bestellen habe, bis die Allgemeine Verfügung vom 14. April 1849 anordnete, daß, da ohne Staatsanwalt niemals verhandelt werden dürfe, der Oberstaatsanwalt solche Substituten ein und für alle Mal im Voraus zu ernennen, und nur in besonders dringenden Fällen die Gerichte ermächtigt sein sollen, auf den Antrag des Staatsanwalts einen Substituten aus der Zahl der Richter für die betreffende Verhandlung zu bestellen.

Zweifel wurden laut über die Machtbefugnisse der Gerichte und der Staatsanwälte, über deren Abgrenzung und die gegenseitige

Stellung der beiden Behörden zu einander und zu dritten Behörden; sie mußten entschieden werden, theils vom Justizminister, theils vom Obertribunal. Beschwerden zwischen Staatsanwaltschaft und Gericht wechselseitig, von Staatsanwälten gegen die Oberstaatsanwälte, aus dem Publikum über die Handhabung der Geschäfte, wurden in großer Zahl erhoben, Anfragen und Bitten um Instruktionen gingen massenhaft an das Justizministerium. Die Frage, ob und welchen Behörden von der Einleitung einer Untersuchung und von einer Verurtheilung Seitens der Staatsanwaltschaft Kenntnis zu geben sei, die von sehr zahlreichen Behörden aufgeworfen wurde, machte viel Kopfzerbrechen und wurde schließlich durch eine Allgemeine Verfügung vom 29. Juni 1851 geregelt.

Während man Anfangs sich dahin ausgesprochen hatte, daß die Vereinigung des Amtes des Staatsanwalts und des Polizeianwalts in einer Person zulässig sei, erschien am 23. April 1849 eine Instruktion für die Polizeianwälte, welche deren Kompetenz festsetzte. Dieselbe sollte umfassen: diejenigen Vergehen — mit Einschluß der zur gerichtlichen Untersuchung gelangenden Steuer-Defraudationen und Kontraventionen —, welche mit Geldbuße bis zu 50 Thalern oder Freiheitsstrafe bis zu 6 Wochen oder körperliche Züchtigung (an deren Stelle jetzt verhältnißmäßige Freiheitsstrafe trat) oder mit mehreren dieser Strafen zugleich bedroht sind, auch wenn daneben auf Ehrenstrafen zu erkennen ist. Ausgeschlossen waren die Holzdiebstähle, soweit sie nach dem Gesetz vom 7. Juni 1821 zu untersuchen sind, die Disziplinarstrafen gegen Beamte und die Injurien; ferner die Fälle, in denen entweder zugleich auf Verlust von Aemtern, Titeln oder Würden, oder des Rechts zum selbstständigen Gewerbebetriebe zu erkennen ist, oder in welchen die Verurtheilung für den Verbrecher den Verlust der Ehrenrechte oder des Bürgerrechts nach den gesetzlichen Bestimmungen unbedingt zur Folge hat.

In Betreff seiner Thätigkeit vor Gericht zc. werden dem Polizeianwalt ähnliche Vorschriften gegeben, wie dem Staatsanwalt.

Trotz der Abgrenzung der Kompetenzen, die diese Verfügung enthielt, ging man indeß allmählich doch wieder dazu über, die Funktionen des Polizeianwalts in Betreff der Vergehen, soweit thunlich, dem Staatsanwalt zu übertragen.

So schwankte Alles hin und her. Es war eben der Werdegang einer neuen Institution mit allen seinen Unfertigkeiten, Zweifeln und Bedenken. Erst ganz allmählich besserten sich die Verhältnisse, wozu es unter Anderem namentlich beitrug, als man durch Verfügung vom 19. Juli 1850 den Staatsanwaltschaften ihre eigenen Bureaubeamten zur ausschließlichen Beschäftigung überwies und diese denen des Gerichts im Einkommen und Avancement gleichstellte. Das Bedürfnis besonderer Boten für die Staatsanwaltschaft wurde freilich auch damals noch nicht anerkannt.

Aber das Chaos währte doch Jahre lang und fand selbst durch die Verabschiedung des Gesetzes vom 3. Mai 1852 noch keinen definitiven Abschluß. Gerade aus dieser Zeit datiren noch einige Allgemeine Verfügungen prinzipieller Natur, die verdienen hier wiedergegeben zu werden.

So wurde unter dem 30. Januar 1852 bestimmt, daß die Vertretung eines Staatsanwalts vor dem Schwurgericht durch einen Referendar nur in ganz ausnahmsweisen Fällen zulässig sein solle, und ferner unter dem 16. Februar 1852: Der Oberstaatsanwalt darf den Staatsanwalt von der Erhebung der Anklage zurückhalten, ihn zur Zurücknahme derselben, soweit zulässig, anweisen, die vom Staatsanwalt eingelegten Rechtsmittel zurückzunehmen, ihn zur Erhebung von Anklagen und zur Einlegung von Rechtsmitteln veranlassen.

Auch das Verhältniß des Staatsanwalts zum Gerichtshof während der mündlichen Verhandlung kam bereits aus Anlaß eines Spezialfalles zum Austrag. Der Justizminister entschied die sehr interessante Frage durch die Verfügung vom 16. Juni 1852 folgendermaßen:

> Wenn geradezu die Behauptung aufgestellt ist, daß der Staatsanwalt gleich dem Defensor während der Sitzung dem Gerichtshof subordinirt sei und sich nach den Anweisungen desselben richten müsse, dem Vorsitzenden insbesondere die Befugniß beigelegt sei, jedem bei der Sitzung betheiligten Beamten, insofern er die Befugnisse seines Amtes überschreitet, in die Grenzen desselben zurückzuweisen, so widerspricht diese Auffassung dem Geist und dem Wortlaut der Verordnung vom 3. Januar 1849 vollständig. Nach § 3 daselbst sind die Beamten der Staatsanwaltschaft der Aufsicht der Gerichte nicht unterworfen. In ihren Amtsbefugnissen koordinirt, haben Staatsanwaltschaft und Gericht insbesondere in der mündlichen Verhandlung die gemeinsame Verpflichtung, durch ein verständiges Zusammenwirken das ihnen beiden in gleicher Weise

gesteckte Ziel, die Ermittlung der Wahrheit, auf die bestmöglichste Weise zu erreichen. Von diesem Gesichtspunkte aus hat die Verordnung der Staatsanwaltschaft das Recht ertheilt, bei der mündlichen Verhandlung unmittelbar Fragen an die Betheiligten zu richten. Das Gesetz vom 3. Mai 1852 hat auch für das Verfahren vor der Gerichtsabtheilung dieses Recht im Art. 51 ausdrücklich festgestellt, ohne diese Fragen auf irgend eine Form zu beschränken, und ohne insbesondere da, wo dies zur Ermittlung der Wahrheit als dienlich erscheinen möchte, eine ermahnende Vorhaltung bei dem Eingang einer Frage als unzulässig abzuschneiden.

Wir sehr auch die äußere Behandlung der der Staatsanwaltschaft zur Bearbeitung überwiesenen Sachen noch der sicheren Form entbehrten, wird trefflich durch das ministrielle Reskript vom 22. Mai 1850 illustrirt:

Es ist mehrfach zur Kenntniß des Justiz-Ministers gekommen, daß die Arbeiten der Beamten der Staatsanwaltschaft, insbesondere die Anklagen und Rechtsschriften, an Breite und Weitläufigkeit leiden, wodurch nicht allein die Schreiberei in hohem Grade vermehrt und der Staatskasse eine erhebliche Mehrausgabe verursacht, sondern auch die Zeit der Staatsanwälte und der Gerichte unverhältnißmäßig in Anspruch genommen wird. Auch die bei dem Justiz-Minister eingegangenen Berichte vieler Ober-Staatsanwälte sind häufig von auffallender, dem Zweck, wozu sie erstattet worden, nicht entsprechender Ausführlichkeit gewesen. Hierauf beruht es ohne Zweifel zum großen Theile, daß so vielseitig Gehülfen für Staatsanwälte verlangt werden, deren Geschäftskreis an sich von keinem erheblichen Umfange ist, und daß auch von den Gerichten über die immer zunehmende Vermehrung der Geschäfte in Strafsachen, sowie über Unzulänglichkeit der Kanzleifonds geklagt wird. Ein wesentlicher Zweck des eingeführten mündlichen und öffentlichen Verfahrens in Strafsachen ist die Vereinfachung der Geschäfte und die Verminderung der Schreiberei; es wird daher sämmtlichen Beamten der Staatsanwaltschaft hierdurch zur besonderen Pflicht gemacht, in jeder Weise zur Erreichung dieses Zweckes mitzuwirken, namentlich in allen ihren schriftlichen Arbeiten Kürze und Präcision zu beobachten, und im Geschäftsverkehre selbst überall das einfachste Verfahren einzuschlagen. Indem der Justiz-Minister in dieser Beziehung die bestimmten Vorschriften der §§ 8 und 11 der Instruktion vom 13. November 1849 (Justiz-Ministerial-Blatt S. 462, 463) in Erinnerung bringt, wird zugleich noch Folgendes zur genauen Nachachtung bemerkt:

1. Es ist festzuhalten, daß den Staatsanwälten die Einsicht der gerichtlichen und polizeilichen Akten jeder Zeit freisteht. Durchgehends muß daher von denselben vermieden werden, Abschriften von Schriftstücken zu verlangen oder bei ihren Büreau-Akten zurückzubehalten, welche sich in den Akten der Gerichts- oder Polizei-Behörden vorfinden. Die Büreau-Akten müssen nur kurze Notizen über den Inhalt solcher Schriftstücke, soweit sie nothwendig erscheinen, und solche Schriftstücke enthalten, welche nicht zu den gerichtlichen oder polizeilichen Akten gelangen.

2. Die Anträge der Staatsanwälte auf Einleitung von Untersuchungen müssen einer sorgfältigen Prüfung in Bezug auf den zu erwartenden Ausgang unterliegen. Nur dann sind Anklagen zu erheben, wenn mit *Wahrscheinlichkeit* die Verurtheilung des Angeklagten zu erwarten steht.

Von der Befugniß, nach § 25 der Verordnung vom 31. Januar v. Js. (Gesetz-Samml. S. 18) auf Ediktal-Citation abwesender und flüchtiger Verbrecher anzutragen, darf nur in dem Falle Gebrauch gemacht werden, wenn ein unmittelbares und erhebliches praktisches Resultat der Verurtheilung eintreten würde. Andernfalls ist nur die Erlassung von Steckbriefen, wenn sie sonst begründet erscheint, zu bewirken und die Anklage nur dann zu erheben, wenn die letzteren Erfolg gehabt haben.

3. Bei der Einwendung von Rechtsmitteln gegen ergangene Erkenntnisse ist mit Vorsicht zu verfahren. Die Staatsanwaltschaft muß sich darauf beschränken, Rechtsmittel nur in erheblichen Fällen und wenn gegen die unzweideutige Sachlage verstoßen, oder ein wichtigeres Strafgesetz oder eine wesentliche Prozeßvorschrift verletzt worden ist, einzulegen.

4. Die Anklageschriften, zu welchen zweckmäßig gedruckte Formulare anzuwenden sind, müssen das Faktum, die Beweismittel und den Antrag in *möglichster Kürze und Bündigkeit* enthalten. Alles, was nicht das wesentliche Sachverhältniß

betrifft, ist daraus fortzulassen; Rechtsausführungen gehören lediglich zur mündlichen Verhandlung.

5. In der Regel müssen die Anklagen und Rechtsschriften sofort in der Reinschrift ausgearbeitet und in dieser Form den Gerichten eingereicht werden. Die Zurückbehaltung eines Koncepts bei den Akten ist nur in weitläuftigen Sachen nicht zu entbehren; in den allermeisten Fällen genügt ein kurzer Vermerk über den Hauptinhalt und die Zeit der Einreichung der Schrift, welcher zu den Bureau-Akten registrirt wird.

6. In den Schwurgerichtssachen ist es völlig überflüssig, daß die von dem Ober-Staatsanwalte ausgearbeitete Anklageschrift in mehreren Exemplaren ausgefertigt wird. Einfache Anklagen sind auch in diesen Sachen sogleich in der Reinschrift auszuarbeiten, welche dem Appellations-Gerichte zugestellt wird, um sie mit den gerichtlichen Akten dem betreffenden Schwurgerichte zu übersenden, und welche demnächst der bei dem Schwurgerichte angestellte Staatsanwalt bei jenen Akten einzusehen hat. Ist in weitläuftigen Sachen die Ausarbeitung eines Koncepts der Anklage nothwendig, so sind die Büreau-Akten des Staatsanwalts mit diesem Koncepte dem Staatsanwalt bei dem Schwurgerichte zu übersenden.

Sie, Herr Ober-Staatsanwalt haben sich nach diesen Anordnungen nicht nur selbst genau zu achten, sondern auch sämmtliche Staatsanwaltschafts-Beamten Ihres Ressorts hiernach unverzüglich mit Anweisung zu versehen.

Derartige Rescripte wurden in größerer Anzahl erforderlich, um namentlich den inneren Dienst der Staatsanwaltschaften, ihre Büreauverhältnisse und ebenso ihre Stellung anderen Behörden gegenüber zu regeln. Sie sämmtlich, selbst nur auszugsweise, hier wiederzugeben, ist nicht angängig. Es ist nur ausgewählt worden, was für die Entwickelung des neuen Instituts besonders charakteristisch erschien. Bereits unter dem 13. November 1849, also bald nach dem Inkrafttreten der Verordnung, hatte der Justizminister ein Allgemeines Rescript, die Geschäftsverwaltung und das Ressort der Beamten der Staatsanwaltschaft betreffend, erlassen. Wie wir gesehen haben, wurde dasselbe in den nächstfolgenden Jahren durch mancherlei neue Verfügungen, wie sie die Nothwendigkeit und die Erfahrungen der Praxis ergab, nicht unwesentlich modifizirt. Es dürfte als Schluß dieses Kapitels am Platze erscheinen, diese

Allgemeine Verfügung, wie sie am Ende der ersten Sturm- und Drangperiode der Staatsanwaltschaft in Folge der mancherlei Abänderungen Gültigkeit besaß, jedoch nur soweit sie für den Gegenstand dieser Schrift wesentlich erscheint, wiederzugeben:

Beruf, Ressort und Organisation der Staats-Anwaltschaft.

§. 1.

1. Beamten der Staats-Anwaltschaft und deren Beruf.

Die Beamten der Staats-Anwaltschaft, zu welchen der General-Staats-Anwalt,*) die Ober-Staats-Anwälte, die Staats-Anwälte und die ihnen beigegebenen Gehülfen gehören, sind die Organe der Staats-Regierung für die Wahrnehmung des öffentlichen Interesses in den durch die Gesetze näher bestimmten Angelegenheiten.

Sie sind in ihrer Amtswirksamkeit von den Gerichten unabhängig.**)

Zu ihren Obliegenheiten gehört:

1. die Ermittelung und Verfolgung strafbarer Gesetzesübertretungen (Verordnung vom 3. Januar 1849 und Gesetz vom 3. Mai 1852),

---

*) Die Verrichtungen der Staats-Anwaltschaft bei dem Ober-Tribunal werden durch einen Generalstaatsanwalt und eine dem Bedürfnisse entsprechende Zahl von Vertretern desselben wahrgenommen. Die letzteren führen den Titel Ober-Staats-Anwalt. Ges. v. 17. März 1852 Ges.S. S. 74.

**) Das Königliche Ober-Tribunal hat deren Beruf dahin angegeben sie vereinigt in sich die Eigenschaft eines öffentlichen Anklägers und eines Vertreters des Gesetzes. In der ersten Eigenschaft ist sie berufen, Namens der durch das Verbrechen gefährdeten bürgerlichen Gesellschaft die öffentliche Klage gegen den Verbrecher anzustellen; in ihrer zweiten Eigenschaft aber hat sie den Beruf, auf die richtige Anwendung und Vollziehung des Gesetzes zu wachen und in dieser Beziehung die Rechte aller Mitglieder der bürgerlichen Gesellschaft, mithin auch die des eines Verbrechens Angeklagten zu schützen (Erkenntniß v. 9. März 1850. Min.Bl. S. 150). In weiterer Consequenz wird daher auch die Einlegung eines Rechtsmittels Seitens der Staats-Anwaltschaft nur als im Interesse des Gesetzes erfolgt angesehen und das angefochtene Erkenntniß geeigneten Falls zu Gunsten des Angeklagten auch ohne Einlegung des Rechtsmittels von seiner Seite, abgeändert. Erkenntniß des Ober-Tribunals vom 26. November 1852 [in der Untersuchung wider], Act. Gen. No. 43 vol. III Bl. 138.

Consequent darf der Staats-Anwalt auch im Interesse des Angeklagten Rechtsmittel einlegen. Art. 1 Ges. v. 3. Mai 1852.

2. die Vertretung der Staatsbehörden bei Disciplinar-Untersuchungen gegen Justizbeamte und in den bei dem Ehrenrathe der Rechts-Anwälte und der Notare vorkommenden Untersuchungen (Gesetze vom 7. Mai 1851, Ges.Samml. S. 218 u. 21. Juli 1852, Ges.Samml. S. 465, Verordnung vom 30. April 1847, Ges.Samml. S. 197);
3. die Wahrnehmung des öffentlichen Interesses bei Prozessen, welche die Scheidung, Ungültigkeit und Nichtigkeit einer Ehe betreffen (Verordnung vom 28. Juni 1844 G.S. S. 184, Verordnung v. 2. Januar 1849, G.S. S. 4).

[§. 1 Rescr. vom 13. November 1849.]

Bei Organisations-, Einrichtungs-, Etats- und Anstellungssachen, welche zugleich das Ressort der Staats-Anwaltschaft berühren, oder mit demselben in Beziehung stehen, ist der Ober-Staats-Anwalt des Departements zuzuziehen und hat letzterer die betreffenden Berichte an den Justiz-Minister mit zu unterzeichnen.

[Geschäftsregulativ vom 17. September 1850 §. 31 Min.Bl. S. 331.]

§. 2.

2. Qualification zur Anstellung bei der Staats-Anwaltschaft.

Zur Bekleidung jeder Staats-Anwalts-Stelle ist die Ablegung der dritten Prüfung erforderlich. Die Referendariatsprüfung qualificirt nur zur Funktion eines Gehülfen der Staats-Anwaltschaft.*)

[Art. XV des Gesetzes vom 26. April 1851, Ges.S. S. 186.]

§. 3.

3. Stellung der Beamten der Staats-Anwaltschaft zur Staats-Regierung.

Mit der Stellung der Beamten der Staats-Anwaltschaft als Organe der Staats-Regierung ist es unvereinbar, daß dieselben sich bei politischen Demonstrationen betheiligen und an

---

*) Zu ihrer Ausbildung müssen die Referendarien drei Monate lang unter Aufsicht und Anleitung eines Staats-Anwalts nach erfolgter Ueberweisung durch den Ober-Staats-Anwalt in allen Geschäften der Staats-Anwaltschaft sich üben. Regulativ vom 10. Dezember 1849, Minist.Bl. S. 494.

Vereinen theilnehmen, welche statutenmäßig oder factisch eine der Staatsregierung feindliche Tendenz verfolgen, eine systematische Opposition gegen dieselbe unterhalten und betreiben, den bestehenden verfassungsmäßigen Zustand zu untergraben suchen, die Pflicht der Treue gegen den König gering achten und, anstatt die Regierung zu unterstützen, ihr hemmend entgegenzutreten bemüht sind.

Die Ober-Staats-Anwälte haben die ihnen untergebenen Beamten in dieser Beziehung zu überwachen und erforderlichenfalls nachdrücklich einzuschreiten.

[Rescr. vom 18. Juni 1849. I. 2269, Rescr. vom 25. April 1850. I. 1577, Act. Gen. Nr. 3 S. 90 und 245.]

§. 4.

4. Stellung der Beamten der Staats-Anwaltschaft zum Justiz-Minister und unter einander.

Alle Beamten der Staats-Anwaltschaft sind der Leitung und Aufsicht des Justiz-Ministers untergeben.

Der Ober-Staats-Anwalt steht an der Spitze der Staats-Anwalte seines Amtsbezirks. Die Mitglieder derselben haben die Pflicht, seinen Anordnungen nachzukommen und sich gegenseitig bereitwilligst zu unterstützen.*)

Staatsanwalts-Gehülfen sind in ihrer Amtsführung der Beaufsichtigung des Staats-Anwalts, dessen Ressort sie angehören, unterworfen. Denjenigen von ihnen, welche sich nicht an dem Wohnorte des Staats-Anwalts befinden, ist zwar in ihrem Geschäftskreise von dem Staats-Anwalte eine möglichst selbstständige Wirksamkeit einzuräumen, sie behalten jedoch namentlich die Verpflichtung, bei Erhebung wichtiger Anklagen sowie bei der Anbringung von Rechtsmitteln und Beschwerden in zweifelhaften Fällen die Ansicht desselben einzuholen und seiner Weisung nachzukommen.

[§. 2 Rescript vom 13. November 1849.]

---

*) Wenn ein ihm untergebener Staats- oder Polizei-Anwalt wegen Ueberschreitung der ihm in dieser Eigenschaft beiwohnenden Amtsbefugnisse gerichtlich belangt wird, und der Competenzconflict erhoben werden soll, so geschieht dies von dem Ober-Staats-Anwalt. Rescr. v. 5. März 1853 I. 766. Act. Gen. Nr. 181 Bl. 90.

§. 5.

5. Instanzenzug bei Beschwerden über die Beamten der Staats-Anwaltschaft.

Beschwerden über die Amtsverwaltung der Staats-Anwälte und der selbstständig fungirenden Gehülfen gehen zunächst an den Ober-Staats-Anwalt und in letzter Instanz gleich den Beschwerden über die Amtsführung der Ober-Staats-Anwälte an den Justiz-Minister (§. 3 Verordnung v. 3. Januar 1849. G.S. S. 14).

[§. 3 Rescript vom 13. November 1849.]

§ 6.

6. Disciplinarbefugnisse des Justiz-Ministers und der Beamten der Staats-Anwaltschaft.

Die Disciplinarbefugnisse des Justiz-Ministers, der Ober-Staats-Anwälte und der Staats-Anwälte sind durch das Gesetz vom 21. Juli 1852 (G.S. S. 465) dahin bestimmt:

I. Der Justiz-Minister kann gegen alle Beamte der Staats-Anwaltschaft folgende Ordnungsstrafen verhängen:
1, Warnung,
2, Verweis,
3, Geldbuße bis zum Betrage des monatlichen Diensteinkommens.

§§. 15. 19. 56 daselbst.

II. Der Staats-Anwalt bei einem Appellations-Gerichte (Ober-Staatsanwalt) ist befugt, gegen alle im Bezirke des Appellations-Gerichts angestellten Beamten der Staats-Anwaltschaft Warnungen und Verweise, gegen die Beamten der Staats-Anwaltschaft bei den Polizeigerichten (Polizeianwalte) und gegen die Beamten der gerichtlichen Polizei*) Warnungen, Verweise und Geldbußen bis zu zehn Thalern zu verhängen.

§. 57 daselbst.

III. Der Staats-Anwalt bei einem Gerichte erster Instanz ist befugt, allen Beamten der Staats-Anwaltschaft und der

---

*) Das Institut der gerichtlichen Polizei ist noch nicht in dem Theile der Monarchie, in welchem die Verordnung vom 3. Januar 1849 gilt, eingeführt. Haben sich Polizeibeamte in Ausübung ihres Amtes bei Ermittelung und Verfolgung strafbarer Handlungen etwas zu Schulden kommen lassen, so steht die Rüge dieserhalb lediglich der vorgesetzten Behörde und nicht dem Staats-Anwalt zu.

D. h. wo dieselbe eingeführt ist.

gerichtlichen Polizei im Bezirke dieses Gerichts Warnungen zu ertheilen.

§. 58 daselbst.

Außerdem können die Beamten der Staats-Anwaltschaft jederzeit:

1, durch Königliche Verfügung mit Gewährung des vorschriftsmäßigen Wartegeldes einstweilig in den Ruhestand,
2, durch Verfügung des Justiz-Ministers in ein anderes Amt von nicht geringerem Range und etatsmäßigem Diensteinkommen mit Vergütung der reglementsmäßigen Umzugskosten

versetzt werden.

§. 87 daselbst.

In Bezug auf das Strafverfahren wegen Disciplinar-Vergehen der Beamten der Staats-Anwaltschaft kommen die §§. 23. 24 u. folg. des Gesetzes vom 21. Juli 1852 zur Anwendung.

[§. 4 Rescript vom 13. November 1849.]

§ 7.

7. Ertheilung von Urlaub und Heiraths-Konsensen.

Hinsichts der Urlaubs-Ertheilungen und der Ertheilung von Heiraths-Konsensen stehenden Ober-Staats-Anwälten im Allgemeinen diejenigen Befugnisse zu, welche den Präsidenten der Obergerichte beigelegt sind (Circular-Verfügung vom 16. Dezember 1824 Jahrb. Bd. 25 S. 96, §. 70 des Anhangs zum Allgem. Land-Recht Thl. II Tit. 1 § 146).

Es bedarf:

1. der Ober-Staats-Anwalt des Urlaubs des Justiz-Ministers, wenn er sich außer dem Dienste länger als drei Tage von seinem Wohnorte entfernen will.
2. Die Staats-Anwälte und die Staats-Anwalts-Gehülfen bedürfen des Urlaubs des Ober-Staats-Anwalts, wenn sie über drei Tage außer dem Dienste verreisen wollen und des Urlaubs des Justiz-Ministers, wenn die Abwesenheit länger als vier Wochen dauern soll.
3. Auch von einer solchen Abwesenheit außer dem Dienste, zu welcher es hiernach eines Urlaubs nicht bedarf, muß dem Ober-Staats-Anwalt Anzeige gemacht werden, wenn die Entfernung über Nacht stattfindet.

4. Heiraths-Konsense, soweit solche nach dem Staats-Ministerialbeschlusse vom 17. August 1839 (Minist.-Bl. S. 302) zu ertheilen sind, werden für die Ober-Staats-Anwälte von dem Justiz-Minister, für die Staats-Anwälte, Staatsanwalts-Gehülfen und die Büreau-Beamten der Staats-Anwaltschaft von dem Ober-Staats-Anwalt ausgefertigt. Dem letzteren ist daher auch der Beitritt zur Wittwenkasse nachzuweisen.
5. Die Beurlaubung der Polizei-Anwälte und die Anordnung ihrer Vertretung erfolgt durch die Regierungs-Präsidenten nach vorgängigem Einvernehmen mit den Ober-Staats-Anwälten.
6. Ferien finden für die Beamten der Staats-Anwaltschaft nicht statt, da die Voruntersuchungen in Strafsachen als schleunige Sachen zu behandeln sind und deshalb während der Gerichtsferien nicht ruhen dürfen (Rescr. vom 16. April 1850 §. 3 Nr. 1 u. §. 13 Min.-Bl. S. 130, 132).

[§. 5 Rescr. vom 13. November 1849.]

§. 8.

8. Stellung der Staats-Anwaltschaft zu den Gerichten.

Die Gerichte und die Staats-Anwaltschaft sind koordinirte Behörden*), welche die gleichen Zwecke verfolgen, sich daher bei Erledigung der ihnen obliegenden Geschäfte innerhalb ihres Ressorts die bereiteste Unterstützung zu gewähren und den gegenseitigen Requisitionen Folge zu leisten haben. So wenig der Staats-Anwaltschaft zusteht, Amtshandlungen oder Ansichten der Gerichte einer Kritik zu unterwerfen, es sei denn in Beschwerden und Rechtsschriften, ebensowenig ist den Gerichten gestattet, Amtshandlungen und Ansichten der Staats-Anwaltschaft einer solchen Beurtheilung zu unterwerfen, es sei denn in Beschlüssen und Erkenntnissen. Beide werden bierbei die Grenzen einer sachlichen Erörterung niemals überschreiten.

Differenzen zwischen den Gerichten und Staats-Anwälten sind von dem Präsidenden des Appellations-Gerichts und dem Ober-Staats-Anwalte gemeinschaftlich zu erledigen, und wenn

*) cfr. §. 17.

eine Vereinigung zwischen den letzteren nicht erreicht werden sollte, in einem gemeinschaftlichen Berichte zur Entscheidung des Justiz-Ministers zu bringen.

[§. 7 Rescr. vom 13. November 1849.]

§ 9.

9. Vertretung der Beamten der Staats-Anwaltschaft im Falle der Verhinderung.

a. des Ober-Staats-Anwalts.

Im Falle seiner Verhinderung hat der Ober-Staats-Anwalt, wenn ihm nicht ein Substitut besonders beigegeben oder ein solcher in der Person des Staats-Anwaltes des am Orte befindlichen Gerichtes erster Instanz ein für allemal bestellt ist, in der Regel den letzteren zu seinem Vertreter zu bestimmen.

b. des Staats-Anwalts.

Sind andere Beamte der Staats-Anwaltschaft verhindert, so muß der Ober-Staats-Anwalt für deren Vertretung Vorsorge treffen. In der Regel ist dieselbe einem andern am Orte befindlichen oder benachbarten Mitgliede der Staats-Anwaltschaft zu übertragen. Die Bewilligung einer Vergütigung für die Stellvertretung findet nur mit Genehmigung des Justi-Ministers statt.

Sollte kein solcher Beamter disponibel sein, so muß von dem Präsidenten des Appellations-Gerichts mit Zustimmung des Ober-Staats-Anwalts einer der Richter zur Aushülfe abgeordnet werden.

Tritt bei Gerichten erster Instanz eine Verhinderung im Laufe einer Sitzung, oder bei Angelegenheiten ein, welche keinen Aufschub leiden, so hat der Vorstand des Gerichts aus der Zahl der Richter der zweiten Abtheilung oder der Referendarien sogleich einen Vertreter abzuordnen (Rescr. v. 14. April 1849 Min.-Bl. S. 228).

Der Ober-Staats-Anwalt hat dafür zu sorgen, daß im Voraus für Verhinderungsfälle des Staats-Anwalts dessen Substitut ein für allemal bestimmt sei (Rescr. v. 14. April 1849 Min.-Bl. S. 228).

[§. 6 Rescript vom 13. November 1849.]

Bei Einberufung eines Staats-Anwalts zum Kriegsdienst im Fall der Mobilmachung der Armee ist der Beschluß des

Staats-Ministerii vom 19. Juli 1850 Min.-Bl. S. 293 zu beachten.

§ 10.

10. Rangverhältnisse der Beamten der Staats-Anwaltschaft.

Der General-Staats-Anwalt hat mit den Vicepräsidenten des Ober-Tribunals den Vortritt vor den Räthen der zweiten Klasse, die Ober-Staats-Anwälte bei dem Ober-Tribunal haben den Rang der Räthe zweiter Klasse (Allerhöchster Erlaß vom 7. November 1853 G.S. S. 907). Die Ober-Staats-Anwälte bei den Appellations-Gerichten haben den Rang zwischen der der dritten und vierten Rangklasse der Provinzial-Behörden, die Staats-Anwälte bei den Stadtgerichten zu Berlin, Breslau, Königsberg, Danzig und Magdeburg den Rang der Provinzial-Beamten vierter Klasse, die übrigen den Rang der Kreisgerichtsräthe*), und die Staatsanwalts-Gehülfen den Rang der Stadt- und Kreisrichter. [Cabinets-Ordre vom 19. März 1850 Ges.-Samml. S. 274.]

§. 11.

11. Einführung der Beamten der Staats-Anwaltschaft.

Die Einführung der Beamten der Staats-Anwaltschaft gehört vor das Plenum des Gerichts, bei welchem sie fungiren.

[Regulativ vom 17. September 1850 §. 17 Nr. 17;
desgl. vom 18. Juli 1850 §. 5 littr. g.
Minist.Bl. S. 328 und 234.]

Die Gebühren betragen 3 Thlr. für Einführung eines Ober-Staats-Anwalts, 2 Thlr. für Einführung eines Staats-Anwalts oder Staats-Anwalts-Gehülfen. Rescr. v. 6. August 1852 Minist.Bl. S. 302.

§. 12.

12. Amtskleidung und Uniform.

Bis zur Einführung einer Amtskleidung haben die Beamten der Staats-Anwaltschaft, wie die richterlichen Beamten, bei allen öffentlichen collegialischen Verhandlungen im schwarzen

---

*) Die Staats-Anwälte bei den Kreis-Gerichten stehen demnach in Gemäßheit der Cab.-Ordre vom 1. November 1835 G.S. S. 230 u. des §. 6 des Rangreglements v. 7. Februar 1817 G.S. S. 61 zwischen der 4ten und 5ten Rangklasse (Rescr. v. 24. Juni 1851 I 2555 Act. Gen. No. 3 vol. II Bl. 95).

Leibrocke und angemessenen Unterkleidern zu erscheinen.*) (Rescr. vom 25. April 1849 I. 1515. Act. Gen. Nr. 3 vol. I Bl. 22.)

Bei feierlichen Gelegenheiten tragen die Beamten der Staats-Anwaltschaft die Uniform der Rangklasse, welcher sie angehören, die Ober-Staats-Anwälte jedoch nur die Uniform der vierten, und die Staats-Anwälte bei den Kreisgerichten die Uniform der fünften Rangklasse (Rescr. vom 24. Juni 1851 I. 2555 u. Rescr. v. 30. November 1851 I. 4801 Act. Gen. Nr. 2 vol. II. Bl. 95 u. 126).

Bei Gelegenheit von Reisen Sr. Majestät des Königs und der Prinzen des Königlichen Hauses, sowie bei allen Repräsentationen, bei welchen die Spitzen der Behörden erscheinen, haben an Orten, an welchen Appellationsgerichte sich befinden, beide Präsidenten und der Ober-Staats-Anwalt, an andern Orten der Stadtgerichts-Präsident, beziehungsweise Kreisgerichts-Director und Staats-Anwalt, beziehungsweise selbstständige Staats-Anwalts-Gehülfe zu erscheinen. (Rescr. v. 23. Mai 1851 I. 2011 Act. Gen. Nr. 3 vol. II Bl. 86).**)

§. 13.

13. Geschäftslokalien.

Jedem Staats-Anwalt und selbständigen Staats-Anwalts-Gehülfen wird von dem Gericht seines Wohnorts, bei welchem er angestellt ist, ein angemessenes und mit den erforderlichen Utensilien — als Repositorien, Stühle, Tische, Schränke u. s. w. — versehenes Geschäftslokal im Gebäude des Gerichts überwiesen, in welchem er soviel als möglich alle Amtsverrichtungen zu besorgen hat und zu bestimmten Stunden des Tages von den Beamten der übrigen Behörden und von Jedem, der etwas bei ihm nachsuchen will, anzutreffen ist.

Fehlt es in den gerichtlichen Geschäftslokalien an den für die Staats-Anwälte erforderlichen Räumen und sind solche auch nicht durch eine Erweiterung der Geschäftslokalien zu beschaffen, so müssen sie in der Nähe der Gerichte für Rechnung des

*) Von den Unterbeamten ist der Dienst bei den Gerichtssitzungen in der für sie vorgeschriebenen Uniform zu leisten.

**) Dieses Rescript spricht zwar nur von Reisen Sr. Majestät des Königs und von den Präsidenten und Ober-Staats-Anwälten, enthält aber den oben allgemein aufgestellten Grundsatz.

sächlichen Fonds derselben besonders gemiethet werden. Die Miethsverträge sind dem Justiz-Minister zur Genehmigung einzureichen (§. 9 Rescr. v. 13. November 1849, Rescr. vom 21. Mai 1850 I. 2060. Act. Gen. Nr. 130 Bl. 92).

§. 14.

Besoldung der Beamten der Staats-Anwaltschaft.

Ihre Besoldung beziehen die Beamten der Staats-Anwaltschaft aus den speciell dazu angewiesenen Kassen der Gerichte etc. Extraordinaire Remunerationen werden nur noch für ungewöhnliche, ganz außer dem Dienstbereiche des Beamten liegende Leistungen, Unterstützungen aber nur in außergewöhnlichen Bedarfsfällen an solche Beamte, deren Diensteinkommen den jährlichen Betrag von 1000 Thaler nicht übersteigt, gewährt. Zu dergleichen Unterstützungen ist ein von der Büreaukasse des Justiz-Ministeriums verwalteter Centralfond bestimmt, die Ober-Staats-Anwälte haben daher ihre Anträge wegen Gewährung jener an den Justiz-Minister zu machen. Unterstützungen für Subalternbeamte sind von den Appellations-Gerichten auf diejenigen Fonds anzuweisen, welche in den gerichtlichen Etats dafür ausgesetzt sind. (Rescr. v. 25. August 1850 Min.Bl. S. 299.)

14. Büreaubeamte, Botengeschäfte und Büreaubedürfnisse.

Zur Besorgung der Subaltern- und Botengeschäfte werden jedem Staats-Anwalte und selbstständigen Staats-Anwalts-Gehülfen von dem Gerichte seines Wohnorts bestimmte Beamte zur Verfügung gestellt.

[§. 10 Rescript vom 13. November 1849.]

Das Nähere hierüber, sowie über die Beschaffung der Büreaubedürfnisse enthält das Rescript vom 21. Mai 1850 I. 2060 [Act. Gen. Nr. 130 Bl. 92], durch welches Folgendes festgesetzt ist:

I. Jedem Ober-Staats-Anwalt, Staats-Anwalt und selbstständigen etatsmäßigen Staats-Anwalts-Gehülfen werden von demjenigen Gerichte, bei welchem derselbe angestellt ist, und an dessen Sitze er wohnt, die nöthigen Büreaubeamten aus der Zahl der bei jedem Gerichte vorhandenen gerichtlichen Subalternen (der etatsmäßigen Beamten oder der Diätarien) zur ausschließlichen Disposition gestellt.

Die Auswahl dieser Beamten für die Staats-Anwälte

resp. Staats=Anwalts=Gehülfen bei den Kreis=Gerichten erfolgt, wo sie noch nicht geschehen ist, oder künftig stattfinden muß, von dem Staats=Anwalts=Beamten und dem betreffenden Kreisgerichts=Director gemeinschaftlich, bedarf aber der Bestätigung des Präsidenten des Appellations=Gerichts und des Ober=Staats=Anwalts. Ueber die dem Ober=Staats=Anwalt selbst zuzuweisenden Beamten des Appellations=Gerichts hat sich derselbe mit dem Präsidenten zu verständigen. Welche Zahl von Beamten für die Staats=Anwälte als erforderlich zu erachten ist, richtet sich nach der unten folgenden Bestimmung zu II.

Durch die Ueberweisung an die Staats=Anwaltschaft werden die gerichtlichen Subalternen, welche ihre Eigenschaft als solche beibehalten, in dem Vorrücken unter den übrigen Beamten des Gerichts, beziehungsweise in höhere Besoldungen, nicht gehemmt; der Dienst der Staats=Anwaltschaft vielmehr wird ihnen ebenso angerechnet, als wären sie bei den Gerichten selbst in Function geblieben.

Die Disciplin über dieselben übt der betreffende Staats=Anwalt in Gemeinschaft mit dem Vorstande des Gerichts aus.

II. Die Gerichte, welche das Büreau=Personal für die Staats=Anwaltschaft hergeben, erhalten zum Ersatz dafür aus dem bei der Büreaukasse des Justiz=Ministeriums verwalteten Fonds der Staats=Anwaltschaft Pauschquanta behufs der Verstärkung ihrer Dispositionsfonds zur Annahme von Subalterngehülfen und resp. von Schreibern — in folgenden Beträgen:

1. für den Ober=Staats=Anwalt — ohne Unterschied, ob derselbe zugleich als Staats=Anwalt bei einem Kreis=Gerichte fungirt oder nicht:
   a. für einen Büreaubeamten — gleichviel ob der überwiesene Beamte zu den etatsmäßigen oder Diätarien gehört . . . . 270 Thlr.
   b. für einen Schreiber . . . . 150 Thlr.

   zusammen 420 Thlr. jährlich,

2. für diejenigen Staats=Anwälte, deren Geschäftsumfang außerordentlich groß ist, so daß nach dem Ermessen des Ober=Staats=Anwalts für die Schreibarbeiten ein

besonderer Beamter erforderlich und auf schriftliche Requisition desselben von dem betreffenden Gerichte gewährt worden ist . . . . . 350 Thlr.

3. für die übrigen Staats-Anwälte und Staats-Anwalts-Gehülfen . . . . 250 Thlr.

Zu 2 und 3 ist nach den bisherigen Erfahrungen als Regel angenommen, daß ein Büreaubeamter sämmtliche Büreaugeschäfte des Staats-Anwalts mit Einschluß des Schreibwesens zu besorgen im Stande ist. Die Ober-Staats-Anwälte dürfen daher von der ihnen unter Nr. 2 beigelegten Befugniß zur Bewilligung eines besonderen Schreibers nur in seltenen Ausnahmefällen Gebrauch machen. Die Function des Staats-Anwalts bei einem Schwurgerichte rechtfertigt diese Ausnahme noch nicht, indem daraus für den Büreaudienst keine irgend erheblichen Mehrarbeiten erwachsen. Sollte bei den zu 3 gedachten Staats-Anwälten sich das Bedürfniß einer momentanen Aushülfe im Kanzleidienste ergeben, so muß diese durch die Kanzlei des betreffenden Kreisgerichts ohne besondere Vergütung gewährt werden.

Die Schreiberei muß nach näherer Bestimmung der darüber ergehenden besonderen Verfügung auf jede Weise beschränkt werden.

III. Der Botendienst bei der Staats-Anwaltschaft, welcher, wenn die Staats-Anwälte in den ihnen einzuräumenden Amtslokalien gemäß der Bestimmung im §. 9 der allgemeinen Verfügung vom 13. November 1849 (Just.Min.Bl. S. 460) die meisten ihrer Arbeiten verrichten, nicht von Belang sein kann, muß da, wo ein besonderer Schreiber fungirt, in der Regel von diesem mit versehen werden. Wo dies nicht der Fall ist und zu den schwereren Verrichtungen des Aktentransports pp. sind die Gerichtsboten heranzuziehen. Eine besondere Entschädigung für deren Leistungen wird weder ihnen noch den betreffenden Gerichten gewährt.

IV. Für die Büreaubedürfnisse als: Schreibmaterialien, Drucksachen, Packpapier, Siegellack, Bindfaden, Federmesser, Papierscheeren pp., ingleichen für die etwa zu haltenden Lokalblätter, Zeitungen pp. erhalten die Staats-Anwälte

Pauschquanta zur eigenen Verwendung, ohne Rechnungslegung und zwar:

1. der Ober-Staats-Anwalt . . . 80 Thlr.
2. jeder Staats-Anwalt und selbstständige Staats-Anwalts-Gehülfe . . 50 Thlr. jährlich.

Diese Quanta werden den Staats-Anwälten quartaliter postnumerando aus den betreffenden gerichtlichen Salarienkassen vorschußweise für Rechnung der Büreaukasse des Justiz-Ministeriums gezahlt.

§. 15.

15. Amtsblätter, Zeitungen, Bibliothek der Gerichte.

Das Amtsblatt wird den Beamten der Staats-Anwaltschaft unentgeltlich verabreicht (Rescr. v. 21. September 1849 Min.Bl. S. 407). Sonstige Blätter — Zeitungen, Lokalblätter — haben sie von dem ihnen für Büreau-Bedürfnisse ausgesetzten Pauschquantum zu beschaffen [Nr. V Rescr. v. 21. Mai 1850 I. 2060 Act. Gen. 130 Bl. 92]. An den Bibliotheken der Gerichte haben sie das Recht des Mitgebrauchs, gleich den Gerichts-Mitgliedern. [Rescr. v. 12. Juni 1852 I. 2570 Act. Gen. Nr. 3 Bl. 165.]

§. 16.

Die Staatsanwaltschaft bildet eine von den Gerichten unabhängige, denselben coordinirte Behörde, deren Mitwirkung bei der Verhandlung der Strafsachen zu den wesentlichen Erfordernissen gehört. Diesem Gesichtspunkte gemäß sind überall in dem Geschäftsverkehr mit der Staatsanwaltschaft solche Formen zu beobachten, welche dem Verhältnisse zu einer anderen Behörde, die nicht die Stellung einer Partei einnimmt, entsprechen.

§. 17.

Ueber die Competenz der Staatsanwaltschaft enthalten die Art. 2—4 des Gesetzes vom 3. Mai 1832 die erforderlichen, die §§. 20 und 21 des Rescripts vom 13. November 1849 wesentlich modifizirenden Bestimmungen.

1860—1898.

Kaum war die Staatsanwaltschaft in ihrem Berufe warm geworden, so begannen auch die Anfeindungen. Man hatte sich diese Behörde und ihre Wirksamkeit offenbar anders vorgestellt. Oder man hatte über ihr Wesen überhaupt vor ihrer Einführung nicht nachgedacht und war nun erstaunt, daß die Wirkung so und nicht anders ausfiel. Kurzum die Staatsanwaltschaft erfreute sich keiner besonderen Beliebtheit. Nach allen Richtungen mäkelte man an ihr herum und tadelte ihre Organisation.

Mit dem Jahre 1860 verdichteten sich die Klagen nach einer bestimmten Richtung. Das „Anklage-Monopol“, wie man die ausschließliche Befugniß der Staatsanwaltschaft zur Erhebung der Anklage nannte, hatte es den Leuten angethan. Man malte sich in den schwärzesten Farben das Unheil aus, das entstehen könne, wenn der Staatsanwalt es einmal ablehnen sollte, einen Schuldigen zu verfolgen, und verlangte für diesen Fall das Recht des Privaten, seinerseits die Anklage zu erheben, also eine bedingte Rückkehr zur alten actio popularis.

Selbst die Staatsregierung blieb nicht frei von solchen Besorgnissen. Ende März 1860 konstatirte sie Folgendes: „Das nach der bestehenden Strafprozeßordnung der Staatsanwaltschaft beigelegte Recht, eine gerichtliche Verfolgung einzuleiten, und die Unmöglichkeit, eine solche wider den Willen derselben herbeizuführen, ist schon seit längerer Zeit, sowohl von der Wissenschaft, als der Praxis angegriffen, und das bestehende Recht in dieser Beziehung als der Abänderung bedürftig erachtet worden.“ Demgemäß forderte der Justizminister die Gerichtspräsidenten und Oberstaatsanwalte zur Aeußerung über diesen Gegenstand auf.

Es wurden sehr verschiedenartige Meinungen geäußert; im Allgemeinen aber verdammte man das Anklagemonopol.

Zwar fehlte es auch nicht an warnenden Stimmen. Ein Oberstaatsanwalt erklärte jeden Rückschritt für äußerst bedenklich; es sei der modernen Staatsordnung durchaus fremd, die staatlichen Interessen des Strafrechts einem privaten Einflusse Preis zu geben, der durchschnittlich aus einseitiger Auffassung und verdächtigen Beweggründen hervorgehen werde und zu einem demoralisirenden Verkehrsartikel gemißbraucht werden könne.

Desto schärfer sprachen sich einige Präsidenten nach der anderen Seite hin aus, einer von ihnen wörtlich, wie folgt: „Sodann stellt sich als ein Mangel unseres Untersuchungsverfahrens heraus, daß keine Untersuchung ohne Antrag des ad nutum der Staatsregierung stehenden Staatsanwalts eingeleitet werden darf. Damit geht unsere Strafprozeßordnung viel weiter, als die französische, nach welcher auch ein Untersuchungsrichter und eine Rathskammer des Landgerichts eine Untersuchung einleiten können. Es mag dieser Grundsatz unserer jetzt bestehenden Strafprozeßordnung einer Staatsregierung gelegen und bequem sein, denn sie hat es nun in der Hand, Jedem, dem sie wohl will, oder den sie zu begünstigen wünscht, vor jeder richterlichen Untersuchung zu schützen und ihn so zu Handlungen zu gebrauchen, vor denen er sich wohl gehütet haben würde, wenn er gewärtig sein mußte, von einem unabhängigen, unparteiischen Richter deshalb zur Untersuchung gezogen zu werden. Aber ein solcher Zustand untergräbt das Vertrauen der Staatsangehörigen zu der Regierung, was letztere in schwierigen Zeiten sehr zu büßen haben kann."

Eine solche unschöne Verdächtigung liest sich nicht angenehm. Sie mag auch der Regierung mißfallen haben; aber es ist nicht zu verwundern, wenn sie Angesichts eines solchen scharfen Tons Besorgnisse empfand und glauben mochte, die Stimmung sei weit mehr gegen die Befugnisse der Staatsanwaltschaft eingenommen, als dies in Wirklichkeit der Fall war. Der Justizminister entwarf ein Votum über den Entwurf eines „Gesetzes, betreffend die Anklagebefugniß des Verletzten im Strafverfahren", in welchem er dem Staatsministerium Folgendes entwickelte:

> Die durch die Verordnung vom 3. Januar 1849 eingeführte, von ihren Gegnern häufig mit dem Schlagworte „Anklagemonopol der Staatsanwaltschaft" bezeichnete Einrichrichtung, daß nur durch Vermittlung und vermöge Antrags der Staatsanwaltschaft eine richterliche Cognition über begangene strafbare Handlungen herbeigeführt werden kann, ist

schon seit längerer Zeit sowohl von der Wissenschaft als von der Praxis angegriffen worden. In den Jahresberichten der Justizbehörden, namentlich einer großen Zahl der Oberstaatsanwalte, wird eine Modification dieser Einrichtung empfohlen, und nachdem das Haus der Abgeordneten sich mit ähnlichen Erwägungen schon früher beschäftigt, ist in der Sitzung desselben vom 26. April d. J. eine von dem Abgeordneten von Vincke (Hagen) beantragte Resolution dahin beschlossen worden:

> die Erwartung auszusprechen, daß die Staatsregierung baldmöglichst ein Gesetz vorlegen werde, durch welches das ausschließliche Anklagerecht der Staatsanwaltschaft modifizirt wird.

Eine solche Modification zerfällt in zwei verschiedene Richtungen, je nachdem sie dem öffentlichen Interesse oder dem Interesse des durch eine strafbare Handlung verletzten Privaten zum Schutze dienen soll.

Von meinem Amtsvorjänger war die erste Richtung in's Auge gefaßt, und ein in dieser Richtung verfaßter Gesetzentwurf mittels Votums vom 20. September v. J. dem Königlichen Staatsministerium vorgelegt worden, welcher jedoch, nachdem die Mehrzahl der Herrn Mitglieder des Königlichen Staatsministeriums sich in schriftlichen Votis dagegen erklärt hatten, nicht zur weiteren Berathung gelangte.

Jene Vota stimmen darin überein, daß zu einer Modification der bestehenden Gesetzgebung in der damals eingeschlagenen Richtung ein Bedürfniß nicht anzuerkennen sei, daß jedoch eine Abänderung des durch die Verordnung vom 3. Januar 1849 begründeten Rechtszustandes sich empfehle, durch welche den Privatinteressen ein Schutz der Gerichte gegen die Versagung der Hülfe der Staatsanwaltschaft verliehen wird.

Ich kann dieser Meinung nur beitreten, und es ist aus derselben der anliegende Gesetzentwurf hervorgegangen, welcher, ohne den Grundsatz, daß die Gerichte nur auf Antrag der Staatsanwaltschaft einzuschreiten haben, als Regel zu beseitigen, den Obergerichten die Befugniß beilegen will, auf den Antrag des durch eine strafbare Handlung in seinen Rechten Verletzten außerordentlicher Weise die von der Staatsanwaltschaft abgelehnte Erörterung der Sache durch das competente Gericht anzuordnen.

Indem ich zur weiteren Rechtfertigung des von dem Entwurfe eingenommenen Standpunktes und der einzelnen Bestimmungen desselben auf die beigefügten Motive, welche zugleich eventuell zur Vorlage an die beiden Häuser des Landtags bestimmt sind, Bezug zu nehmen mir erlaube, habe ich nur noch die Bemerkung hinzuzufügen, daß der Zeitpunkt, bis zu welchem die gemäß der Allerhöchsten Ordre vom 25. Februar d. J. zur Revision der Civilproceßordnung und der Strafproceßordnung berufene Commission ihre Aufgabe in Betreff des Strafprocesses zu lösen im Stande sein wird, mit Rücksicht auf den großen Umfang des zuerst in Angriff genommenen Civilproceßgesetzes in einer viel zu fernen Aussicht liegt, um die Befriedigung des vorliegenden legislatorischen Bedürfnisses mit Hinweisung auf diesen Zeitpunkt hinausschieben zu können.

Mittels Allerhöchster Ermächtigung vom 10. Januar 1862 erhielt der Justizminister den Auftrag, den Gesetzentwurf „betreffend die Anklagebefugniß des Verletzten im Strafverfahren" den Kammern vorzulegen.

Seine wichtigsten Bestimmungen lauteten:

§ 1.

Wenn die Staatsanwaltschaft bei dem zuständigen Gerichte erster Instanz die gerichtliche Verfolgung einer ihr angezeigten strafbaren Handlung abgelehnt, und der Oberstaatsanwalt bei dem zuständigen Appellationsgerichte die darüber erhobene Beschwerde zurückgewiesen hat, so kann der Anzeigende, wofern er sich durch die angezeigte Handlung in seinen Rechten verletzt hält, zu gerichtlichem Protokolle oder in einer von einem Rechtsanwalte verfaßten Schrift bei dem Appellationsgerichte auf Beschlußfassung über seine Anzeige antragen.

Er hat dabei die Thatsachen, wodurch ein Strafgesetz übertreten sein soll, und die Beweismittel dafür und für die Thäterschaft des Beschuldigten, insoweit sie der Staatsanwaltschaft vorgelegen haben, anzugeben, die behauptete Verletzung seiner Rechte zu bezeichnen und die erhaltenen Bescheide beizufügen.

§ 2.

Der Beschluß ist, wenn die angezeigte Handlung ein Verbrechen oder ein Vergehen enthält, von dem Angeklagesenat des Appellationsgerichts und zwar darüber zu fassen: ob eine gerichtliche Voruntersuchung einzuleiten, oder ob der Anzeige von Seiten des Appellationsgerichts keine weitere Folge zu geben.

Die Einleitung der gerichtlichen Voruntersuchung ist nur dann zu beschließen, wenn das Gericht bei freier Prüfung findet, daß der Anzeigende, die Richtigkeit der angezeigten Thatsachen vorausgesetzt, in seinen Rechten verletzt erscheint.

§ 6.

Das Appellationsgericht hat vor der Beschlußfassung den Oberstaatsanwalt mit seinem schriftlichen und auf Verlangen mit seinem mündlichen Antrage zu hören und den gefaßten Beschluß dem Oberstaatsanwalt und dem Anzeigenden mitzutheilen.

Eine Beschwerde über den Beschluß findet nicht statt.

§ 9.

In dem Verhältnisse der Beamten der Staatsanwaltschaft zu den Gerichten und zu dem Justizminister (§ 3 der Verordnung vom 3. Januar 1848) wird durch dieses Gesetz nichts geändert.

Nach dem sich inzwischen auch der Deutsche Juristentag von 1861 (der zweite, der überhaupt abgehalten wurde, für die Beseitigung des Anklagemonopols ausgesprochen hatte, gelangte der Gesetzentwurf an die Kammern.

In dem Bericht der Kommission für das Justizwesen wurde das Bedürfniß einer Modifizirung anerkannt. Es wurde besonders darauf hingewiesen, daß die Staatsanwaltschaft, als ein von der Staatsregierung abhängiges Organ, in dem Interesse dieser letzteren, Handlungen unverfolgt lassen könne, wodurch dann Schutzlosigkeit, namentlich der Beamten-Willkür gegenüber, eintreten könne, so daß die ausschließliche Anklagebefugniß der Staatsanwaltschaft mit dem Geiste einer freien Repräsentativ-Verfassung nicht vereinbar sei. Die ausschließliche Berechtigung der Staatsanwaltschaft zur Initiative stelle das Zurücklegen von Anzeigen wegen strafbarer Handlungen, — die sogenannte negative Strafjustiz — ganz in das Ermessen von Beamten, welche nicht als unabhängige Richter anzusehen, sondern verpflichtet sind, den Anordnungen ihrer Vorgesetzten, also in letzter Instanz des Justizministers, unbedingt Folge zu leisten, die also nicht die formalen und die anderen Garantieen der Unabhängigkeit des Richterstandes besitzen, wofür die persönliche

Ehrenhaftigkeit der Beamten der Staatsanwaltschaft allein keinen beruhigenden Ersatz zu bieten vermöge.

Von anderer Seite wurde darauf hingewiesen, daß durch die Vorlage die Stellung der Staatsanwaltschaft in so fern alterirt werde, als dadurch das Gericht als eine Instanz über die Staatsanwaltschaft, ja sogar als eine Instanz über den Justizminister hingestellt werde. Abgesehen hiervon komme aber auch in Betracht, daß, da nach dem gegenwärtigen Stande der Gesetzgebung und der Jurisprudenz das Urtheil des Strafrichters für den Civilrichter in keiner Weise präjudiziell ist, der Beschädigte an der Herbeiführung der Bestrafung des Beschuldigten kein materielles Interesse, sondern nur, wie jeder andere aus der Gesammtheit, die dem Beschuldigten gegenüber durch die Gesammtheit vertreten wird, nur ein moralisches Interesse habe, das sich nicht leicht von der Privatrache unterscheiden lasse. Wenn man daher dem Beschädigten mehr, als durch eine bloße Anzeige bei der Staatsanwaltschaft gestatte, auf die Herbeiführung der Bestrafung des Beschuldigten einzuwirken, so betrete man hierdurch das Gebiet der sogenannten actio popularis, die grade durch das Institut der Staatsanwaltschaft habe beseitigt sein sollen.

Dann müsse man eben die Rheinische Privatklage neben der Anklage einführen.

Schließlich lehnte die Kommission den § 1 ab und gab der Vorlage eine wesentlich andere Gestalt. Der Anzeigende sollte sich namentlich an den zuständigen Strafrichter (nicht das Appellations-Gericht) wenden. Gegen dessen Entscheidung sollte eine Beschwerde zulässig sein.

Die Staatsregierung konnte sich mit diesen Abänderungsvorschlägen nicht befreunden; sie gab denselben keine Folge; und so verlief die ganze Angelegenheit im Sande. — —

Gleichzeitig mit diesen Bestrebungen liefen andere, die auf die endliche Schaffung einer für die ganze Preußische Monarchie gültigen Strafprozeßordnung abzielten. Nach dem ersten mißglückten Versuche war eine Pause eingetreten. Dann aber, schon vom Ausgang der 50er Jahre ab, hatte man sich wieder an's Werk gemacht. Zahlreiche Entwürfe wurden ausgearbeitet, geprüft und — immer wieder bei Seite gelegt.

Nicht besser erging es den Bemühungen, die darauf gerichtet waren, für ganz Deutschland eine gemeinsame Strafprozeßordnung zu Stande zu bringen. Sie scheiterten kläglich. Konnten die Preußischen Absichten sich nicht verwirklichen, die Deutschen vermochten es noch weit weniger.

Erst dem Jahre 1867 war es vorbehalten, die Angelegenheit um einen kleinen Schritt vorwärts zu bringen.

Der glückliche Ausgang des Krieges 1866 hatte Preußen einen bedeutenden Gebietszuwachs gebracht. Mittels Gesetzes vom 20. September 1866 konnten Hannover, Hessen-Nassau und Frankfurt a. M., mittels Gesetzes vom 24. Dezember 1866 Schleswig-Holstein der Preußischen Monarchie einverleibt worden.

Die Verhältnisse der neuen Landestheile, in specie ihre Justizverwaltung mußten anderweit geregelt werden. Zwar bestimmten die Verordnungen vom 3. Oktober 1866 und 28. Januar 1867, daß abgesehen von der Ausdehnung der Befugnisse des Preußischen Justizministers auf die neuen Gebiete „für jetzt" nichts geändert werden solle. Allein in Zukunft wendete man dieses Verfahren in Betreff der Staatsanwaltschaft nur auf Hannover an.

Hannover behielt im Wesentlichen seine Staatsanwaltschaft. Die letztere hieß dort „Kronanwaltschaft", die Staatsanwälte „Kronanwälte", die Oberstaatsanwälte „Kronoberanwälte". Nur letztere waren ständige Beamte; die Kronanwälte waren richterliche Beamte, die das Amt als Kronanwalt nur zeitweilig auf Grund eines widerruflichen Auftrags ausübten. Die Kronanwaltschaft war so ziemlich nach französischem Muster zugeschnitten und ging in der Ausdehnung ihrer Befugnisse so weit, wie keine andere Deutsche Staatsanwaltschaft. Ihr waren gemäß der Hannoverschen Justiz-Organisation vom 1. Oktober 1852 ausdrücklich zugewiesen:

1. der Beruf, die Polizei- und Kriminalvergehen von Amtswegen zu verfolgen, wobei ihr die Polizeibehörden und Polizeiorgane untergeordnet waren; sie leitete die gerichtliche Polizei;
2. die Aufsicht über die Gefängnisse und Strafanstalten;
3. die Ueberwachung der Beobachtung der Gesetze und reglementarischen Vorschriften bei den Gerichten;
4. die Ueberwachung der Dienstführung der bei den Gerichten angestellten Personen, sowie der Notare, Advokaten und Anwälte;
5. die Fürsorge, daß die Vertretung spezieller Interessen,

z. B. bei Anordnung und Verwaltung von Vormundschaften und Kuratelen gehörig erfolge;

6. in Gemeinschaft mit dem Präsidenten die Wahrnehmung der bei den Gerichten vorfallenden Verwaltungsgeschäfte.

In Hannover war man trotz oder vielleicht gerade wegen dieser weiten Ausdehnung der Kompetenz mit der Kronanwaltschaft sehr zufrieden, so zufrieden, daß die Preußische Verwaltung nichts Besseres glaubte thun zu können, als diesen Zustand bis auf Weiteres zu belassen.

Zugleich ergingen am 25. und 26. Juni 1867 umfangreiche Verordnungen, betreffend das Strafrecht und das Strafverfahren in allen durch die Gesetze vom 20. September und 24. Dezember 1866 mit der Monarchie vereinigten Landestheilen.

Was man für Preußen nicht hatte erreichen können, eine Strafprozeßordnung, hier war sie mit einem Schlage geschaffen. Freilich hatte man ja in den zahllosen Vorarbeiten Stoff und Erfahrungen genug gesammelt, hier konnten sie zur Geltung kommen. Gleichwohl sah man noch immer davon ab, eine gemeinsame Strafprozeßordnung für die ganze Monarchie zu publiziren. Die neu erworbenen Landestheile sollten den Prüfstein bilden für das Verfahren. Gerade, wie man durch das Gesetz vom 17. Juli 1846 das Kammergericht und das Kriminalgericht in Berlin zum Versuchsobjekt gemacht hatte, so verfuhr man jetzt mit den Strafgerichten der neuen Landestheile.

Der vierte Titel dieser Strafprozeßordnung handelte von der Staatsanwaltschaft und hatte folgenden Inhalt:

§ 31.

[1. Organisation der Staatsanwaltschaft.] Die Verrichtungen der Staatsanwaltschaft werden wahrgenommen:

1; bei dem obersten Gerichtshof durch einen Generalstaatsanwalt und dessen Vertreter;

2; bei den Appellationsgerichten durch einen Oberstaatsanwalt und dessen Vertreter;

3; bei den Collegialgerichten erster Instanz durch einen Staatsanwalt und dessen Vertreter;

4; bei den Polizeigerichten durch einen Polizeianwalt.

§ 32.

Die Geschäfte des Polizeianwalts können von dem Justizminister einem Beamten der Staatsanwaltschaft bei dem Collegialgerichte erster Instanz oder einem bei dem Polizeigerichte neben dem Polizeirichter angestellten oder beschäftigten richterlichen Beamten, oder auch einem in der Ausbildung für das Richteramt begriffenen Beamten widerruflich übertragen werden.

Insoweit diese Befugniß nicht zur Anwendung kommt, erfolgt die Ernennung des Polizeianwalts commissarisch durch den Regierungs-Präsidenten nach Anhörung des Oberstaatsanwalts.

Vorsteher der Gemeindeverwaltung (Bürgermeister) am Sitze des Polizeigerichts sind verpflichtet, die Verrichtung eines Polizeianwalts gegen eine, von den Gemeindeverbänden des Polizeigerichtsbezirks zu gewährende, von der Aufsichtsbehörde festzusetzende Entschädigung zu übernehmen.

§ 33.

Sämmtliche Beamte der Staatsanwaltschaft haben den Anweisungen ihrer Vorgesetzten Folge zu leisten.

Die Aufsichtsführung steht zu:

dem Justizminister über alle Beamte der Staatsanwaltschaft;

dem Oberstaatsanwalt über sämmtliche Beamte der Staatsanwaltschaft im Sprengel des Appellationsgerichts;

dem Staatsanwalt über sämmtliche Beamte der Staatsanwaltschaft im Sprengel des Collegialgerichts erster Instanz.

§ 34.

Der vorgesetzte Beamte der Staatsanwaltschaft ist jederzeit befugt, einzelne Geschäfte eines ihm untergebenen Beamten selbst zu übernehmen oder durch einen anderen Beamten seines Amtsbezirks versehen zu lassen.

§ 35.

Tritt im Laufe einer Sitzung oder in Bezug auf Angelegenheiten, die keinen Aufschub gestatten, die Verhinderung eines Beamten der Staatsanwaltschaft ein, so hat nöthigenfalls der Vorstand des Gerichts einen Richter mit der Vertretung zu beauftragen.

§ 36.

[2. Amtsverrichtungen der Staatsanwaltschaft.] Die Staatsanwaltschaft ist in ihren Amtsverrichtungen von den Gerichten unabhängig.

Sie hat darüber zu wachen, daß bei dem Strafverfahren den gesetzlichen Vorschriften überall genügt werde.

Sie kann bezüglich aller Handlungen der Untersuchung und in jeder Lage der Sache die ihr erforderlich scheinenden Anträge stellen. Auf jeden Antrag derselben muß richterliche Verfügung oder Beschlußnahme erfolgen.

§ 37.

Die Staatsanwaltschaft hat die Befugniß, bei allen polizeilichen und gerichtlichen Untersuchungsverhandlungen gegenwärtig zu sein, und von allen polizeilichen und gerichtlichen Akten, welche sich auf einen zu ihrem Geschäftskreis gehörigen Gegenstand beziehen, Einsicht zu nehmen. Sie kann die Mittheilung der gerichtlichen Untersuchungsakten jederzeit verlangen.

§ 38.

[3. Ablehnung von Beamten der Staatsanwaltschaft.] Ueber Ablehnungsgesuche gegen Beamte der Staatsanwaltschaft hat der vorgesetzte Beamte zu entscheiden.

Mit der hieraus sich ergebenden Maßnahme findet der § 26 und der erste Absatz des § 27 auch auf Beamte der Staatsanwaltschaft Anwendung. (Dieselben lauten: „Im Falle der Unfähigkeit muß sich der Richter oder Gerichtsschreiber aller Amtshandlungen enthalten und wegen seiner Ersetzung durch eine andere Gerichtsperson das Erforderliche unverzüglich veranlassen. — Ein Richter, welchem ein bei ihm eintretender Ablehnungsgrund bekannt ist, muß denselben dem mit der Sache befaßten Gerichte mittheilen.“ — — Die Unfähigkeits- und Ablehnungsgründe brauchen hier wohl nicht aufgezählt zu werden.)

Von ganz besonderer Wichtigkeit für die Staatsanwaltschaft war neben der Einführung von Schöffengerichten bei der untersten Instanz, daß bei dieser Gelegenheit in Preußen zum ersten Male der Versuch gemacht wurde, die Strafvollstreckung dieser Behörde zu übertragen. Zwar wurde bestimmt, daß die auf die Strafvollstreckung bezüglichen Entscheidungen durch das Gericht erfolgen, welches in erster Instanz erkannt hat. Dann aber heißt es weiter: „Die Strafvollstreckung selbst wird durch die Staatsanwaltschaft bei diesem Gericht bewirkt“, und es ist dann weiter bestimmt, daß „die Strafvollstreckung zu geschehen hat auf den Grund eines mit der Bescheinigung der Rechtskraft versehenen beglaubigten Auszugs aus dem ergangenen Urtheile, welchen der Gerichtsschreiber unverzüglich nach eingetretener Rechtskraft der Staatsanwaltschaft zu ertheilen hat."

So waren die neuerworbenen Landestheile bestimmt, auf einem besonders wichtigen Gebiete der staatsanwaltschaftlichen Thätigkeit — der Strafvollstreckung — tonangebend zu werden, denn die Erfahrungen, die man dort machte, bestärkten so sehr die Ueberzeugung, daß die Vollstreckung der Strafen bei dem Staatsanwalt in den richtigen Händen sei, daß man bei der späteren Fortbildung der Gesetzgebung niemals daran gedacht hat, sie ihm wieder zu entwinden, wenn es auch noch länger denn zehn Jahre währen sollte, bis die Maßregel in der ganzen Preußischen Monarchie durchgeführt war. Immerhin war durch die neue Gesetzgebung in den neuen Landen die ganze Strafprozeß-Frage in eine Richtung und Bewegung gedrängt, die unaufhaltbar war.

Denn je mehr und mehr das Deutsche Vaterland sich einte, desto mehr wurde auch die Vielgestaltigkeit des Strafverfahrens und der Strafgerichte als ein schwerer Mißstand empfunden. Nicht nur jedes Land hatte seine eigenen Gesetze, sondern sogar in ein und demselben Staate bestanden zuweilen, wie z. B. in Preußen, verschiedenartige Gerichtsverfassungen und Prozeßarten.

Bereits der Reichstag des Norddeutschen Bundes hatte deßhalb in seiner Sitzung vom 18. April 1868 den Beschluß gefaßt:

> „den Bundeskanzler aufzufordern, den Entwurf einer gemeinsamen Strafprozeßordnung für den Norddeutschen Bund vorbereiten und dem Reichstage vorlegen zu lassen."

Nachdem der Bundesrath des Norddeutschen Bundes in seiner Sitzung vom 5. Juni 1868 diesem Beschlusse beigetreten war, ist der Preußische Justizminister von dem Bundeskanzler unter dem 12. Juli 1869 ersucht worden, die Aufstellung eines Entwurfs einer Strafprozeßordnung zu veranlassen.

Der in Folge dieses Ersuchens aufgestellte Entwurf wurde im Anfang des Jahres 1873 dem Bundesrathe vorgelegt und von diesem einer aus elf angesehenen Juristen Deutschlands bestehenden Kommission überwiesen, welche ihr diejenige Gestalt gab, in der sie nunmehr dem Reichstage vorgelegt wurde.

Voraussetzung und nothwendige Vorbedingung einer dem gesammten Deutschen Reiche gemeinsamen Strafgesetzgebung war nun aber auch eine gleichartige Gerichtsverfassung in demselben. Darum mußte sich die Reichsgesetzgebung auch die Aufgabe stellen, als

Grundlage für die Strafprozeßordnung und die gleichzeitig in's Leben zu rufende neue Civilprozeßordnung gleichmäßig ein gemeinsames **Gerichtsverfassungsgesetz** für das Reich zu geben. Dasselbe wurde denn auch gleichzeitig vorgelegt.

Den Entwurf der Strafprozeßordnung brauchen wir hier nicht so eingehend zu betrachten. Es genügt, folgende wesentliche Neuerungen grundsätzlicher Art hervorzuheben, soweit sie die Staatsanwaltschaft berühren:

1. Eine Betheiligung des Laien-Elementes findet nicht blos bei den Landesstrafgerichten höchster Ordnung in der Form des Schwurgerichts, sondern auch bei den Strafgerichten unterster Ordnung in der Form des Schöffengerichts statt.

2. In der Hauptverhandlung haben die Staatsanwaltschaft und der Angeklagte überall das gleiche Recht zur Mitwirkung bei der Beweisaufnahme.

3. Die Strafvollstreckung geschieht durch die Staatsanwaltschaft.

In Betreff der Ueberweisung der Strafvollstreckung an die Staatsanwaltschaft sagen die Motive, daß man hier dem Vorgang anderer deutschen Gesetzgebungen folge, welche die Strafvollstreckung theils allgemein, theils wenigstens in den vor die Kollegialgerichte gehörigen Strafsachen der Staatsanwaltschaft zuweisen, so die Preußische Strafprozeßordnung von 1867, die Hessische, die Oldenburgische, Braunschweigische, Bremische und Hamburgische. Auch auf dem Gebiete des französischen Rechts liege die Strafvollstreckung gleichfalls der Staatsanwaltschaft ob.

Alle diese Gesetzgebungen gehen von der Auffassung aus, daß die Vollziehung richterlicher Entscheidung nicht Sache des Richteramts sei. Diese Auffassung und das Bestreben, das Richteramt von allen außerhalb der Sphäre der Rechtsprechung liegenden Geschäften möglichst frei zu halten, liegt der Bestimmung zu Grunde.

Neben diesem prinzipiellen Gesichtspunkt ist es aber auch derjenige der praktischen Zweckmäßigkeit, welche zu derselben geführt hat. Unbestritten gehört zu den Erfordernissen einer guten Strafrechtspflege eine schnelle und energische Vollstreckung der erkannten Strafen, und nicht blos das Ansehen der Strafjustiz wird geschmälert, sondern auch die Bedeutung der Strafe selbst abgeschwächt, wenn es dem Verurtheilten möglich ist, sich längere Zeit der Strafvollstreckung zu entziehen. Für eine energische Handhabung des Strafvollstreckungswesens erscheint aber eine kollegialische Behörde weniger geeignet, als die Staatsanwaltschaft, und es darf in dieser Beziehung auf die Erfahrungen hingewiesen werden, welche in den beiden größten deutschen Staaten, in Preußen und Bayern, gemacht worden sind. — Für Preußen erkannte schon der Strafprozeßentwurf von 1865 an, daß es nothwendig sei, die Strafvollstreckung von den Gerichten auf die Staatsanwaltschaft übergehen zu lassen. In Betreff Bayerns aber führen die Motive zu dem Strafprozeßentwurf von 1870 aus: „Vielfältige Erfahrungen über die schleppende und unbefriedigende Behandlung des Strafvollzugs nach dem bisher in den rechtsrheinischen Kreisen geltenden Strafprozeßgesetze, dann die Wahrnehmung der mit diesem Uebelstande verbundenen Nachtheile für die Wirksamkeit der Strafrechtspflege überhaupt, haben in der überwiegenden Mehrzahl der von den Gerichten und Staatsanwälten erhaltenen Gutachten zu dem Vorschlage geführt, den Strafvollzug in die Hände der Staatsanwaltschaft zu legen. Eine folgerichtige Scheidung der richterlichen Aufgabe von den Geschäften der administrativen Rechtspflege führt nothwendig zur Trennung der Exekution von der Judikatur.“

Auf der anderen Seite durfte die Erwägung nicht von der Hand gewiesen werden, daß bei den zur Zuständigkeit der Schöffengerichte gehörigen Sachen die gerichtliche Strafvollstreckung nicht einer kollegialischen Behörde zufallen würde, und daß die Organisation der Staatsanwaltschaft bei diesen Gerichten vielleicht nicht überall die ausreichende Gewähr für angemessene Strafvollstreckung geben werde.

Die Einzelbestimmungen über die Strafvollstreckung schlossen sich im Ganzen an den durch die Verordnung vom 25. Juni 1867 in den neuen Landestheilen geschaffenen Zustand an; nur den dort vorgesehenen besonderen Beschluß des Gerichts über die Einleitung der Strafvollstreckung ließ man fallen. In Folge dessen lautet der § 483 der Strafprozeßordnung folgendermaßen:

> Die Strafvollstreckung erfolgt durch die Staatsanwaltschaft auf Grund einer von dem Gerichtsschreiber zu ertheilenden, mit der Bescheinigung der Vollstreckbarkeit versehenen, beglaubigten Abschrift der Urtheilsformel.
>
> Den Amtsanwälten steht die Strafvollstreckung nicht zu.
>
> Für die zur Zuständigkeit der Schöffengerichte gehörigen Sachen kann durch Anordnung der Landesjustizverwaltung die Strafvollstreckung den Amtsrichtern übertragen werden.

Das Letztere geschah denn auch in Preußen.

Gleichzeitig mit dem Entwurf einer Strafprozeßordnung gelangte auch — wie schon erwähnt — der Entwurf eines Gerichtsverfassungsgesetzes an den Reichstag. Aus den demselben beigegebenen Motiven mögen die nachstehenden Sätze als für das Wesen der Staatsanwaltschaft von besonderer Bedeutung hervorgehoben werden:

Das Institut der Staatsanwaltschaft wird sowohl in dem Entwurf der Strafproceßordnung, als auch in dem der Civilproceßordnung als ein bestehendes vorausgesetzt. Wenn der Strafprozeß danach im Wesentlichen auf der Grundlage der öffentlichen Klage aufgebaut bleibt, und wenn anerkannt werden muß, daß auch der Wirkungskreis, den der Entwurf der Civilprozeßordnung der Staatsanwaltschaft zuschreibt, so beschränkt derselbe ist, ein staatliches Organ fordert, so bedarf es keiner Erörterung der übrigens kaum streitigen Frage, ob die Staatsanwaltschaft in Deutschland beizubehalten. —

Eine ganz neue Einrichtung ist die Staatsanwaltschaft nur für vier Deutsche Staaten, die Großherzogthümer Mecklenburg-Schwerin und Mecklenburg-Strelitz und die Fürstenthümer Schaumburg-Lippe und Lippe. In allen anderen Deutschen Staaten bildet die Staatsanwaltschaft schon jetzt ein wesentliches Organ der Strafrechtspflege. —

Es steht nichts entgegen, daß derselbe Staatsanwalt bei mehreren Gerichten das Amt der Staatsanwaltschaft versieht, daß namentlich ein bei einem Landgericht angestellter Staatsanwalt zugleich zum Amtsanwalt bei einem Amtsgerichte des Bezirks bestellt wird. —

Die sachliche Zuständigkeit der verschiedenen Organe der Staatsanwaltschaft bestimmt sich nach der Zuständigkeit desjenigen Gerichts, welchem das Organ der Staatsanwaltschaft zugetheilt ist. —

Die örtliche Zuständigkeit der Beamten der Staatsanwaltschaft wird durch die örtliche Zuständigkeit des Gerichts bestimmt, für welches sie bestellt sind.

Gleich den bestehenden Gesetzgebungen geht auch der Entwurf von der Auffassung aus, daß die Staatsanwaltschaft in allen ihren Gliedern eine einheitliche Behörde, jedoch ohne collegialische Verfassung, darzustellen habe. Aus dieser Auffassung folgt, daß alle Beamte der Staatsanwaltschaft den dienstlichen Anweisungen ihrer Vorgesetzten, und zwar nicht nur den allgemeinen Anordnungen, sondern auch den in einer speziellen Strafsache ergehenden Anweisungen derselben Folge zu leisten haben.

Auf den Inhalt der Jahre langen Berathungen, welche der Entwurf in der, unabhängig von den Sitzungsperioden des Reichstags durch Gesetz für permanent erklärten Justiz-Kommission des Reichstags und später in dessen Plenum erfuhr, hier näher einzugehen, müssen wir uns versagen; der Stoff ist zu gewaltig. Auch liegt ja dieser Akt gesetzgeberischer Thätigkeit noch nicht so weit zurück, daß nicht sowohl er, wie seine Früchte, die wir täglich genießen, noch hinlänglich bekannt wären. Wohl aber müssen wir an dieser Stelle den zehnten Titel des aus diesen Berathungen hervorgegangenen und am 27. Januar 1877 verabschiedeten Gerichtsverfassungsgesetzes, der von der Staatsanwaltschaft handelt, zum Abdruck bringen:

§ 142.

Bei jedem Gericht soll eine Staatsanwaltschaft bestehen.

§ 143.

Das Amt der Staatsanwaltschaft wird ausgeübt:

1; bei dem Reichsgerichte durch einen Oberreichsanwalt und durch einen oder mehrere Reichsanwälte;
2; bei den Oberlandesgerichten, den Landgerichten und den Schwurgerichten durch einen oder mehrere Staatsanwälte;
3; bei den Amtsgerichten und den Schöffengerichten durch einen oder mehrere Amtsanwälte.

Die Zuständigkeit der Amtsanwälte erstreckt sich nicht auf das amtsgerichtliche Verfahren zur Vorbereitung der öffentlichen Klage in denjenigen Strafsachen, welche zur Zuständigkeit anderer Gerichte als der Schöffengerichte gehören.

§ 144.

Die örtliche Zuständigkeit der Beamten der Staatsanwaltschaft wird durch die örtliche Zuständigkeit des Gerichts bestimmt, für welches sie bestellt sind.

Ein unzuständiger Beamter der Staatsanwaltschaft hat sich denjenigen innerhalb seines Bezirks vorzunehmenden Amtshandlungen zu unterziehen, in Ansehung welcher Gefahr im Verzuge obwaltet.

Können die Beamten der Staatsanwaltschaft verschiedener Bundesstaaten sich nicht darüber einigen, wer von ihnen die Verfolgung zu übernehmen hat, so entscheidet der ihnen gemeinsam vorgesetzte Beamte der Staatsanwaltschaft und in Ermangelung eines solchen der Oberreichsanwalt.

§ 145.

Besteht die Staatsanwaltschaft eines Gerichts aus mehreren Beamten, so handeln die dem ersten Beamten beigeordneten Personen als dessen Vertreter; sie sind, wenn sie für ihn auftreten, zu allen Amtsverrichtungen desselben ohne den Nachweis eines besonderen Auftrags berechtigt.

§ 146.

Die ersten Beamten der Staatsanwaltschaft bei den Oberlandesgerichten und den Landgerichten sind befugt, bei allen Gerichten ihres Bezirks die Amtsverrichtungen der Staatsanwaltschaft selbst zu übernehmen oder mit Wahrnehmung derselben einen anderen als den zunächst zuständigen Beamten zu beauftragen.

Amtsanwälte können das Amt der Staatsanwaltschaft nur bei den Amtsgerichten und den Schöffengerichten versehen.

§ 147.

Die Beamten der Staatsanwaltschaft haben den dienstlichen Anweisungen ihrer Vorgesetzten nachzukommen.

In denjenigen Sachen, für welche das Reichsgericht in erster und letzter Instanz zuständig ist, haben alle Beamte der Staatsanwaltschaft den Anweisungen des Oberreichsanwalts Folge zu leisten.

§ 148.

Das Recht der Aufsicht und Leitung steht zu:

1; dem Reichskanzler hinsichtlich des Ober-Reichsanwalts und der Reichsanwälte;

2; der Landesjustizverwaltung hinsichtlich aller staatsanwaltlichen Beamten des betreffenden Bundesstaates;

3; den ersten Beamten der Staatsanwaltschaft bei den Oberlandesgerichten und den Landgerichten hinsichtlich aller Beamten der Staatsanwaltschaft ihres Bezirks.

§ 149.

Der Ober-Reichsanwalt und die Reichsanwälte sind nicht richterliche Beamte.

Zu diesen Aemtern sowie den Aemtern der Staatsanwaltschaft bei den Oberlandesgerichten und den Landgerichten können nur zum Richteramte befähigte Beamte ernannt werden.

§ 150.

Der Ober-Reichsanwalt und die Reichsanwälte werden auf Vorschlag des Bundesraths vom Kaiser ernannt.

Dieselben können durch Kaiserliche Verfügung jederzeit mit Gewährung des gesetzlichen Wartegeldes einstweilig in den Ruhestand versetzt werden.

§ 151.

Die Staatsanwaltschaft ist in ihren Amtsverrichtungen von den Gerichten unabhängig.

§ 152.

Die Staatsanwälte dürfen richterliche Geschäfte nicht wahrnehmen. Auch darf ihnen eine Dienstaufsicht über die Richter nicht übertragen werden.

§ 153.

Die Beamten des Polizei- und Sicherheitsdienstes sind Hülfsbeamte der Staatsanwaltschaft und sind in dieser Eigenschaft verpflichtet, den Anordnungen der Staatsanwälte bei dem Landgerichte ihres Bezirks und der diesen vorgesetzten Beamten Folge zu leisten.

Die nähere Bezeichnung derjenigen Beamtenklassen, auf welche diese Bestimmung Anwendung findet, erfolgt durch die Landesregierungen.

Soweit in den vorstehenden Bestimmungen die Materie nicht erschöpft war oder nur bestimmte Normen aufgestellt, die Details aber den Landesregierungen überlassen waren, mußten diese letzteren eingreifen. In Preußen erging aus diesem Grunde am 24. April 1878 ein „Ausführungsgesetz zum Deutschen Gerichtsverfassungsgesetz“, welches in seinem neunten und zwölften Titel über die Staatsanwaltschaft weiter anordnete:

§ 58.

Die bestehenden staatsanwaltschaftlichen Behörden werden aufgehoben. Die Zuständigkeit derselben in den Angelegenheiten, welche durch die deutschen Prozeßordnungen nicht betroffen werden, geht, insoweit nicht besondere Bestimmungen gegeben sind, in dem Umfange, in welchem sie in den einzelnen Landestheilen bisher bestanden hat, auf die Staatsanwaltschaften bei den ordentlichen Landesgerichten über.

§ 59.

Die ersten Beamten der Staatsanwaltschaft bei den Oberlandesgerichten führen den Amtstitel Oberstaatsanwalt, die ersten Beamten der Staatsanwaltschaft bei den Landgerichten den Amtstitel Erster Staatsanwalt. Die übrigen Beamten der Staatsanwaltschaft bei den Oberlandesgerichten und den Landgerichten führen den Amtstitel Staatsanwalt.

§ 60.

Die Oberstaatsanwälte und die Staatsanwälte werden vom Könige ernannt.

§ 61.

Die Oberstaatsanwälte und die Staatsanwälte sind nicht richterliche Beamte.

§ 62.

Die Amtsanwälte werden auf Widerruf ernannt.

§ 63.

Die Geschäfte des Amtsanwalts können von dem Justizminister einem Staatsanwalt, einem Gerichtsassessor, sofern derselbe nicht gleichzeitig mit richterlichen Geschäften in Strafsachen betraut wird, oder einem Referendar übertragen werden. Insoweit diese Befugniß nicht zur Anwendung kommt, erfolgt die Ernennung des Amtsanwalts durch den Oberstaatsanwalt nach Anhörung des Regierungspräsidenten (Landrosten).

§ 64.

Vorsteher der Gemeindeverwaltung am Sitze des Amtsgerichts sind verpflichtet, die Geschäfte eines Amtsanwalts zu übernehmen, sofern nicht die örtliche Polizeiverwaltung Königlichen Behörden übertragen ist. Wird von der Gemeindebehörde eine andere geeignete Person in Vorschlag gebracht, welche zur Uebernahme dieser Geschäfte bereit ist, so fällt die Verpflichtung des Vorstehers der Gemeindeverwaltung fort.

§ 65.

Die Kosten, welche aus der Führung der Amtsanwaltsgeschäfte erwachsen, fallen in jedem Falle dem Staate zur Last. Die nach § 64 ernannten Amtsanwälte erhalten für ihre persönliche Mühewaltung und zur Deckung der sächlichen Kosten eine als Pauschquantum festzusetzende Entschädigung.

§ 66.

Im Falle der Verhinderung eines Beamten der Staatsanwaltschaft ist für Geschäfte, welche keinen Aufschub gestatten, nöthigenfalls von dem Vorstande des Gerichts ein Vertreter zu bestellen.

§ 67.

Mit der einstweiligen Wahrnehmung von Geschäften der Staatsanwaltschaft bei den Oberlandesgerichten und den Landgerichten können nur zum Richteramte befähigte Personen beauftragt werden.

§ 77.

Die Vorstände der Gerichte und der Staatsanwaltschaften sind nach näherer Bestimmung des Justizministers die Organe desselben bei den Geschäften der Justizverwaltung. Sie können bei Erledigung dieser Geschäfte die Mitwirkung der ihrer Aufsicht unterstellten Beamten in Anspruch nehmen.

§ 78.

Das Recht der Aufsicht steht zu:

1. dem Justizminister hinsichtlich sämmtlicher Gerichte und Staatsanwaltschaften;
4. dem Oberstaatsanwalt und dem Ersten Staatsanwalt hinsichtlich der Staatsanwaltschaften ihres Bezirks;
5. dem ersten Beamten der Staatsanwaltschaft bei dem Amtsgerichte hinsichtlich dieser Staatsanwaltschaft.

Das Recht der Aufsicht erstreckt sich auf alle bei den bezeichneten Behörden angestellten oder beschäftigten Beamten.

§ 80.

In dem Recht der Aufsicht liegt die Befugniß, gegenüber nicht richterlichen Beamten die ordnungswidrige Ausführung eines Amtsgeschäfts zu rügen und die Erledigung eines Amtsgeschäfts durch Ordnungsstrafen bis zum Gesammtbetrage von einhundert Mark zu erzwingen. Der Festsetzung einer Strafe muß die Androhung derselben vorausgehen.

§ 81.

Die im § 80 bezeichnete Befugniß steht ferner zu:

den Staatsanwaltschaften bei den Oberlandesgerichten und bei den Landgerichten hinsichtlich derjenigen Beamten des Polizei- und Sicherheitsdienstes, welche Hülfsbeamte der Staatsanwaltschaft sind, mit Ausnahme solcher Beamten, welche ihr Amt als Ehrenamt versehen.

§ 84.

Die Gerichte und die Staatsanwaltschaften sind verpflichtet, auf Verlangen der Aufsichtsbehörden über Angelegenheiten der Gesetzgebung und der Justizverwaltung Gutachten abzugeben.

§ 85.

Beschwerden, welche Angelegenheiten der Justizverwaltung, insbesondere den Geschäftsbetrieb und Verzögerungen betreffen, werden im Aufsichtswege erledigt.

§ 86.

Die Vertretung des Fiskus in bürgerlichen Rechtsstreitigkeiten, welche Angelegenheiten der Justizverwaltung betreffen, erfolgt durch die Bezirksregierung, in der Provinz Hannover durch die Finanzdirection.

Der erste Oktober 1879, mit welchem die neuen Justizgesetze in Kraft traten, bedeutet einen markanten Wendepunkt in dem gesammten deutschen Rechtsleben, der in seiner Wichtigkeit kaum übertroffen werden wird von dem 1. Januar 1900, an welchem ein einheitliches materielles bürgerliches Recht im ganzen deutschen Vaterlande Geltung erhalten soll. Nachdem das Reichsstrafgesetzbuch im Jahre 1871 bereits ein einheitliches materielles Strafrecht geschaffen, sicherte die Strafprozeßordnung und das Gerichtsverfassungsgesetz nunmehr auch dessen einheitliche formelle Anwendung, und die neue Gerichtsverfassung nebst der Civilprozeßordnung gaben zugleich die formelle Vorbedingung für die Ausarbeitung und Anwendbarkeit eines deutschen bürgerlichen Gesetzbuchs.

Auch die Staatsanwaltschaft, welche — wie wir gesehen haben — vorher in einigen deutschen Landen noch gar nicht bestand, in den anderen die verschiedensten Formen und Machtbefugnisse angewiesen erhalten hatte, wurde dadurch unter einen Hut gebracht.

Aber die neuen Justizgesetze waren vielfach das Resultat schwerer Kompromisse. Manche Forderung der Regierung blieb unerfüllt, aber auch mancher stille oder laute Wunsch derer, die unsere Justizgesetzgebung gern in ein ganz anderes Fahrwasser hinübergeleitet hätten. Und wie Alles, was nicht aus einem Gusse hervorgegangen ist, um so leichter Schwächen zeigen wird, so auch hier. Gleichwohl läßt sich die Bedeutung dieser Gesetzgebung nicht verkennen, und wenn man auch an ihren Pfeilern schon mächtig gerüttelt hat und noch immer rüttelt, wenn auch manche Aenderung sich nicht wird umgehen lassen, so werden doch die Grundfesten des Gebäudes sicherlich noch lange Jahre vorhalten.

Zu diesen Grundfesten gehört auch die Staatsanwaltschaft. Seit der Reorganisation ist sie nicht wesentlich von Aenderungen betroffen worden, und sie wird sich die ihr damals eingeräumte Stellung auch ferner zu erhalten wissen. Nur nach Einführung der neuen Gesetze ergab sich die Nothwendigkeit einer Menge von speziellen Vorschriften über die Handhabung des Dienstes, in Preußen verhältnißmäßig noch am wenigsten, da hier sehr einschneidende Veränderungen, abgesehen von der Uebertragung der Strafvollstreckung, nicht vorgenommen worden waren. Sie sollen hier nicht aufgezählt werden.

Nur eine, späteren Datums, mag hier wenigstens Erwähnung finden, diejenige, welche das Verhältniß der Ersten Staatsanwälte zu ihren Untergebenen regelte. Diese Charge war bisher in Preußen nur bei ganz wenigen Gerichten vorhanden gewesen, und auch bei diesen in anderer Bedeutung, als sie die neuen Gesetze schufen. Es ergaben sich daher Zweifel, Bedenken und verschiedene Arten der Praxis, bis der Justizminister durch eine Allgemeine Verfügung vom 5. April 1883 denselben ein Ende machte, indem er den inneren Dienst der Staatsanwaltschaften bei den Gerichten erster Instanz ganz detaillirten Vorschriften unterwarf und auf diese Weise auch ihren inneren Organismus fest fügte und die Befugnisse der Beamten unter einander abgrenzte.

So war denn das Institut der Staatsanwaltschaft nach außen, wie nach innen, von Neuem bestellt. Und da es in der Zwischenzeit wesentliche Modifikationen seiner Organisation und seiner Thätigkeit nicht mehr erlitten hat, so dürfte es wohl hier am Platze sein, noch einmal kurz einen generellen Blick auf die Funktionen zu werfen, die der Staatsanwaltschaft in Preußen nunmehr zustehen.

Der Schwerpunkt der Obliegenheiten des Staatsanwalts liegt nach wie vor im

1. Strafprozeß. In demselben fällt dem Staatsanwalt von Anfang bis zu Ende eine hervorragende Mitwirkung zu; ihm gebührt die Ermittelung und Verfolgung aller strafbaren Gesetzesübertretungen, mögen dieselben durch Anzeigen von Behörden oder Privaten oder auf irgend einem anderen Wege zu seiner Kenntniß

gelangt sein. Zur Feststellung des Thatbestandes bedient er sich der ihm zugewiesenen Hülfsbeamten (Polizei u. s. w.), des ersuchten Richters oder jedes anderen, ihm zustehenden Hülfsmittels. Hält er den Verdacht der Thäterschaft für genügend begründet, so erhebt er die öffentliche Klage, theils alsbald durch eine formelle Anklage, theils, wo es das Gesetz vorschreibt, oder er es zur weiteren Aufklärung für nothwendig erachtet, durch den Antrag auf gerichtliche Voruntersuchung. Demnächst hat er die Anklage vor Gericht im Verhandlungstermin zu vertreten und seine Strafanträge zu stellen. Ist ein Urtheil ergangen, so steht es ihm zu, innerhalb des gesetzlichen Rahmens Rechtsmittel, sowohl im Interesse des Staats, wie in demjenigen des Angeklagten, einzulegen und in der höheren Instanz — selbstverständlich vertreten durch den in der betreffenden Instanz kompetenten Staatsanwalt — durchzuführen. Auch sämmtliche im Strafprozeß vorkommenden Zustellungen und Ladungen fallen ihm zur Last.

Sobald eine Verurtheilung die Rechtskraft beschritten hat, liegt es dem Staatsanwalt ob, die Strafvollstreckung in die Wege zu leiten. Zu diesem Zwecke extrahirt er von dem Gerichtsschreiber eine mit dem Attest der Rechtskraft versehene Ausfertigung des Urtheilstenors. Alle ferneren, auf die Strafvollstreckung bezüglichen Verfügungen hat er selbständig zu erlassen. Ausgenommen von seiner Zuständigkeit ist indeß die Strafvollstreckung in allen Fällen, in denen das Amtsgericht in erster Instanz erkannt hat. Auch dem Amtsanwalt steht in solchen Sachen die Strafvollstreckung nicht zu, sondern dem Amtsrichter. Auch bei der Vollstreckung von Ordnungsstrafen, welche das Gericht gegen Angeklagte, Zeugen, Sachverständige oder sonst an Gerichtsstelle erschienene Personen, sowie gegen Vertheidiger verhängt, hat der Staatsanwalt nicht mitzuwirken; diese läßt vielmehr der Vorsitzende des betreffenden Gerichts unmittelbar vollstrecken.

Als mit der Strafvollstreckung in engster Verbindung stehend hat der Staatsanwalt auch die Angelegenheiten, betreffend den Strafaufschub, die Unterbrechung der Strafvollstreckung und die vorläufige Entlassung aus der Strafhaft zu bearbeiten, ebenso die Begnadigungssachen und neuerdings die durch die bedingte Begnadigung und durch das Verfahren, betreffend die Entschädigung der im Wiederaufnahmeverfahren freigesprochenen Personen, erwachsenden Geschäfte.

Damit ist seine Thätigkeit im Strafprozeß erschöpft. Ein weiteres Feld ist ihm eröffnet im

2. Disziplinarverfahren, jedoch nur gegen Justizbeamte. Während in Disziplinaruntersuchungen gegen nichtrichterliche Beamte und nach dem Gesetz vom 1. Dezember 1898 auch gegen richterliche Militärjustizbeamte die Verrichtungen der Staatsanwaltschaft durch Beamte wahrgenommen werden, welche für jeden einzelnen Fall von der Ressortbehörde hierzu ernannt werden, weisen das Gesetz vom 7. Mai 1851, das Gesetz vom 21. Juli 1852, die Rechtsanwaltsordnung vom 1. Juli 1878 und das Gesetz vom 9. April 1879 in Disziplinaruntersuchungen gegen Richter, Subalternbeamte der Justizverwaltung, Rechtsanwälte und Notare diese Verrichtungen der ständigen Staatsanwaltschaft des betreffenden Oberlandesgerichts zu. Die Mitwirkung des Oberstaatsanwalts in diesen Disziplinarverfahren ist ein nothwendiges Erforderniß; seine Funktionen bei Einleitung der Untersuchung, bei der mündlichen Verhandlung und bei der Einlegung von Rechtsmitteln ist ähnlich, wie im Strafprozeß; mit der Strafvollstreckung ist er nicht befaßt.

Nach der Civilprozeßordnung ist ferner in

3. Ehesachen die Staatsanwaltschaft zur Mitwirkung befugt. Der Staatsanwalt kann der Verhandlung vor dem erkennenden Gerichte sowie vor einem beauftragten oder ersuchten Richter beiwohnen. Er ist von allen Terminen von Amtswegen in Kenntniß zu setzen. Er kann sich über die zu erlassende Entscheidung gutachtlich äußern und, sofern es sich um die Aufrechterhaltung einer Ehe handelt, neue Thatsachen und Beweismittel vorbringen. Im Sitzungsprotokoll ist der Name des Staatsanwalts anzugeben, auch sind in dasselbe die von dem Staatsanwalte gestellten Anträge aufzunehmen. — Die auf Nichtigerklärung einer Ehe gerichtete Klage kann auch der Staatsanwalt erheben; er hat sie dann gegen beide Ehegatten zu richten. Auch kann er, wenn er die Klage nicht selbst erhoben hat, den Rechtsstreit betreiben, insbesondere selbständig Anträge stellen und Rechtsmittel einlegen.

Ebenso weist die Civilprozeßordnung dem Staatsanwalt einen Platz an in dem Verfahren in

4. Entmündigungssachen. Hier ist er neben allen gesetzlich berechtigten Privatpersonen zur Stellung des Antrags auf Entmündigung in allen Fällen, in denen das Entmündigungsverfahren wegen Geisteskrankheit oder Geistesschwäche zulässig ist, berechtigt.

Er kann jederzeit das Verfahren durch Stellung von Anträgen betreiben und den Terminen beiwohnen. Er ist von der Einleitung des Verfahrens, sowie von jeder Ueberweisung einer schwebenden Sache an ein anderes Gericht und von allen Terminen in Kenntniß zu setzen. Gegen jeden Beschluß, durch welchen die Unterbringung eines zu Entmündigenden in eine Heilanstalt angeordnet wird, steht ihm das Recht der sofortigen Beschwerde zu. Jeder über die Entmündigung zu erlassende Beschluß ist dem Staatsanwalte von Amtswegen zuzustellen. Gegen den Beschluß, durch welchen die Entmündigung abgelehnt wird, steht dem Staatsanwalte die sofortige Beschwerde zu.

Der die Entmündigung aussprechende Beschluß kann seitens der interessirten Personen im Wege der Klage binnen der Frist eines Monats angefochten werden. Diese, ausschließlich beim Landgericht zu führende Klage ist gegen den Staatsanwalt zu richten. Auch der Staatsanwalt kann diese Klage erheben; er hat sie dann gegen denjenigen gesetzlichen Vertreter des Entmündigten zu richten, welchem die Sorge für die Person zusteht.

In gleicher Weise kann der Staatsanwalt die Wiederaufhebung der Entmündigung beantragen.

In dem Entmündigungsverfahren wegen Verschwendung oder Trunksucht findet eine Mitwirkung der Staatsanwaltschaft nicht statt.

Hiermit sind die eigentlichen Funktionen der Staatsanwaltschaft, abgesehen von einer nicht nennenswerthen Wahrnehmung der Rechte der Staatskasse beim Ansatz der Gerichtskosten, erschöpft. Kompetenzen, die früher hier und da oder zeitweilig außerdem noch bestanden, sind erloschen. Im Departement Köln besteht freilich noch die Beaufsichtigung der Standesbeamten und Notare seitens der Staatsanwaltschaft. Ihre Tage dürften indessen gezählt sein.

Nur eine Anzahl Geschäfte der Justizverwaltung werden noch von ihr wahrgenommen, welche, als zur Zuständigkeit des Justizministers gehörend, ihr von diesem kraft § 77 des Ausführungsgesetzes zum Deutschen Gerichtsverfassungsgesetz vom 24. April 1878 übertragen sind. Dahin gehören:

5. die Verwaltung der Fonds bei den Justizbehörden, soweit dieselben dem Oberstaatsanwalt oder dem Ersten Staatsanwalt überwiesen sind, mithin insbesondere die Verfügung des

ersteren über die für einzelne Gefängnisse nach besonderen Kassenetats zahlbaren Fonds, soweit dieselben zu Besoldungen und Remunerationen der Gefängnißbeamten, ausschließlich der Direktoren, oder zur Gewährung von anderen festen Bezügen bestimmt sind, und die Verfügung des Ersten Staatsanwalts über diese Fonds, soweit sie nicht nach dem oben Gesagten dem Oberstaatsanwalt zusteht, ferner die Verfügung über die Fonds zur Bestreitung der Gefängnißverwaltungskosten, d. h. für Utensilien und Lagerbedürfnisse, Beköstigungs-, Bekleidungs-, Transport- behufs Dislokation der Gefangenen und sonstige Kosten und die Fonds zur Bestreitung der Miethsentschädigungen der Gefängnißbeamten, schließlich die Verfügung jeder selbständigen staatsanwaltschaftlichen Behörde über die Fonds zur Bestreitung der Auslagen in Strafsachen, an Porto und Auslagen für Postsendungen und Postbestellungen, Gebühren für telegraphische Korrespondenz, der Büreaubedürfnisse u. dgl. mehr.

6. Die Bearbeitung der Justiz-Bauangelegenheiten, soweit sie sich um Gefängnisse handelt, welche einen besonderen Etat haben, und zwar sowohl der eigentlichen Bausachen (alle Herstellungen, welche die Substanz der Gebäude, Lokalien und Grundstücke und deren Pertinenzstücke betreffen, als Neubauten, bauliche Einrichtungen, Aenderungen und Reparaturen), wie der nicht baulichen Ausstattung der Gebäude. Sind solche Bauten für Rechnung des etatsmäßigen Justizbaufonds auszuführen, so hat sie der Oberstaatsanwalt in gewissen Grenzen selbstständig anzuordnen; entstehen die Kosten jedoch für Bauten, für welche ein besonderer Etat nicht besteht, so gebührt die Anordnung den Vorstandsbeamten des Oberlandesgerichts gemeinsam. Für dringende, ein sofortiges Einschreiten heischende Fälle sind besondere Bestimmungen vorgesehen.

7. Die Theilnahme an den Prüfungen der Gerichtsschreiber und Gerichtsvollzieher, welche bei den von den Vorstandsbeamten des Oberlandesgerichts bestimmten Landgerichten vor einer aus Richtern und Staatsanwälten bestehenden Prüfungskommission abgehalten werden und sich nach Absolvirung der Vorbereitungszeit der Kandidaten und Einreichung vorgeschriebener schriftlicher Prüfungsarbeiten in der mündlichen Prüfung auf ganz bestimmte Gegenstände erstrecken.

8. Die Verpflichtung zu Mittheilungen über Einleitung und Ausfall von Untersuchungen, welche die Staatsanwaltschaft an die verschiedenartigsten Behörden zu erlassen hat, und die

ihrer großen Anzahl und Verschiedenheit wegen hier unmöglich aufgezählt werden können, und schließlich

9. die Gefängnißverwaltung. Soweit dieselbe nicht schon in Vorstehendem berührt worden, ist hier Folgendes zu erwähnen. Der Justizverwaltung unterliegen nur diejenigen Gefängnisse, welche nicht zum Ressort des Ministeriums des Innern gehören. Daß das mancherlei Unzuträglichkeiten mit sich bringen muß, liegt klar zu Tage, und es dürfte deshalb mit allen Mitteln anzustreben sein, die Verwaltung aller Gefängnisse in eine Hand zu bringen, am Besten wohl in die der Justiz, denn Wem die Verhaftung und die Strafvollstreckung obliegt, Dem kommt es auch zu, über den Verhafteten und den Bestraften zu wachen, Der muß auch verantwortlich dafür sein, daß sowohl die Untersuchungshaft wie die Strafhaft in den gesetzlichen Grenzen und Formen vollstreckt wird, und um hierzu im Stande zu sein, muß ihm die Verwaltung der Gefängnisse und überhaupt aller Strafanstalten zustehen. Vorläufig jedoch ist das noch nicht der Fall, und wir müssen mit den gegebenen Verhältnissen rechnen.

Soweit nun also die Gefängnisse zum Ressort der Justiz gehören, gebührt die obere Leitung der Verwaltung der sämmtlichen Gefängnisse einer Provinz nach dem Reglement vom 16. März 1881 dem Oberstaatsanwalt unter Aufsicht des Justizministers. Er hat demselben alljährlich einen Generalbericht über den Stand der Gefängnißverwaltung in dem Oberlandesgerichtsbezirke einzureichen. Dieser Bericht, welcher den Zeitraum eines Etatsjahres umfassen soll, muß alljährlich bis zum 15. August beim Ministerium eingehen. Er hat ferner die geeigneten allgemeinen Vorschriften über den Geschäftsbetrieb und die Ordnung in den Gefängnissen zu erlassen und im einzelnen Falle die erforderliche Abhülfe im Aufsichtswege oder auf erhobene Beschwerde zu treffen. Insbesondere ist ihm das Recht eingeräumt, die Verabreichung von Waffen (Seitengewehre) an die Beamten der Gefängnißverwaltung anzuordnen. Es bedarf ferner seiner Genehmigung, wenn ein Gefangener während der Strafverbüßung über mehr als die Hälfte seines Guthabens vom Arbeitsverdienste verfügen will. Seinem Ermessen unterliegt es endlich, in welcher Art die Dienstgeschäfte unter den Gefängnißbeamten zu vertheilen sind. Doch kann er die Bestimmung hierüber dem Gefängnißvorsteher übertragen.

Dieser, der „Gefängnißvorsteher" ist nur an den ganz großen

Gefängnissen (Berlin, Frankfurt a. M., Hannover, Glückstadt) ein besonderer Beamter. Im Uebrigen versieht seine Geschäfte an Orten, welche Sitz eines Landgerichts sind, der Erste Staatsanwalt, an anderen Orten Mangels anderweiter Bestimmung der aufsichtsführende Amtsrichter. Soweit hiernach der Erste Staatsanwalt als Gefängnißvorsteher in Betracht kommt, hat er die Verwaltung der Gefängnisse nach Maßgabe des Reglements und der besonderen Seitens des Ministers und des Oberstaatsanwalts erlassenen Verwaltungsvorschriften zu leiten; er hat namentlich auch darüber zu wachen, daß jeder Gefangene nach Maßgabe des Haftzwecks behandelt werde. Insbesondere ist er verpflichtet, einen Hauptschlüssel zu dem Gefängnisse in Verwahrung zu nehmen, wenigstens einmal in der Woche, zuweilen auch Nachts, das Gefängniß zu revidiren und sich der Revision der Kleider- und Wäschevorräthe zu unterziehen. Er hat über Verwahrung von Geldern, Werthpapieren und Kostbarkeiten, die dem eingelieferten Gefangenen abgenommen sind, Bestimmung zu treffen, die Vertheilung der Gefangenen zu kontrolliren, Gesuche und Beschwerden der Gefangenen entgegenzunehmen, und schließlich ist er für die rechtzeitige Entlassung derselben verantwortlich. Fernerhin hat er alle für Aufrechthaltung der Ruhe und Ordnung erforderlichen Anordnungen zu treffen, die Beschäftigung der Gefangenen zu bestimmen und zu überwachen, in gesundheitlicher Beziehung die nothwendigen Maßnahmen zu veranlassen und die Tagesordnung für das Gefängniß zu entwerfen, auch die Disziplinarstrafen zu verhängen.

Die sämmtlichen bei dem Gefängnisse angestellten Beamten sind seiner Aufsicht unterworfen. Geistliche, Aerzte und Lehrer bei den Gefängnissen sind in Beziehung auf die Hausordnung an seine Anordnungen gebunden.

Am Schlusse eines jeden Geschäftsjahres ist der Erste Staatsanwalt in seiner Eigenschaft als Gefängnißvorsteher verpflichtet, dem Oberstaatsanwalte einen den Zeitraum vom 1. April des Vorjahres bis zum 31. März des laufenden Jahres umfassenden Jahresbericht einzureichen und demselben von jedem wichtigen Vorgange, als Meuterei, Entweichung, Selbstmord, Versuch desselben, Ausbruch ansteckender Krankheiten, sowie von den in diesem Falle getroffenen Maßregeln sofort berichtliche Anzeige zu erstatten. — —

Die vorstehende Darstellung dürfte die gesammte Amtshätigkeit der Staatsanwaltschaft, wie sie sich bis heute gestaltet hat, wiedergeben. Man sieht, sie ist nicht so einseitig und eng begrenzt, wie man gewöhnlich im Publikum anzunehmen geneigt ist. Andererseits muß es ohne Weiteres in die Augen springen, wie weit sie sich allmählich von ihrem französischen Vorbild entfernt hat, wie wenig von jener hehren Auffassung, die den Staatsanwalt als den idealen Wächter der Gesetze, als den Ueberwacher des ganzen Thuns und Lassens der Gerichte, als den erhabenen Hort der Gerechtigkeit hinstellte, übrig geblieben ist. Die Staatsanwaltschaft ist eine Arbeitsbehörde geworden, wie alle anderen; sie ist fest eingefügt in den regelrechten Gang einer prompten Justiz; sie ist ein Rad in dem ungeheueren Betriebe des modernen Staatslebens, freilich ein wichtiges und unentbehrliches Rad, aber doch ein Rad, ein Maschinentheil. Und doch fehlt ihr nicht das Ideale, fehlt ihr nicht die Möglichkeit, sich über das Alltägliche zu erheben. Indeß davon später. Hier soll vorläufig noch erörtert werden, in welcher Weise sich in jenen Jahren die materiellen Bedingungen der Staatsanwaltschaft, oder vielmehr ihrer Beamten, entwickelt und gestaltet haben.

Wir haben gesehen, mit welchen Diensteinkünften ihrer Beamten die Staatsanwaltschaft seiner Zeit in's Leben gerufen wurde. Sie waren unzureichend. Aber erst ganz allmählich erfolgten ihre Aufbesserungen. So brachte das Jahr 1872 nachstehende Gehaltserhöhungen:

		früher Thlr.	demnächst Thlr.
Oberstaatsanwalt beim Obertribunal		2200—3000	2500—3300
" " Kammergericht		2000	2200
" bei den Apellationsgerichten in den alten Landestheilen		1400—1800	1600—2000
Erster Staatsanwalt in Berlin		1500	1700
Uebrige Staatsanwälte in Berlin		800—1000	900—1200
Staatsanwaltsgehülfen in Berlin		700	800
Staatsanwälte bei den übrigen Stadtgerichten	der alten Landestheile	1300	1500
Staatsanwaltsgehülfen bei den übrigen Stadtgerichten	der alten Landestheile	700	700
Staatsanwälte bei den übrigen Kreisgerichten	der alten Landestheile	800—900	700—1400
Staatsanwaltsgehülfen bei den übrigen Kreisgerichten	der alten Landestheile	600—700	600—700

	früher Thlr.	demnächst Thlr.
Generalprokurator bei dem Appellationsgerichtshof Cöln	3200	3500
Generaladvokaten bei dem Appellationsgerichtshof Cöln	1500—2000	1700—2300
Staatsprokuratoren bei dem Appellationsgerichtshof Cöln	1000—1200	1100—1400
Kronoberanwalt im Bezirk Celle . .	2500	2800
Die in diesem Bezirk als Kronanwälte fungirenden Richter erhielten während der Dauer dieser Funktion Zulagen zu ihren Richtergehältern.		
Oberstaatsanwälte bei den Appellationsgerichten der sonstigen neuen Landestheile	1500—1800	1700—2000
Staatsanwälte und Staatsanwaltsgehülfen bei den Gerichten erster Instanz in den neuen Landestheilen exkl. Hannover	600—1000	700 1400

Die Uebersicht ist noch sehr buntscheckig, wie es die so sehr verschiedenen bisherigen Verhältnisse mit sich brachten. Auch war noch wenig Gewicht darauf gelegt, die Gehälter der Beamten der Staatsanwaltschaft mit denen der Richter in Einklang zu bringen.

Eine weitere Aufbesserung der Einkommensbezüge, bei welcher diese Ungleichheit nicht hervortrat, erfolgte bald darauf durch das Gesetz vom 12. Mai 1873, welches den unmittelbaren Staatsbeamten, welche eine etatsmäßige Stelle bekleiden und ihre Besoldung aus der Staatskasse beziehen, vom 1. Januar 1873 ab einen mit dem Durchschnittssatz pensionsberechtigten Wohnungsgeldzuschuß nach Maßgabe des dem Gesetze beigefügten Tarifs gewährte. Soweit dieser Tarif für die Staatsanwaltschaft in Betracht kommt, gewährt er

den Staatsbeamten	in der Servisklasse Berlin	I	II	III	IV	V	
II. u. III. Rangklasse	400	300	240	200	180	180	Thlr. jährlichen
IV. u. V. „	300	220	180	160	140	120	Wohnungsgeldzuschuß.

Nachdem die Reorganisation der Gerichte durch die große Gesetzgebung des Jahres 1877 durchgeführt war, wurden auch die Gehälter der Justizbeamten neu geregelt. Bei der Staatsanwaltschaft bedeutete dies nachstehende Erhöhungen:

	Mk.
Oberstaatsanwälte (in Abstufungen von 600 Mk.) .	7500—9000
Erster Staatsanwalt bei dem Landgericht in Berlin I	7500
Erste Staatsanwälte bei den anderen Landgerichten (in Abstufungen von 600 Mk.)	4800—6600
Staatsanwälte bei den Landgerichten (in Abstufungen von 300 Mk.)	2400—4800

Während die übrigen Chargen der Staatsanwaltschaft in ihren Bezügen dem entsprechenden Grade der Richterschaft gleichgestellt wurden, blieb der Staatsanwalt erster Instanz bei einem Maximum von 4800 Mk. stehen, während das Maximalgehalt des Richters erster Instanz 6000 Mk. betrug. Die Regierung hatte es anders beabsichtigt. Sie hatte, wie es der Gerechtigkeit entsprach, das Maximalgehalt der Richter und der Staatsanwälte in gleicher Weise auf 6000 Mk. normirt. Aber die Volksvertretung verstand es besser. Der Staatsanwalt durfte dem Richter nicht gleichgestellt werden. Er hatte ja bessere Avancementsaussichten. Es war anzunehmen, daß er im Allgemeinen weit früher zum Ersten Staatsanwalt befördert werde, als der Richter zum Landgerichtsdirektor oder zum Richter zweiter Instanz. Deshalb mußte der Abstrich vorgenommen werden.

Diese ungerechte Ungleichmäßigkeit hat bestanden bis zum Jahre 1897. Dann endlich regelte die Allgemeine Verfügung vom 4. Juni 1897 die Gehälter für die Richter und die höheren Beamten der Staatsanwaltschaft, wie folgt:

Zur Ausführung des Gesetzes, betreffend die Regelung der Richtergehälter vom 31. Mai 1897 und des Etats der Justizverwaltung für 1897/98 wird hinsichtlich der in diesem Gesetze bezeichneten Richter und höheren Beamten der Staatsanwaltschaft Folgendes bestimmt:

1. Nachdem durch § 1 des bezeichneten Gesetzes für die dort benannten richterlichen Beamten das System der Dienstalterszulagen eingeführt ist, werden vom 1. April d. J. ab auch die Gehälter

der Oberstaatsanwälte und des Ersten Staatsanwaltes bei dem Landgericht I in Berlin, sowie der Ersten Staatsanwälte bei den übrigen Landgerichten nach diesem System geregelt.

Die Festsetzung des Dienstalters und die Bemessung der Gehälter der bezeichneten Beamten erfolgt nach den Grundsätzen der §§ 2, 4, 5 und 6 Abs. 1 des Gesetzes vom 31. Mai d. J.

2. Für die Regelung der Gehälter der im § 1 des Gesetzes bezeichneten Richter, sowie der Oberstaatsanwälte und Ersten Staatsanwälte sind die in der nachstehenden Nachweisung ersichtlich gemachten Gehaltsklassen und Dienstaltersstufen maßgebend.

3. Die den Beamten hiernach künftig zu gewährenden Gehaltszulagen werden für die Oberstaatsanwälte von dem Justizminister verliehen, während sie

für die im § 1 des Gesetzes bezeichneten Richter von den Oberlandesgerichtspräsidenten,

für die Ersten Staatsanwälte von den Oberstaatsanwälten

zu verleihen und zahlbar zu machen sind.

4. Den Ersten Staatsanwälten ist eine Gehaltszulage nicht zu verleihen, so lange ein Disciplinarverfahren oder wegen eines Verbrechens oder Vergehens ein Hauptverfahren oder eine Voruntersuchung schwebt. Führt das Verfahren zum Verluste des Amts, so findet eine Nachzahlung des zurückbehaltenen Mehrgehalts nicht statt.

Die Entscheidung darüber, ob in anderen Fällen die Verleihung einer Gehaltszulage an die bezeichneten Beamten auszusetzen ist, bleibt dem Justizminister vorbehalten.

5. Trifft bezüglich eines richterlichen Beamten der Fall des § 7 Abs. 2 des Gesetzes oder bezüglich eines Ersten Staatsanwalts der Fall der Nr. 4 Abs. 1 dieser Verfügung ein, so ist dies dem Justizminister anzuzeigen.

Die spätere Gewährung einer vorenthaltenen Gehaltszulage erfolgt in allen Fällen nur auf Anordnung des Justizministers.

6. Künftig wegfallende Beträge, welche einzelne Beamte als Ersatz für frühere Dienstbezüge erhalten, sind auf die zu gewährenden Gehaltszulagen in Anrechnung zu bringen.

7. Bezüglich der am 31. März d. J. in etatsmäßigen Stellen befindlichen Beamten wird den Oberlandesgerichts-

Präsidenten und den Oberstaatsanwälten je eine das Besoldungsdienstalter der betreffenden Beamten und das denselben zu gewährende Gehalt ersichtlich machende Nachweisung zugehen. In Ansehung der vom 1. April d. J. ab bis jetzt zur Anstellung gekommenen oder aus einem Oberlandesgerichtsbezirk in einen anderen versetzten Beamten wird das Besoldungsdienstalter und das neue Gehalt den Oberlandesgerichtspräsidenten und den Oberstaatsanwälten besonders mitgetheilt werden.

8. Für Oberstaatsanwälte und Erste Staatsanwälte, welche nach dem für die Gewährung einer Gehaltszulage maßgebenden Zeitpunkt (Nr. 1) aber vor Verleihung der Zulage gestorben oder in den Ruhestand getreten sind, ist die entsprechende Zulage nachträglich zu gewähren. Der erhöhte Gehaltssatz ist bei Festsetzung der Pension, des Witwen- und Waisengeldes und der Gnadenkompetenzen zu Grunde zu legen.

9. Wegen Erhöhung der Pension für diejenigen Neamten, deren Pensionirung von einem späteren Termine, als dem 1. April d. J. ab, bereits erfolgt ist, ist in jedem einzelnen Fall zu berichten.

10. Behufs Einstellung der Gehälter für die hier fraglichen Beamten in die künftigen Etats sind die am 1. Oktober jedes Jahres zahlbaren Beträge gleichzeitig mit den übrigen nach dem System der Dienstalterszulagen zahlbaren Gehältern hierhin anzuzeigen.

11. Die Gehälter der Landrichter und Amtsrichter, sowie der Staatsanwälte betragen 3000 bis 6600 M., im Durchschnitt 4800 M., in Abstufungen von 600 M.

12. Die Gehaltsregelung für die Staatsanwälte erfolgt unter entsprechender Anwendung der §§ 3, 5 und 6 des Gesetzes vom 31. Mai d. J.

13. Auf die Landrichter, Amtsrichter und Staatsanwälte finden die Bestimmungen unter Nr. 5 Abs. 1 und Nr. 9, auf die Staatsanwälte auch die Bestimmungen unter Nr. 4 und 8 Anwendung.

14. Die Bewilligung der Gehaltszulagen erfolgt durch den Justizminister.

Dieser allgemeinen Verfügung war die nachfolgende Tabelle beigefügt:

Gehaltssätze gegenwärtig M	Gehaltssätze künftig M		Die Beamten sollen beziehen in der Stufe 1. M	2. M	3. M	4. M	5. M	Die Beamten sollen bleiben in der Stufe Jahre 1.	2.	3.	4.	5.
7500—9900	7500—11000	Senatspräsidenten bei den Oberlandesgerichten .	7500	8400	9300	10 200	11 000	3	3	3	3	Rest der Dienstjahre.
								12				
8700	9250	Oberstaatsanwälte.										
		Landgerichtspräsidenten.										
		Erster Staatsanwalt beim Landgericht I Berlin.										
4800—6600	5400—7200	Oberlandesgerichtsräthe	5400	6000	6600	7 200	—	3	3	3	Rest der Dienstjahre.	
								9				
5700	6300	Landgerichtsdirektoren.										
		Erste Staatsanwälte.										

Der Präsident beim Landgericht Berlin I bezieht einen Einzelgehalt von 11000 Mk.

Auch in den Pensionsverhältnissen trat mit der Zeit eine Besserung ein. Während noch das Pensionsgesetz vom 27. März 1872 nach zurückgelegtem 15. Dienstjahre eine Pension von $^{25}/_{80}$ des pensionsberechtigten Diensteinkommens gewährte und mit jedem Jahre $^{1}/_{80}$ aufsteigend nach 50 Jahren eine Pension von $^{60}/_{80}$, bestimmte das Pensionsgesetz vom 31. März 1882, daß die Pensionsberechtigung schon mit dem Ablauf von 10 Dienstjahren eintreten, und die Pension dann $^{15}/_{60}$ des pensionsberechtigten Diensteinkommens betragen, daß sie dann mit jedem weiteren Dienstjahre um $^{1}/_{60}$ wachsen und demgemäß den Höchstbetrag von $^{3}/_{4}$ des Diensteinkommens bereits mit dem Ablauf des vierzigsten Dienstjahres erreichen solle.

In gleicher Weise wurden die Umzugskosten auf eine den Zeitverhältnissen entsprechende Höhe gebracht. Das Gesetz vom 24. Februar 1877 verwilligte für Staatsbeamte:

	Allgemeine Kosten:	Transportkosten für je 10 Kilometer:
II. und III. Rangklasse	1000 Mark	20 Mark
IV. „	500 „	10 „
V. „	300 „	8 „

Die Reisekosten waren Anfangs sehr mäßig bemessen. Es erhielten nach dem Erlaß vom 10. Juni 1848:

1. die Oberstaatsanwälte und deren Gehülfen in den bei den Appellationsgerichten anhängigen Sachen die Sätze für Obergerichtsräthe und Assessoren bei den Obergerichten,
2. die Staatsanwälte bei den Kreisgerichten die Sätze für die Kreisgerichtsräthe,
3. die Staatsanwaltsgehülfen die Sätze für die Untergerichtsassessoren.

Demgemäß waren zu liquidiren:

	An Tagegeldern:	An Fuhrkosten pro Meile: Auf Eisenbahnen oder Dampfschiffen: (außer den Nebenkosten)	An Fuhrkosten pro Meile: Auf Landwegen:
ad 1.	$2^1/_2$ Thlr.	10 Sgr.	1 Thlr.
ad 2.	2 „	10 „	1 „
ad 3.	2 „	7 „ 6 Pf.	15 Sgr.

Die Verordnung vom 15. April 1876 bewilligte für die Beamten der

Rangklasse:	An Tagegeldern:	An Fuhrkosten pro Meile: Auf Eisenbahnen oder Dampfschiffen: (neben je 3 Mk. Zu- und Abgangskosten)	An Fuhrkosten pro Meile: Auf Landwegen:
II. u. III.	18 Mk.	13 Pf.	60 Pf.
IV. u. V.	12 Mk.		

Schließlich schrieb in Ansehung der Reisekosten das Gesetz vom 21. Juni 1897 Folgendes vor: Es erhalten bei Dienstreisen die Beamten Tagegelder:

II. und III. Rangklasse: 22 Mk.
IV. und V. " 15 Mk.

und an Reisekosten bei Dienstreisen, welche auf Eisenbahnen oder Dampfschiffen gemacht werden,

beide Kategorien von Beamten pro Kilometer 9 Pf. und für jeden Zu- und Abgang 3 Mk.;

bei Dienstreisen, welche nicht auf Eisenbahnen oder Dampfschiffen zurückgelegt werden können,

beide Kategorien von Beamten 60 Pf. für das Kilometer.

Waren die Diensteinkünfte der Staatsanwälte in dieser Weise auf ein, wenn auch bescheidenes, so doch auskömmliches Niveau gebracht, so ließ es sich die Regierung auch angelegen sein, für die Hinterbliebenen ihrer Beamten, also auch der Staatsanwälte, in ausreichenderer Weise zu sorgen.

Schon das Gesetz vom 6. Februar 1881, welches festsetzte, daß den unmittelbaren Staatsbeamten, welche eine etatsmäßige Stelle bekleiden, ihre Besoldung aus der Staatskasse vierteljährlich im Voraus zu zahlen sei, bestimmte ferner in Ansehung der Hinterbliebenen dieser Beamten, daß dieselben für das auf den Sterbemonat folgende Vierteljahr noch die volle Besoldung des Verstorbenen (Gnadenquartal) nach Maßgabe der Kabinetsordre vom 15. November 1819 auch dann erhalten sollen, wenn der Beamte nicht in kollegialischen Verhältnissen gestanden hat.

Demnächst regelte das Gesetz vom 20. Mai 1882 die Fürsorge für die Witwen und Waisen der unmittelbaren Staatsbeamten, welche Diensteinkommen oder Wartegeld aus der Staatskasse beziehen, und welchen beim Eintritt der Voraussetzungen der Versetzung in den Ruhestand nach Erfüllung der erforderlichen Dienstzeit Pension aus der Staatskasse gebühren würde, sowie der in den Ruhestand versetzten unmittelbaren Staatsbeamten, welche kraft gesetzlichen Anspruchs oder auf Grund des § 7 des Pensionsgesetzes vom 27. März 1872 lebenslängliche Pension aus der Staatskasse beziehen, dahin, daß es ihnen die Verpflichtung auferlegte, Witwen- und Waisengeldbeiträge in Höhe von 3 Prozent des pensionsfähigen Diensteinkommens, des Wartegelds oder der Pension zur Staatskasse zu entrichten, und dafür folgende Wohlthaten in Gestalt von Witwen- oder Waisengeldern gewährte:

Das Witwengeld besteht in dem dritten Theile derjenigen Pension, zu welcher der Verstorbene berechtigt gewesen sein würde, wenn er am Todestage in den Ruhestand versetzt wäre.

Das Witwengeld soll jedoch, vorbehaltlich der Beschränkung, daß Witwen- und Waisengeld weder einzeln noch zusammen den Betrag der vorgedachten Pension übersteigen dürfen, mindestens 160 Mk. betragen und 1600 Mk. nicht übersteigen.

Das Waisengeld beträgt bis zum vollendeten 18. Lebensjahre:

1. für Kinder, deren Mutter lebt und zur Zeit des Todes des Beamten zum Bezuge von Witwengeld berechtigt war, ein Fünftel des Witwengeldes für jedes Kind,
2. für Kinder, deren Mutter nicht mehr lebt oder zur Zeit des Todes des Beamten zum Bezuge von Witwengeld nicht berechtigt war, ein Drittel des Witwengeldes für jedes Kind.

Die größte Freude aber erlebten die Beamten, als ihnen durch Gesetz vom 28. März 1888 die Witwen- und Waisengeldbeiträge, welche auf Grund des eben behandelten Gesetzes vom 20. Mai 1882 zu entrichten waren, unbeschadet des an diese Verpflichtnng geknüpften Anspruchs auf Witwen- und Waisengeld, gänzlich erlassen wurden.

Die Rang- und Titelverhältnisse der Staatsanwaltschaft haben manche Wandlung erfahren; sie haben sich immer einigermaßen an die der Richter angelehnt, sind ihnen aber leider nicht immer gefolgt. Namentlich in Betreff der Richter I. Instanz kamen zahlreiche Veränderungen vor. Nachdem bereits die Erlasse vom 19. März 1850 und 20. März 1872 den Gegenstand geregelt hatten, bestimmte der Allerhöchste Erlaß vom 12. Juni 1874 in Abänderung der eben genannten Erlasse, daß fortan den Richtern erster Instanz bis zu drei Viertel der Gesammtheit in der Monarchie ein höherer Amtscharakter durch die Verleihung des Rathstitels verliehen werden könne.

Demnächst bestimmte der Allerhöchste Erlaß vom 11. August 1879, betreffend die Rangverhältnisse der richterlichen Beamten und der Beamten der Staatsanwaltschaft bei den mit dem 1. Oktober 1879 in's Leben tretenden Gerichtsbehörden, was folgt:

1; die Präsidenten der Oberlandesgerichte gehören zur zweiten Rangklasse der höheren Provinzialbeamten,

2; die Senatspräsidenten der Oberlandesgerichte, die Landgerichtspräsidenten und die Oberstaatsanwälte gehören zur dritten Rangklasse der höheren Provinzialbeamten,

3; die Oberlandesgerichtsräthe, die Landgerichtsdirectoren und die Ersten Staatsanwälte gehören zur vierten Rangklasse der höheren Provinzialbeamten,

4; die Landrichter, die Amtsrichter und die Staatsanwälte gehören zur fünften Rangklasse der höheren Provinzialbeamten. Einem Theile der Landrichter und Amtsrichter kann durch die Ernennung zum Landgerichtsrath oder zum Amtsgerichtsrath persönlich ein höherer Amtscharakter mit dem Range der Räthe vierter Klasse verliehen werden. Diese Verleihung soll jedoch nicht über ein Drittheil der Gesammtzahl umfassen und nur an solche Richter erfolgen, welche mindestens ein zwölfjähriges richterliches Dienstalter erreicht haben.

Auch hier also begegnen wir schon wieder der ungleichmäßigen Behandlung der Richter und der Staatsanwälte erster Instanz. Während die Ersteren bis zu einem Drittel den Rathstitel und den Rang der Räthe vierter Klasse erreichen konnten, sollten die Letzteren von dieser Auszeichnung ausgeschlossen bleiben.

Der Allerhöchste Erlaß vom 21. November 1888 ordnete an, daß die Verleihung eines höheren Amtscharakters mit dem Rang der Räthe vierter Klasse durch die Ernennung zum Landgerichtsrath oder zum Amtsgerichtsrath die Hälfte der Gesammtzahl der Landrichter und Amtsrichter umfassen dürfe.

Dagegen war von der Staatsanwaltschaft noch immer nicht die Rede. Erst ein Jahr später ging man dazu über, analog den Landgerichtsräthen und Amtsgerichtsräthen den Statsanwälten den Rang IV. Klasse der höheren Provinzialbeamten zu verleihen. Dies geschah indessen lediglich durch die Rangerhöhung, ohne die Verleihung eines besonderen Titels, sodaß die Rangerhöhung nach außen hin unbemerkbar war.

Erst dem Allerhöchsten Erlaß vom 27. Januar 1898, betreffend die Rang- und Titelverhältnisse einzelner Beamtenklassen, war es vorbehalten, hierin Wandel zu schaffen. Er hatte folgenden Inhalt:

Auf den Bericht des Staatsministeriums vom 5. d. M. bestimme Ich, was folgt:

I. 1. Die Ziffer 4 des Allerhöchsten Erlasses vom 11. August 1879 erhält die nachstehende Fassung:

4. Die Landrichter, die Amtsrichter und die Staatsanwälte gehören zur fünften Rangklasse der höheren Provinzialbeamten.

Ein Theil der Landrichter, Amtsrichter und Staatsanwälte, jedoch nicht über die Hälfte der Gesammtzahl, kann, sofern sie mindestens ein zwölfjähriges richterliches Dienstalter (§ 3 des Gesetzes, betreffend die Regelung der Richtergehälter, vom 31. Mai 1897) erreicht haben, Mir zur Beförderung zum Landgerichtsrath, Amtsgerichtsrath oder Staatsanwaltschaftsrath vorgeschlagen werden.

Die Landgerichtsräthe, Amtsgerichtsräthe und Staatsanwaltschaftsräthe gehören zur vierten Rangklasse der höheren Provinzialbeamten. Im Falle ihrer Beförderung zu Oberlandesgerichtsräthen, Landgerichtsdirektoren oder Ersten Staatsanwälten bestimmt sich ihr Rang-Dienstalter in der neuen Stelle nach dem Tage ihrer Ernennung zum Landgerichtsrath, Amtsgerichtsrath oder Staatsanwaltschaftsrath.

2. Mein Erlaß vom 21. November 1888 wird aufgehoben.

3. Von dem Tage der Verkündigung dieses Erlasses ab gehören die Landrichter, Amtsrichter und Staatsanwälte, denen früher persönlich der Rang der Räthe vierter Klasse verliehen worden ist, die letzteren mit dem Charakter als Staatsanwaltschaftsrath, gleichfalls zur vierten Rangklasse der höheren Provinzialbeamten. Ihre Reihenfolge in dieser Rangklasse bestimmt sich nach dem Datum der früheren Rangverleihung, bei gleichem Datum der Verleihung nach dem richterlichen Dienstalter.

Das Staatsministerium hat hiernach das Weitere zu veranlassen.

Berlin, Schloß, den 27. Januar 1898.

gez. Wilhelm.

Diesem Allerhöchsten Erlaß folgte die nachstehende:

Verfügung des Justizministers.

Vorstehender Auszug aus dem am gestrigen Tage in der Gesetzsammlung verkündeten Allerhöchsten Erlasse vom 27. Januar d. J. wird mit dem Bemerken zur Kenntniß der Justizbehörden gebracht, daß hiernach den Landgerichtsräthen, Amtsgerichtsräthen und Staatsanwaltschaftsräthen der Rang der Räthe vierter Klasse der höheren Provinzialbeamten (§ 5 Abs. 1 der Verordnung vom 7. Februar 1817) fortan als Stellenrang zusteht.

Demgemäß erhalten dieselben bei Versetzungen die Vergütung für Umzugskosten nach den Sätzen des § 1 Ziffer III des Gesetzes vom 24. Februar 1877.

Die das Dienstalter betreffenden Bestimmungen des Gerichtsverfassungsgesetzes (§§ 63, 65, 121, 199) und des Ausführungsgesetzes zu diesem (§ 90), sowie die Vorschriften über das Besoldungsdienstalter (§§ 2, 6 Abs. 1 des Gesetzes vom 31. Mai 1897) werden durch den Allerhöchsten Erlaß nicht berührt.

Berlin, den 28. Januar 1898.

Der Justizminister.

So hatten denn endlich die Staatsanwälte eine völlige Gleichstellung mit den Richtern errungen, nicht nur im Gehalt, sondern auch im Rang und in dem Rathstitel. Die Schönheit des letzteren wird zwar ihre Begeisterung kaum wachgerufen haben, aber sie werden die Sache höher stellen, als die Form, und da muß es ihnen eine sehr große Genugthuung bereitet haben, daß eine deprimirende Ungerechtigkeit, die lediglich in Folge des Lärmens einiger Besserwisser nahezu zwanzig Jahre auf ihrer Stellung gelastet hatte, endlich von derselben genommen wurde.

Mit Titeln hat die Staatsanwaltschaft überhaupt niemals sonderliches Glück gehabt. Zwar der Titel „Staatsanwalt" und auch der „Oberstaatsanwalt", den ehemaligen „Generalstaatsanwalt" nicht zu vergessen, das sind Titel, die wohl zu den wohlklingendsten gehören, die unser Staatswesen überhaupt aufzuweisen hat; und sie lassen auch durch die Kraft ihres Klanges vermuthen, daß die Stellung, die sie bezeichnen sollen, eine kraftvolle, verantwortungsreiche und hochangesehene ist. Aber schon der „Staatsanwaltsgehülfe" einer verflossenen Zeit war ein greulicher Titel; man sagte damals spottweise, daß er allzusehr an „Scharfrichtergehülfe" erinnere, und er wurde nur dadurch erträglich, daß er weder in der Amtssprache (wenn es irgend angängig war), noch im gesellschaftlichen Umgang angewendet wurde. — Ganz so schlimm steht es mit dem „Ersten Staatsanwalt" nicht, allein eine recht freudige Aufnahme und Eingewöhnung hat auch er wegen seines harten Klangs und seiner Schwerfälligkeit nicht erlebt. Die Regierung hatte zur Zeit seiner Einführung bei der Reorganisation bessere Absichten. Sie wollte den jetzigen Ersten Staatsanwälten den Titel „Oberstaatsanwalt" und den jetzigen Oberstaatsanwälten den Titel „Generalstaatsanwalt" verleihen. Aber dieselben Besserwisser, die Herren Lasker und Genossen, schrieen auch hier Mordio. Sie liebten die Staatsanwaltschaft nicht und wachten ängstlich darüber, daß ihr nicht zu viel Ehre angethan werde. So wurde denn der unschöne „Erste Staatsanwalt" geboren.

Und der neue Titel, der „Staatsanwaltschaftsrath"? Die gute Absicht verdient Anerkennung, aber es ist kaum anzunehmen, daß er sich im persönlichen Leben einbürgern wird, dieser Rathstitel mit den sechs „a". Bis jetzt wenigstens begegnet man überall, wo er ausgesprochen wird, auch einem Lächeln.

Wie sehr in jüngeren Jahren die Regierung bemüht ist, Versäumtes nachzuholen und hervorragend wichtige Stellungen in der Staatsanwaltschaft auch die ihnen gebührende Stellung im Staatsorganismus anzuweisen, das möge aus dem Allerhöchsten Erlaß vom 19. März 1894 erhellen, den wir zum Schluß dieses Kapitels hierhersetzen, und der, wenn auch nicht die ganze Preußische Staatsanwaltschaft, so doch ihre bedeutendste Behörde angeht:

„Auf den Bericht des Staatsministeriums vom 15. März 1894 will ich, in Abänderung des Allerhöchsten Erlasses vom 11. August 1879 dem Ersten Staatsanwalt bei dem Landgericht I in Berlin vom 1. April d. J. ab den Rang der III. Klasse der höheren Provinzialbeamten und den Charakter als Oberstaatsanwalt verleihen.

Demnächst rangirte, wie wir schon gesehen haben, dieser neue Oberstaatsanwalt auch in die Kompetenzen und Dienstalterverhältnisse der übrigen Oberstaatsanwälte ein.

1899.*)

Ein halbes Jahrhundert ist dahin gegangen, seitdem die Preußische Staatsanwaltschaft ihre Wirksamkeit begonnen hat; ein Zeitraum, lang genug, um einem solchen Institut die mannigfachsten Wandlungen zu bringen, und doch wieder nur eine kurze Spanne Zeit in der Rechtsentwicklung eines Volkes; jedenfalls ein Abschnitt in der Zeitrechnung, dem man eine gewisse festliche Bedeutung beizulegen pflegt, und bei dessen Eintritt man geneigt ist, die Vergangenheit noch einmal zu überblicken und den durch sie hervorgebrachten Zustand der Dinge zu prüfen und zu beurtheilen.

Das ist der Anlaß zu der vorliegenden kleinen Geschichtsstudie gewesen. Das ist aber auch der Grund, weßhalb ich nicht die bloßen geschichtlichen Daten rekapitulirt haben, sondern ihnen noch ein paar kritische Worte mit auf den Weg geben möchte, und das um so mehr, als wohl kaum jemals eine Institution bestanden hat, welche so, wie die Staatsanwaltschaft, von der einen Seite in den Himmel gehoben, von der anderen geschmäht und angefeindet worden ist. Berufene und Unberufene haben ihre Stimme zu ihren Gunsten und zu ihren Ungunsten erhoben, manches beherzigenswerthe und manches thörichte Wort ist gesprochen worden, mancher Streit ist ausgefochten, mancher unentschieden geblieben.

Im Allgemeinen sind die Feinde der Staatsanwaltschaft wohl zahlreicher auf dem Plane erschienen, als ihre Vertheidiger. Nun — viel Feind', viel Ehr'! Das Sprichwort ist alt und gut; doch soll es keine billige Abfindung bedeuten. Wenn ich mich als einen Freund der Staatsanwaltschaft bekenne, so will ich es deßhalb nicht von der Hand weisen, die Einwürfe der Gegner einer sachgemäßen Prüfung zu unterziehen — sine ira et studio! Meine Schuld

---

*) Zu diesem Abschnitt sind amtliche Quellen nicht benutzt.

wird es nicht sein, wenn es sich trotzdem ergeben sollte, daß Manches, was die Gegner vorbringen, auf Böswilligkeit, Vieles auf Unverständniß beruht und nur deßhalb aufrecht erhalten werden kann, weil solchem Vorbringen nicht von authentischer Seite widersprochen wird. Wie es im Innern der Staatsanwaltschaft aussieht, das kann nur Der beurtheilen, der ihr angehört oder angehört hat. Die Mitglieder der Behörde aber scheuen sich, solchen Anfeindungen mit Richtigstellungen entgegenzutreten. Und sie haben ganz Recht: die Würde ihres Amtes und ihre eigene Vornehmheit der Gesinnung müssen es ihnen verbieten.

Wir haben gesehen, wie das Institut der Staatsanwaltschaft aus Frankreich auf dem Wege durch die Rheinlande zu uns gekommen ist, und wie das Gebiet seiner Thätigkeit auf diesem Wege bis zur Unerkennbarkeit des Originals zusammengeschrumpft ist. Man wird darüber streiten können, ob das Letztere für unsere Verhältnisse einen Vortheil oder einen Nachtheil zu bedeuten hat. So viel ist ja wohl sicher, daß die französische Auffassung des Staatsanwalts als eines berufenen Wächters der Gesetze, als einer Aufsichtsbehörde, die kraft einer von der höchsten Justizverwaltungsspitze direkt abgeleiteten Vollmacht das gesammte Justizwesen zu überwachen hat, von ungleich edleren und höheren Gesichtspunkten eingegeben ist, als unsere nüchternen, lediglich dem praktischen Bedürfniß Rechnung tragenden Einrichtungen. Auch wird es sich kaum bestreiten lassen, daß das Ansehen unseres Staatsanwalts bei den Laien größer, die Anfechtungen seiner Stellung geringer sein würden, wenn ihm nicht nur im Strafprozeß, sondern auch im Civilprozeß eine mitwirkende Thätigkeit zugewiesen wäre. Die Vorwürfe der Einseitigkeit, des Verknöcherns in der stumpfen Verfolgung des Verbrechens würden schweigen müssen, das Vertrauen zu seiner Unparteilichkeit und Selbstlosigkeit würde sich heben.

Allein es ist doch fraglich, ob man bei uns einen solchen Staatsanwalt nicht wiederum mit neidischen Blicken betrachten, ob die Anhäufung einer solchen Machtfülle in einzelnen Personen sich mit unseren sonstigen Anschauungen vertragen würde. Ganz besonders würde der Richterstand von einer derartigen Institution empfindlich berührt und in seinem Ansehen geschädigt werden. Gerade in Preußen sind wir gewohnt, daran strengstens festzuhalten, daß der Richter eine unantastbare, unabhängige und freie Position einnehmen muß. Die Einführung eines Staatsanwalts nach französischem Muster würde sich mit diesen Grundsätzen schwer oder gar nicht vereinigen lassen.

Es ist unnütz, diesen Gedanken weiter nachzuhängen, denn an eine Aenderung der bestehenden Verhältnisse in dieser Richtung ist nicht zu denken.

Eine andere Frage aber ist es, ob, nachdem man das Bereich der staatsanwaltschaftlichen Thätigkeit derart eingeschränkt hat, daß der Schwerpunkt derselben lediglich und allein im Strafprozesse zu suchen ist, ob es da nicht wohlgethan wäre, sie auch von den übrigen Anhängseln ihres Wirkungskreises zu befreien. Was nach dem heutigen Stande der Dinge dem Staatsanwalt außerhalb des Strafprozesses noch obliegt, das ist zum Theil so minderwichtiger Art, daß es ohne Weiteres wegfallen oder anderen Behörden übertragen werden kann, zum Theil stellt es sich als nichts Anderes heraus, denn als letzte unmotivirte Anklänge an das französische System. Hierhin rechne ich namentlich die Theilnahme des Staatsanwalts an Ehesachen und Entmündigungssachen. Denn was für sein Auftreten in diesen Verfahren bei uns geltend gemacht wird, die Pflicht des Staates, darüber zu wachen, daß nicht Ehen leichtfertig gelöst werden, nichtige bestehen bleiben, und daß nicht gesunde Menschen in das Irrenhaus gesperrt oder dort widerrechtlich zurückgehalten werden, daß ist ja freilich begründet, allein diese Sorge kann man, soweit sie nicht von den betheiligten Personen selbst bethätigt wird, getrost dem amtirenden Richter überlassen.

Ebenso könnte ich die Theilnahme des Staatsanwalts an dem Disziplinarverfahren gegen Justizbeamte missen. So gut in den Disziplinarverfahren gegen alle anderen Kategorien von Beamten die Funktionen des Anklägers in jedem einzelnen Falle einem besonderen Beamten übertragen werden, so gut könnte dies auch Justizbeamten gegenüber geschehen. Bei Verhandlungen gegen Richter würde zudem der falsche Schein vermieden werden, als solle der Staatsanwalt trotz Allem eine gewisse Aufsicht über das Richterpersonal führen; und bei Verhandlungen gegen Rechtsanwälte zumal würde von der Staatsanwaltschaft das, meiner Ueberzeugung nach freilich ganz ungerechtfertigte, Odium genommen werden, als ließe sie bei solchen Gelegenheiten ihrer Animosität gegen ihre Berufsgegner allzusehr die Zügel schießen.

Dagegen würde ich, wie schon an anderer Stelle hervorgehoben, unbedingt die gesammte Aufsicht und Verwaltung über alle Gefängnisse und über alle Strafanstalten für die Justiz und für die Staatsanwaltschaft in Anspruch nehmen. Sie sind ein Theil, und nicht der unwichtigste Theil der Strafvollstreckung, und wenn es überhaupt richtig ist (was ich niemals bezweifelt habe), daß man der Staatsanwaltschaft die Strafvollstreckung überweist, so muß man es auch uneingeschränkt thun und nicht vor den Pforten des Gefängnisses oder des Zuchthauses Halt machen. Hier gerade beginnt ja erst die wirkliche Vollstreckung der Strafe. Das Andere waren Präliminarien, die den Zweck haben, diese Vollstreckung herbeizuführen; es ist unlogisch, beides zu trennen. Erscheint mir dieser Satz schon in der Theorie unwiderlegbar, so dürften in der Praxis noch gewichtigere Gründe für seine Richtigkeit sprechen. In einer Zeit, in welcher übertriebene Zartheit der Gefühle, durch Unverstand hervorgerufene Auswüchse der Humanität ihr äußerst bedenkliches Spiel treiben und es durch ihre mancherlei Einflüsse schon dahin gebracht haben, daß dem Uebelthäter das Gefängnis, und selbst das Zuchthaus keine Schrecken mehr bietet, muß man dahin streben, das Strafwesen in eine einheitliche und starke Hand zu bringen. Die Strafe, wenn sie einmal verwirkt ist, muß hart sein, sonst kann sie ihren Zweck nicht erfüllen. Der zum Verbrechen neigende Mensch muß Angst empfinden vor der Strafe, die Kerkermauern dürfen ihm nicht als warmer Unterschlupf mit köstlich gefüllten Fleischtöpfen, sie müssen ihm als ein Schrecken erscheinen; ist das nicht der Fall, so wird nichts ihn von der verbrecherischen Laufbahn zurückhalten. Das behaupte ich auf die Gefahr hin, als ein ketzerischer Anhänger veralteter Theorieen verschrieen zu werden, das behaupte ich auf die Gefahr hin, daß man über mich als einen Anhänger der „längst überwundenen“ Abschreckungstheorie die Achseln zuckt und lacht.

Es ist wahrlich die höchste Zeit zur Umkehr. Die Vorgänge, die in den letzten Jahren aus einzelnen Gefängnissen an die Oeffentlichkeit gedrungen sind, lassen unschwer erkennen, wie es den Gefangenen leicht gelingt, selbst über das Maß gesetzlicher und vorgeschriebener Milde hinaus sich das Leben in der Gefangenschaft angenehm zu machen. Daß das möglich ist, kann nur auf eine mangelhafte oder allzu nachsichtige Beaufsichtigung zurückgeführt werden. Welche beängstigenden Rückwirkungen aber ein solches Treiben auf die Neigung zum Begehen strafbarer Handlungen überhaupt ausüben muß, daran scheint man noch gar nicht gedacht zu haben.

Die strengste Aufsicht in allen Untersuchungs- und Strafgefängnissen, sowohl über die Gefangenen, wie über die Gefängnißbeamten, die rücksichtsloseste Durchführung einer strengen Disziplin und das Fernhalten jeder sentimentalen Anwandlung sind vonnöthen, wenn man verhüten will, daß eine schon sehr milde Gesetzgebung und noch mildere Reglements, statt Gutes zu schaffen, Böses wirken. Um das zu erreichen, darf keine Verschiedenheit in der Handhabung der Verwaltung geduldet, darf keinen divergirenden Strömungen Einlaß gewährt, müssen vor allen Dingen alle von außen sich, sei es unter dem Mantel christlicher Menschenliebe, sei es aus anderen offenen oder verdeckten Motiven, aufdrängenden Unterströmungen auf das Bestimmteste zurückgewiesen werden. Und hierzu scheint mir die Staatsanwaltschaft die geeignetste Behörde zu sein.

Abgesehen von der Kriminalpolizei, die hier nicht in Betracht kommen kann, ist keiner Behörde ein solcher Einblick in Wesen und Treiben der Verbrecherwelt gewährt, wie der Staatsanwaltschaft. Sie kennt ihre geheimsten Schliche und Ränke; sie weiß die empfindlichen Stellen zu finden, an denen sie zu fassen ist; sie wird es auch am besten verstehen, die verhängten Strafen — selbstverständlich stets im gesetzlichen Rahmen — in einer Weise zur Vollstreckung zu bringen, die den Zweck der Strafe als solcher nicht vereitelt und dabei die Möglichkeit der Besserung nicht ausschließt. Sie wird in einheitlicher und zweckentsprechender Handhabung die Einleitung und die Durchführung der Strafvollstreckung zu einem guten Ende führen.

Wollte man meinen Vorschlägen folgen, die Staatsanwaltschaft von allem Beiwerk befreien und ihre Thätigkeit lediglich auf den Strafprozeß und die mit demselben im engsten Zusammenhang stehende Vollstreckung der Strafe in dem eben erörterten Sinne und selbstverständlich unter Einschluß der Bearbeitung der Begnadigungssachen konzentriren, so würde man ja unleugbar eine noch einseitigere Behörde schaffen, als sie sich heute präsentirt, aber man würde doch wenigstens erreichen, daß in einem, enorm wichtigen Zweige der Rechtspflege, in der Strafrechtspflege, vom Beginn bis zum letzten Abschluß des Verfahrens eine einzige berufene und sachverständige Direktion geschaffen würde. Der Staatsanwalt würde fortan den Verbrecher zu ermitteln, ihn dem Gericht zu überliefern, ihn anzuklagen und seine Verurtheilung herbeizuführen, die erkannte Strafe in des Wortes wirklicher Bedeutung zu vollstrecken und schließlich dem Bestraften nach Verbüßung seiner Strafe die Freiheit wiederzugeben haben.

Ob sich dieser Traum jemals verwirklichen wird, bleibt abzuwarten. Jedenfalls ist aber auch schon heute der Schwerpunkt der staatsanwaltschaftlichen Thätigkeit im Strafprozeß zu suchen. Alles andere sind Nebendinge. Es wird deshalb nicht befremden, wenn in den folgenden Blättern fast ausschließlich nur von dieser strafprozessualischen Thätigkeit unseres heutigen Preußischen Staatsanwalts die Rede sein wird.

Man wird es, ohne den Vorwurf der Uebertreibung gewärtigen zu müssen, aussprechen dürfen, daß sich unsere Staatsanwaltschaft in den fünfzig Jahren ihres Bestehens ausgezeichnet bewährt hat. Sie hat es verstanden, sich die Achtung von Behörden und Privaten zu erwerben und zu erhalten; sie genießt das Vertrauen der guten Elemente der Bevölkerung und ist gefürchtet von den schlechten; sie hat sich mit Eifer der Verfolgung des Verbrechens unterzogen, aber sie hat Verfolgungssucht und Grausamkeit fern von sich gehalten; ihre Unbestechlichkeit ist über allem Zweifel erhaben, ihr Gerechtigkeitssinn uuangetastet, ihr Anstand und ihr Takt unbestreitbar.

Wenn irgendwo einmal ein räudiges Schaf in dieser Heerde aufgetaucht sein sollte, so frage ich: bei welcher Behörde wäre das nicht einmal der Fall gewesen? Und wenn man eine prozentuale Statistik solcher Fälle ausarbeiten wollte, so bin ich überzeugt, daß die Staatsanwaltschaft dabei ganz besonders gut wegkommen würde.

Das muß auch von den Gegnern der Institution im Allgemeinen anerkannt werden. Ihre Angriffe sind mehr theoretischer Natur. Sie bauen nicht auf Thatsachen und Geschehnissen auf, sondern sie richten sich gegen das, was in Folge der Verfassung der Institution sich wohl einmal ereignen könnte; sie manöveriren gegen einen markirten Feind, wenn man es nicht derber ausdrücken und eine Reminiscenz an den bekannten alten Spanischen Ritter wachrufen will.

So haben wir schon gesehen, wie ganz im Anfang der sechziger Jahre, also nach kaum mehr denn zehnjährigem Bestehen der Staatsanwaltschaft ohne jeden ersichtlichen Grund eine gewaltige Bewegung entstand, die sich gegen das sogenannte Anklagemonopol richtete. Kaum hatte man die verrotete und verhaßte Inquisitionsmethode glücklich beseitigt und das akkusatorische Prinzip an seine Stelle gesetzt, so fanden sich auch schon Schriftgelehrte, die das Neue und

Bessere glaubten anfechten und aus den Trümmern des alten Verfahrens einzelne Bausteine wieder an das Tageslicht ziehen zu müssen. Sie hatten herausgefunden, wie es doch immerhin einmal vorkommen könne, daß ein Staatsanwalt der berechtigten Anzeige einer strafbaren Handlung nicht Folge geben, und wie auf diese Weise ein ganz unermeßliches Unheil angerichtet werden könne. Deshalb sei es unbedingt erforderlich, in solchen Fällen auch Privaten das Recht der Anklage zu verleihen.

Wenn auch die Bewegung damals ihr Ziel nicht erreicht hat, so hat sie doch zur Folge gehabt, daß seitdem das Thema aus der öffentlichen Diskussion nicht wieder verschwunden ist. Immer wieder werden die Vorstöße erneuert; die Gründe aber sind immer die alten; und deshalb braucht man zwischen den verschiedenen Phasen der Streitfrage nicht genauer zu unterscheiden, sondern kann sie in einem Zuge und Zusammenhange abthun.

Nur der Behandlung des Gegenstandes bei Gelegenheit der Berathung der großen Justizgesetze von 1877 muß besonders gedacht werden. Denn hier machten sich die bezeichneten Bestrebungen noch einmal mit besonderer Entschiedenheit geltend.

In dem Entwurfe einer Strafprozeßordnung hatte die Regierung keine *Popularklage* statuirt. Die Privatklage, die sie vorgesehen hatte, beschränkte sich im Wesentlichen auf den Umfang, in welchem sie nachher gesetzliche Kraft erlangt hat; sie dient nur dazu, die Staatsanwaltschaft von der Verfolgung minderwichtiger Strafthaten zu entlasten und hat nicht im Geringsten zum Zweck, ein Korrektiv ihres Handelns zu sein. Ebensowenig die für bestimmte Fälle zugelassene Nebenklage.

Dieser Standpunkt würde vielleicht auch von dem Reichstag ohne Weiteres acceptirt worden sein, wenn nicht der stereotype Theil der Juristenwelt, welcher den deutschen Juristentag bevölkert, plötzlich seine Stimme in entgegengesetzter Richtung erhoben hätte. v. Holtzendorff, der schon seit 1860 die Popularklage zu seinem ganz besonders geliebten Schoßkinde gemacht hatte, setzte es auf dem Juristentag zu Nürnberg 1875 durch, daß ein Beschluß dahin gefaßt wurde:

„Die Privatklage ist im deutschen Strafverfahren nicht nur für Beleidigungen einzuführen, sondern als *allgemeine Ergänzung* der Anklage der Staatsanwaltschaft zur Aufrechterhaltung des öffentlichen Rechts“.

Also die vollkommenste subsidiäre actio popularis als Kontrolle und Korrektiv für den Staatsanwalt, ein beständiger Popanz für Einen, dem nicht zu trauen ist!

Bei der Wichtigkeit, welche ein Theil des gebildeten Publikums einer solchen Vereinigung, wie der Juristentag, beizulegen gewohnt ist, konnte es nicht Wunder nehmen, daß dieser Beschluß die Kommission des Reichstags zum Nachdenken veranlaßte und Viele zu der Ansicht bekehrte, wenn der Juristentag eine solche Maßnahme für nothwendig erachte, dann werde sie wohl auch nothwendig sein. Andere, die denn doch vor einem solchen Rückschritt zurückschreckten, entnahmen jenem Beschlusse wenigstens das Bedürfniß nach einer verschärften Kontrolle über die Staatsanwaltschaft und suchten diese auf anderem Wege zu Stande zu bringen.

So entstand der Antrag Reichensperger, welche eine im französischen Rechte bestehende, aber seit langer Zeit völlig antiquirte Bestimmung dahin wieder aufleben lassen wollte:

„Das Oberlandesgericht kann durch einen Beschluß der vereinigten Senate auf die Anzeige eines seiner Mitglieder der Staatsanwaltschaft die Verfolgung einer strafbaren Handlung aufgeben und Auskunft über den Stand einer anhängigen Untersuchung erfordern.“

Daß ein solcher Weg nicht gangbar gewesen wäre, bedarf keines Beweises.

Gangbarer aber erschien vielleicht ein anderer Weg. Die Regierungsvorlage hatte für den Fall, daß die Staatsanwaltschaft einer von dem Verletzten gemachten Anzeige keine Folge gebe oder nach dem Abschluß der Ermittlungen die Zurücklegung der Akten verfüge, bestimmt, daß sie den Anzeigenden unter Angabe der Gründe zu bescheiden habe, und letzterem die Beschwerde bei dem vorgesetzten Beamten der Staatsanwaltschaft mit dem ausdrücklichen Zusatz eingeräumt, daß eine weitere Beschwerde nicht stattfinde. Die letztere Bestimmung bot den erwünschten Anlaß, das „Anklagemonopol“ der Staatsanwaltschaft zu durchbrechen. Ein Antrag Klotz, Herz und Eysoldt verlangte statt ihrer den Zusatz: „dem Verletzten steht die Beschwerde bei dem Gerichte zu.“ Dem Abgeordneten Wolffson ging das nicht weit genug; er setzte an die Stelle des Verletzten den Antragsteller. Jedem Antragsteller sollte gegen einen ablehnenden Bescheid der Staatsanwaltschaft die Beschwerde bei dem Gerichte zustehen. „Erachtet“, hieß es dann weiter, „das Gericht die Beschwerde für begründet, so beschließt es je nach Lage der Sache, die Voruntersuchung oder das Hauptverfahren zu eröffnen. Das Gericht kann von Amtswegen oder auf Antrag des Beschwerdeführers den unmittelbaren Vorgesetzten desjenigen Staatsanwalts, welcher die Erhebung der Anklage verweigert hat, ersuchen, einen anderen Staatsanwalt mit der Erhebung der Anklage zu beauftragen. Der Vorgesetzte hat diesem Ersuchen Folge zu geben. (!) Das Gericht kann auch auf Antrag des Beschwerdeführers einen Rechtsanwalt (!!), der sich zur Führung der Sache bereit erklärt, mit der Vertretung der Staatsanwaltschaft beauftragen."

Obgleich der Abgeordnete Gneist darauf hinwies, daß man im Begriffe stehe, einen höchst bedenklichen Rückschritt zu dem inquisitorischen Verfahren zu machen, trotzdem aber, um diesen Antrag zu beseitigen, für den Fall der Ablehnung einer Strafverfolgung Seitens der Staatsanwaltschaft, jedem im Besitze der Ehrenrechte befindlichen prozeßfähigen Antragsteller die Befugniß beilegen wollte, eine Privatklage auf eigene Verantwortung zu erheben, wurde der Antrag Wolffson angenommen.

Abgesehen von dem schon charakterisirten Rückschritt zum Inquisitionsprozeß, den dieser Antrag enthielt, war derselbe eigentlich nur dadurch interessant, daß er zeigte, bis zu welchen Extravaganzen sich blinder Eifer hinreißen lassen kann, wenn es gilt, ein nicht geliebtes Institut zu bekämpfen.

Daß die Regierung keine Neigung verspürte, solche tollen Sprünge mitzumachen, ist selbstverständlich. Mittels Schreibens vom 12. Dezember 1876 erklärte der Reichskanzler die inzwischen auch vom Plenum des Reichstags in dieser Richtung gefaßten Beschlüsse Namens der Regierungen für unannehmbar. Gleichwohl gelang es den letzteren nicht, das nun einmal zu einem Lehrsatze erhobene Recht der Beschwerde bei Gericht wieder ganz auszumerzen. Im Wege des Kompromisses wurde der „Antragsteller" wieder durch den „Verletzten" ersetzt, und so kamen denn schließlich die nachfolgenden Vorschriften in das Gesetz:

§ 169.

Giebt die Staatsanwaltschaft einem bei ihr angebrachten Antrage auf Erhebung der öffentlichen Klage keine Folge, oder verfügt sie nach dem Abschlusse der Ermittlungen die Einstellung des Verfahrens, so hat sie den Antragsteller unter Angabe der Gründe zu bescheiden.

§ 170.

Ist der Antragsteller zugleich der Verletzte, so steht ihm gegen diesen Bescheid binnen zwei Wochen nach der Bekanntmachung die Beschwerde an den vorgesetzten Beamten der Staatsanwaltschaft und gegen dessen ablehnenden Bescheid binnen einem Monate nach der Bekanntmachung der Antrag auf gerichtliche Entscheidung zu.

Der Antrag muß die Thatsachen, welche die Erhebung der öffentlichen Klage begründen sollen, und die Beweismittel angeben, auch von einem Rechtsanwalt unterzeichnet sein. Der Antrag ist bei dem für die Entscheidung zuständigen Gericht einzureichen.

Zur Entscheidung ist in den vor das Reichsgericht gehörigen Sachen das Reichsgericht, in anderen Sachen das Oberlandesgericht zuständig.

§ 171.

Auf Verlangen des Gerichts hat demselben die Staatsanwaltschaft die bisher von ihr geführten Verhandlungen vorzulegen.

Das Gericht kann den Antrag unter Bestimmung einer Frist dem Beschuldigten zur Erklärung mittheilen.

Das Gericht kann zur Vorbereitung seiner Entscheidung Ermittlungen anordnen und mit deren Vornahme eines seiner Mitglieder, den Untersuchungsrichter oder den Amtsrichter beauftragen.

§ 172.

Ergiebt sich kein genügender Anlaß zur Erhebung der öffentlichen Klage, so verwirft das Gericht den Antrag und setzt den Antragsteller, die Staatsanwaltschaft und den Beschuldigten von der Verwerfung in Kenntniß.

Ist der Antrag verworfen, so kann die öffentliche Klage nur auf Grund neuer Thatsachen oder Beweismittel erhoben werden.

§ 173.

Erachtet dagegen das Gericht den Antrag für begründet, so beschließt es die Erhebung der öffentlichen Klage. Die Durchführung dieses Beschlusses liegt der Staatsanwaltschaft ob.

§ 174.

Dem Antragsteller kann vor der Entscheidung über den Antrag die Leistung einer Sicherheit für die durch das Verfahren über den Antrag und durch die Untersuchung der Staatskasse und dem Beschuldigten voraussichtlich erwachsenden Kosten durch Beschluß des Gerichts auferlegt werden. Die Sicherheitsleistung ist durch Hinterlegung in baarem Gelde oder in Werthpapieren zu bewirken. Die Höhe der zu leistenden Sicherheit wird von dem Gerichte nach freiem Ermessen festgesetzt. Dasselbe hat zugleich eine Frist zu bestimmen, binnen welcher die Sicherheit zu leisten ist.

Wird die Sicherheit binnen der bestimmten Frist nicht geleistet, so hat das Gericht den Antrag für zurückgenommen zu erklären.

§ 175.

Die durch das Verfahren über den Antrag veranlaßten Kosten sind in dem Falle des § 172 und des § 174 Abs. 2 dem Antragsteller aufzuerlegen.

Ich habe die Bestimmung des § 170, mag sie auch durch die nachfolgenden Paragraphen mit noch so großen Kautelen umgeben worden sein, stets lebhaft bedauert. Ich erblicke in ihr ein — der Regierung freilich abgerungenes — ungerechtfertigtes Mißtrauensvotum gegen die Staatsanwaltschaft, eine ihre Vertreter herabwürdigende, mit der Organisation der Behörde im Widerspruch stehende Ueberwachung durch die Gerichte, und noch dazu eine ganz unnöthige Maßregel. Wie unnöthig diese Maßregel ist, das geht wohl am klarsten aus der Thatsache hervor, daß die Hülfe des Gerichts nur in sehr seltenen Fällen in Anspruch genommen wird, und daß in noch weit selteneren Fällen die gerichtliche Entscheidung anders ausfällt, als die der Staatsanwaltschaft. Wer aber sich vermessen möchte zu behaupten, das eben sei die heilsame Folge der vorhandenen Möglichkeit, das Gericht anzurufen; die drohende Aussicht, Seitens des Gerichts eine Korrektur zu erfahren, veranlasse eben die Staatsanwaltschaft, sich vor ungenügend begründeten Zurückweisungen von Denunziationen zu hüten, Der mag sich gesagt sein lassen, daß er die Vertreter dieser Behörde nicht kennt. So sind unsere Staatsanwälte denn doch nicht geartet, daß sie sich wie unartige Knaben vor dem schwarzen Manne fürchten!

So deprimirend der angezogene § 170 der Strafprozeßordnung

für die Staatsanwaltschaft ist, den Gegnern dieses Instituts genügt sein Inhalt noch lange nicht. Sie fahren fort, nach Schutzmitteln gegen ihre Macht und etwaigen Mißbrauch derselben zu suchen, und wenn sie nichts Neues finden, so kehren sie immer wieder zum Alten zurück, mag es auch noch so verbraucht sein.

Was in aller Welt wirft man denn der Staatsanwaltschaft eigentlich vor?

Es ist bezeichnend für die ganze Bewegung, daß mit verschwindenden Ausnahmen nicht Männer der Praxis ihre Stimme gegen das Institut erheben, auch nicht Richter, nicht einmal Rechtsanwälte, sondern — Professoren, Männer der Wissenschaft, aber der theoretischen Wissenschaft, von denen selten Einer jemals einer praktischen Behörde angehört hat, wohl niemals Einer der Staatsanwaltschaft. Sie nehmen gleichwohl für sich das Recht in Anspruch, es besser zu verstehen, und es ist so schwer mit ihnen zu streiten, weil sie gewohnt sind, alle ihre Behauptungen in die Form von Lehrsätzen zu kleiden, deren apodiktische Fassung jeden Widerspruch abprallen läßt.

Man sollte meinen, gerade die Theoretiker müßten jede Rückkehr zur Popularklage perhorreszieren. Sie war nichts Anderes, als ein Ausfluß des rohesten Wiedervergeltungsprinzips, der Privatrache. Das Verbrechen wurde aufgefaßt als die Verletzung eines Einzelnen, und diesem Einzelnen wurde ein Mittel in die Hand gegeben, für die ihm widerfahrene Unbill dem Thäter wiederum etwas Unangenehmes zuzufügen, die Strafe. Will sich unsere Wissenschaft noch heute auf diesen rohen Standpunkt stellen? Sie hütet sich, das zu sagen; sie spricht nur immer von dem Schutzmittel, das die subsidiäre Popularklage darstellen soll, aber dadurch kann sie dieser ihren ursprünglichen und wirklichen Charakter nicht nehmen.

Unsere moderne Anschauung hat sich von dieser Auffassung losgesagt. Für uns ist das Verbrechen eine Verletzung der öffentlichen Ordnung, es ist — wenn es auch den Einzelnen verletzt — gegen die Allgemeinheit, gegen den Staat gerichtet, und deshalb ist es Sache des Staates, es zu verfolgen und zu bestrafen. Der Staat aber kann seine Vertretung nicht dem einzelnen Privaten überlassen, sein Vertreter ist die zu diesem Zwecke eingesetzte Behörde, die Staatsanwaltschaft.

Wenn diese einmal irren sollte, nun — welche Behörde, welcher Mensch irrt nicht einmal. Ist das etwa ein Grund, ihr gleich noch eine fremde Aufsichtsbehörde vorzusetzen oder gar jedem Privaten ein solches Aufsichtsrecht einzuräumen? In unserem ganzen Staatsleben würde man kein einziges Analogon für ein solches Vorgehen aufweisen können. Nachdem man die Beschwerde bei den Vorgesetzten und gar beim Gericht zugelassen hat, hat man des Guten genug gethan und könnte sich füglich beruhigen.

Es ist doch auch nicht von solcher welterschütternden Tragweite, wenn einmal eine Strafthat unverfolgt bleiben sollte. Wie viele Strafthaten bleiben unentdeckt, kommen nicht zur Anzeige, bleiben straflos, weil es an den genügenden Beweisen mangelt! Sollte diese Anzahl noch durch ein paar ungerechtfertigte Ablehnungen Seitens der Staatsanwaltschaft vergrößert werden, die Welt würde kaum aus den Angeln gehen, die Unsicherheit nicht wachsen, das Verbrechen schwerlich zunehmen.

Wohl aber ist zu befürchten, daß durch die Freigabe der Popularklage ein widerwärtiges Denunziantenthum, eine frivole Verfolgungssucht entstehen und sich breit machen würde. Wir leben nicht mehr im Zeitalter der alten Germanen. Die Leute von heute suchen ihren Gewinn, indem sie dem Gegner schaden; sie gehen skrupellos über die Leiche des unschuldigen Nachbarn, wenn sie dadurch einen Vortheil für sich selbst erhoffen können; die falschen Anschuldigungen würden wie die Pilze aus der Erde schießen, die Furcht würde Platz greifen, die Unsicherheit wachsen, Erpressungen und Meineide, diese furchtbare Plage unserer Zeit, würden sich in's Ungemessene vermehren. Und schließlich würde man, um das Uebel einzudämmen, doch wieder nur ein einziges Mittel haben, man würde — nach der Staatsanwaltschaft rufen.

Dabei wäre es ganz gleichgültig, ob man die Popularklage prinzipaliter oder nur subsidiär gestatten wollte. Die erstere Eventualität fordert heute niemand, und doch würde sie vielleicht das geringere Uebel sein. Denn wollte man die Popularklage erst dann gestatten, wenn ein abweisender Bescheid der Staatsanwaltschaft vorliegt, so würde man dadurch nur erreichen, daß der falsche Denunziant es erst einmal bei dieser Behörde versucht, in der stillschweigenden Absicht, wenn *sie* versagt, *selbst* als Ankläger in die Schranken zu treten. Dadurch würden die falschen und leichtfertigen Anzeigen bei der Staatsanwaltschaft sich noch mehr häufen, und da auch der begabteste Staatsanwalt nicht im Stande ist, hinter allen Schlichen und Ränken die Wahrheit unfehlbar zu erkennen, so würde er sich veranlaßt sehen müssen, in vielen dieser Fälle zur Anklageerhebung zu schreiten. Es würden also noch weit mehr unbegründete Anklagen erhoben werden, als bisher; und während man ein Schutzmittel gegen leichtfertige und böswillige Unterlassung von Anklagen schaffen wollte, würde man ein Uebermaß der Erhebung von Anklagen geschaffen haben, und das Märchen von der leidenschaftlichen Verfolgungssucht der Staatsanwaltschaft, auf das ich noch eingehender zu sprechen komme, würde noch zahlreichere Gläubige finden.

Was von der Popularklage gesagt ist, das kann mit geringen Einschränkungen auch auf die subsidiäre Privatklage Anwendung finden. An sich wird das Gerechtigkeitsgefühl den Gedanken, daß ein Verletzter, der vergeblich Hilfe bei dem öffentlichen Ankläger gesucht hat, das Recht haben soll, seine Sache in eigenen Betrieb zu nehmen, gewißlich nicht von sich weisen können. Allein es entsteht sofort die Frage: wem soll diese Berechtigung verstattet werden? Es giebt Strafthaten, bei denen man von einem Verletzten überhaupt nicht wohl reden kann, andere, bei denen der Begriff des Verletzten unsicher und schwer bestimmbar ist. Wer eine Korrektur der Staatsanwaltschaft für nöthig hält, wird sie vielleicht in solchen Fällen gerade am meisten herbeiwünschen müssen; sie wird dann aber versagen. Andererseits könnte ihr Vorhandensein — theoretisch betrachtet — dahin führen, daß der Staatsanwalt sich in unberechtigter Weise entlastet, indem er die Erhebung der Anklage ablehnt und diese Ablehnung vor sich selbst mit der Scheinerwägung rechtfertigt, daß hier ja ein Verletzter vorhanden sei, dem um deswillen kein Schaden erwachse, weil er ja nun berechtigt sei, die Sache selbst in die Hand zu nehmen und vor das Forum des Gerichts zu bringen.

Schließlich muß aber auch in dieser Frage das Bedürfniß entscheiden; und da dürfte zweierlei gegen das Institut der subsidiären Privatklage vorzubringen sein: Einmal lehrt uns die außerordentlich geringe Inanspruchnahme in Schottland, wo sie in Geltung besteht, daß im Publikum ein Bedürfniß nach dieser Rechtsform nicht, oder doch nur in sehr geringem Umfange besteht. Sodann aber kann, wenn dem Verletzten überhaupt die Befugniß zusteht, gegen einen ablehnenden Bescheid der Staatsanwaltschaft die Hilfe des Gerichts in Anspruch zu nehmen, es ziemlich gleichgültig bleiben, ob er dies in der Form einer Privatklage oder in der Form der Beschwerde thun darf. Nachdem unsere Gesetzgebung dem Verletzten die letztere Befugniß zugesprochen hat, kann sie füglich von der ersteren absehen und nunmehr die alleinige Anklageberechtigung der Staatsanwaltschaft überlassen.

Die überwiegende Majorität Aller, die sich mit der Frage überhaupt beschäftigen, in Sonderheit die Praktiker sind wohl jetzt auch dieser Lösung zugeneigt. Deshalb stimmen sie aber bei Weitem noch nicht Alle der gegenwärtigen Verfassung des Instituts zu. Vielmehr werden da zahlreiche und erhebliche Bedenken erhoben. Vor allem Anderen ist es die Abhängigkeit der Staatsanwaltschaft von ihren Vorgesetzten und in letzter Linie von dem Chef der Justizverwaltung, die den Leuten Skrupel bereiten.

Da möchte ich nun Eins vorweg bemerken: ich bin zehn Jahre lang Staatsanwalt gewesen, aber das Gefühl der „Abhängigkeit" habe ich nicht gekannt; ich bin mir wohl bewußt gewesen, daß ich Vorgesetzte hatte — welcher Beamte hätte sie nicht? — aber daß ich jemals in die Lage kommen könnte, auf ihren Befehl eine Handlung oder Unterlassung begehen zu müssen, die mich in Konflikt mit meinem Gewissen und meiner Ueberzeugung bringen würde, der Gedanke ist mir niemals gekommen. Wohl sind Meinungsverschiedenheiten zwischen meinen Vorgesetzten und mir aufgetaucht; stets aber sind sie in der Weise gelöst worden, daß ich mich entweder von der größeren, mindestens gleichen Berechtigung der anderen Ansicht überzeugte, oder daß der Vorgesetzte zu Gunsten meiner Auffassung nachgab; niemals ist eine derartige Meinungsverschiedenheit der Ausgangspunkt eines irgendwie nennenswerthen, geschweige denn eines ernsteren Konflikts geworden. Und was ich an mir erlebt habe, das habe ich, soweit man das beurtheilen kann, auch bei meinen Kollegen beobachtet. In verhältnißmäßig schwierigen Zeiten — ich nenne nur die Herrschaft des Sozialistengesetzes, die Reorganisation der Gerichte und die Einführung der neuen Strafprozeßordnung, und das Alles bei dem größten Gerichte der Monarchie, in der Hauptstadt des Reiches, mit der sich in Zahl und Qualifikation der strafbaren Handlungen keine andere Stadt messen kann — ist mir nicht ein einziger Fall bekannt geworden, in dem ein Vorgesetzter, einschließlich des Justizministers, den Versuch gemacht hätte, die Staatsanwaltschaft zu einer Handlung zu mißbrauchen, die nicht strengstens auf dem Boden des Rechtes und des Gesetzes gestanden, oder die irgendwie geeignet gewesen wäre, durch ihre Zumuthung einen Beamten der Staatsanwaltschaft in seinem Ehrgefühl zu verletzen.

Man denkt sich eben diese Abhängigkeit ganz anders, als sie in Wahrheit besteht. Was heißt überhaupt Abhängigkeit? Ist nicht jeder Beamte abhängig, und muß das nicht in einem geordneten Staatswesen der Fall sein, wenn nicht Alles drunter und drüber gehen soll? In einem Staate, in dem der Träger der Krone es nicht unter seiner Würde erachtet hat, sich als den ersten Diener des Staates zu bezeichnen, werden geringere Beamte es nicht für eine Schande, sondern für eine Ehre ansehen, zu dienen und den Weisungen ihrer Vorgesetzten zu folgen. Daß die Beamten hierzu verpflichtet sind, das ist nicht nur bei der Staatsanwaltschaft der Fall, sondern mit alleiniger Ausnahme der Richter, bei allen Behörden, ohne daß man irgendwo eine solche Furcht vor einem Mißbrauch an den Tag legt, wie gerade gegenüber der Staatsanwaltschaft.

Es ist richtig, der Staatsanwalt steht ad nutum des Ministers. Er kann durch bloße Verfügung des Justizministers ohne jedes Verfahren und ohne daß man eine Beschuldigung gegen ihn erhebt, ja ohne daß man ihm den Grund angiebt, in ein anderes Amt von nicht geringerem Range und etatsmäßigem Diensteinkommen unter Vergütung der Umzugskosten versetzt und durch Königliche Verfügung mit Gewährung des Wartegeldes einstweilig in den Ruhestand versetzt werden.

Wenn jemals eine Bestimmung auf dem Papier fürchterlich ausgesehen und in der Handhabung jeden Schreckens baar gewesen ist, dann ist es diese. Schon der trotz ihres Vorhandenseins immer noch wachsende Andrang der jungen Juristen, und wahrlich nicht der schlechtesten Elemente unter ihnen, zur Staatsanwaltschaft beweist, daß man sich vor solchen Eventualitäten nicht ängstigt; und wenn man unter den Beamten der Staatsanwaltschaft eine Abstimmung vornehmen lassen wollte, ob die vorstehenden Bestimmungen in Wegfall zu bringen seien, ich glaube, keine einzige Stimme würde sich dafür erheben. Und das nicht etwa, weil den Staatsanwälten an ihrer Stellung nichts gelegen wäre, sondern weil sie nicht die geringste Besorgniß haben, ihre Aemter zu verlieren, und weil sie einsehen, daß die Zulässigkeit solcher Maßregeln für die eigenartige Position des öffentlichen Anklägers durchaus unerläßlich ist.

In der That können sich wohl nur ganz alte Leute erinnern,

daß sie Maßregelungen der vorgedachten Art selbst erlebt haben. Niemand aber vermag zu behaupten oder zu beweisen, daß dieselben Schuldlose getroffen hätten. Wo aber ein Verschulden vorliegt, da ist auch die Strafe am Platze. Man ist ja doch sonst den Beamten der Staatsanwaltschaft nicht so sonderlich hold, will man denn in dieser Frage auf einmal das Wohlwollen so weit treiben, daß man sie selbst vor verdienter Strafe schützen will?

Gleichviel, der Staat kann ein solches Mittel, sich unter Umständen eines Beamten der Staatsanwaltschaft zu entledigen, nicht entbehren. Ein renitenter Staatsanwalt kann eine viel größere Gefahr für das öffentliche Wohl und die öffentliche Ordnung bedeuten, als ein zu gefügiger; die Regierung muß die Macht besitzen, ihn zu entfernen, selbst auf die Gefahr hin, daß sie diese Macht einmal mißbrauche.

Aber schon die bloße Möglichkeit dieser Gefahr erscheint den Theoretikern so entsetzlich, daß sie nicht aufhören, für die Staatsanwaltschaft die gleiche Unabhängigkeit zu fordern, wie sie dem Richterstande garantirt ist, und gerade diese fortwährende Nebeneinanderstellung und Vergleichung trägt die Hauptschuld, daß man im großen Publikum dem Gedankengange folgt und ihn für berechtigt ansieht.

In Wirklichkeit sind zwei unpassendere Vergleichsobjekte wohl noch niemals unter einen Gesichtswinkel gebracht worden. Mit jeder beliebigen anderen Behörde mag man die Staatsanwaltschaft vergleichen; der Vergleich wird immer hinken, denn die Stellung dieses Instituts ist eben so eigenartig, daß sich Parallelen überhaupt kaum finden lassen, aber etwas diametral Verschiedeneres, wie Richterhum und Staatsanwaltschaft wird man kaum auftreiben können. Dem Richter hat man Unabsetzbarkeit und Unversetzbarkeit, sowie jede andere Unabhängigkeit in dem denkbar ausgiebigsten Maße zugesprochen, weil er berufen ist, im Namen des Königs Recht zu sprechen, also eine Thätigkeit auszuüben, welche sich als der direkte Ausfluß eines Hoheitsrechts der Krone darstellt — „der Richter sitzt an Kaisers Statt", sagt schon ein altdeutsches Sprüchwort —, und weil diese hehre und ideale Stellung auch nicht den geringsten Schein verträgt, als ob durch irgendwelche Möglichkeit einer Einwirkung, einerlei von welcher Seite, der Versuch einer Beugung des Rechts gemacht werden könnte. Die Person des Richters mußte, wenn anders er seiner hohen Aufgabe gewachsen bleiben sollte, allen materiellen Anfechtungen, allen Befürchtungen für seine Zukunft, sofern er selbst dem Rechte treu blieb, durchaus entzogen werden. — Der Staatsanwalt dagegen ist lediglich der Arm der Gerechtigkeit, er ist das Mittel, dessen sich der Staatsorganismus zur Verfolgung des Verbrechens bedient. Diese Funktion aber ist Sache der Justizverwaltung, und da die oberste Spitze derselben, der Justizminister, sie nicht persönlich wahrnehmen kann, so überträgt er sie seiner zu diesem Zwecke geschaffenen Behörde, der Staatanwaltschaft. Daraus folgt, daß sie den Weisungen des Justizministers Folge zu leisten hat, denn dieser ist das wirkliche Organ, die Staatsanwaltschaft ist nur die ausführende Behörde.

Wie man zwei so grundverschiedenen Beamtenklassen dieselben Konditionen geben will, das wird mir immer unverständlich bleiben. Weshalb man aber immerfort den Justizminister verdächtigt, daß er sich seiner Gehülfen zu unlauteren Zwecken bedienen könne, das ist mir mindestens ebenso unerklärlich. Behauptet man doch solche Gefahren des Mißbrauchs nicht von anderen Ministerien, von anderen Verwaltungsbehörden, obwohl unter den letzteren welche existiren, die wichtigere Funktionen haben und größeren Schaden anrichten können, als die Staatsanwaltschaft, und die dennoch im Wesentlichen keine anderen Konditionen haben, als diese. Will man sich das extremste Beispiel aussuchen, so betrachte man die Armee. Blinder, unbedingter Gehorsam herrscht hier als oberste Pflicht in einem unvergleichlich viel weiter gehenden Maße, als bei der Staatsanwaltschaft, und dabei freieste Dispositionsbefugniß der Oberen über ihre Offiziere. Ein Mißbrauch der Gewalt könnte hier ohne Weiteres den ganzen Staat in seinen Grundfesten erbeben machen. Gleichwohl fürchtet kein Mensch eine solche Gefahr, Niemand traut unserer obersten Heeresgewalt einen solchen Mißbrauch zu. Warum nicht? — — Vielleicht gerade wegen des blinden, unbedingten Gehorsams!

Daß es in der Justiz beständig anders aussieht, ist ganz allein die Folge eines wenig erfreulichen Zelotenthums, und dieses wahrscheinlich wieder die Folge eben der Beschäftigung mit der Jurisprudenz, die einen gewissen Eifer und eine gewisse Streitsucht naturgemäß nach sich zieht. —

„Als oberste Beschwerde- und A u f s i c h t s i n s t a n z für alle Staatsanwälte treten a n d i e S t e l l e d e s J u s t i z m i n i s t e r s, vorbehaltlich natürlich der demselben in Betreff der Staatsanwälte in demselben Umfange wie in Betreff der Gerichte verbleibenden allgemeinen Oberaufsicht die Anklagesenate der höheren Gerichtshöfe oder eine Abtheilung des höchsten Gerichtshofes."

So beschloß — wiederum auf v. Holtzendorff's Betreiben — im Jahre 1864 der Juristentag zu Braunschweig. Selbstverständlich war eine weitere Resolution beigefügt, Inhalts deren fortan die Staatsanwälte nur unter denselben Voraussetzungen, wie Richter, sollten entlassen, versetzt und pensionirt werden können.

Wenn man das heute liest und zurückdenkt an die Tradition, welche uns den Staatsanwalt als den Alles umfassenden Wächter des Gesetzes, als das über Allem schwebende und wachende Auge des Gesetzes bringen sollte, dann klingt das wie bitterer Hohn und Spott. Der Staatsanwalt, der die Gerichte beaufsichtigen sollte, unterworfen der Aufsicht der Gerichte!!

Man hat die erstere Alternative fallen lassen, Niemand sehnt sie zurück, auch die Staatsanwaltschaft weiß sich vollkommen frei von einem solchen Verlangen. Daß man es aber gewagt hat, die letztere Alternative aufzustellen, das ist fürwahr ein starkes Stück. Niemals wird man im Ernste an einen solchen Schritt denken, nur den Philosophen des Juristentages muß es vorbehalten bleiben, solche Utopieen zu hegen. Wollte man sie jemals verwirklichen, so würden unverzüglich alle guten Elemente dieser Carrière den Rücken wenden, die Behörde würde zu einer ganz verächtlichen Institution herabsinken, und unermeßlicher Nachtheil für das Staatswesen würde im Gefolge nicht ausbleiben können.

Es scheint, daß unsere Eiferer hieran nicht gedacht haben. Es scheint auch, als ob sie sich nicht klar gemacht haben, in was für eine schiefe Situation man durch eine solche Maßnahme die Gerichte bringen würde. Die Gerichte, die (es ist nicht von Bedeutung, in welcher Instanz) berufen sein sollen, den von der Staatsanwaltschaft angesammelten Anklagestoff ihrer richterlichen Kognition zu unterziehen, sollen zugleich diese Ansammlung selbst überwachen und den öffentlichen Ankläger anweisen dürfen, in welchen Fällen er ihnen eine Anklage unterbreiten soll, und in welchen nicht! Das ist eine ganz kuriose Idee! Die Gerichte eignen sich überhaupt nicht zu Aufsichtsbehörden. Ihr Amt ist die Rechtsprechung, und alles Beiwerk ist vom Uebel. Am allerwenigsten aber eignen sie sich zu einer Aufsichtsbehörde über die Staatsanwaltschaft.

So abenteuerlich eine solche Einrichtung in der Konstruktion sein würde, so nachtheilig würde sie sachlich wirken müssen. Nichts würde geeigneter sein, die Objektivität und Unparteilichkeit der Gerichte zu erschüttern, als eine solche Verquickung mit den Geschäften der Staatsanwaltschaft. Es würde dahin führen, daß die Gerichte in Wirklichkeit die Obliegenheiten des öffentlichen Anklägers übernehmen und diesen zu ihrem Handlanger degradiren würden. Damit hätten wir dann wieder den alten Inquisitionsprozeß, bereichert durch die nebensächliche und unwürdige Figur eines unselbstständigen Zwischengliedes, dem man den Titel „Staatsanwalt" beigelegt haben würde. Davon aber sollte man sich doch zur Genüge überzeugt haben, daß Niemand, auch ein Gericht nicht, im Stande ist, so ganz entgegengesetzte Geschäfte mit einander zu verbinden, wie es im Inquisitionsprozeß der Fall war, wo Staatsanwalt und Richter in einer Person vereint waren, wo das Gericht seine eigenen Handlungen zu beurtheilen hatte und vermöge seiner Alleinherrschaft ein offenbares und unbilliges Uebergewicht über den Angeklagten hatte. Gerade damals war der Inquirent eher übereifrig, als zu lässig, und leider ist unsere damalige Kriminaljustiz nicht arm an Beispielen ungerechter Verfolgungen, welche in ihrer ganzen Abscheulichkeit trotz allen Heimlichthuns, trotz allen Amtsgeheimnisses an das Licht gezogen sind.

Will man derartige Zustände wieder heraufbeschwören?

Man gebe dem Richter, was des Richters ist, und dem öffentlichen Ankläger, was ihm zukommt. Der Richter frei und unabhängig, losgelöst von allen Nebendingen und Nebengeschäften, einzig seinem richterlichen Berufe obliegend und zugethan — das idealste Amt, das der Staat zu vergeben hat; der Staatsanwalt, in seinem Thun und Lassen auf nichts, als auf seinen Zweck gerichtet, alle Nebenabsichten streng vermeidend, auch mit keinerlei richterlichen Funktionen belastet, ein „Wächter der Gesetze" wenigstens insofern, als er jede Uebertretung derselben der Ahndung zu überliefern bereit ist.

Jede Vermengung und Verquickung der beiderseitigen Thätigkeit ist gefahrdrohend und muß unbedingt unterlassen werden.

Dann wird man auch die schon durch die Organisation gebotene Aufsicht durch den Justizminister unbehelligt bestehen lassen können. Sie wird keine gefahrdrohenden Dimensionen annehmen. So im Vorverfahren, wie im Verhandlungstermin.

Denn in letzterer Beziehung tauchen wieder neue Bedenken auf, die auch ich nicht für ganz bedeutungslos ansehen kann. Es handelt sich um die Frage, ob die Abhängigkeit der Staatsanwaltschaft so weit ihre Konsequenzen ziehen darf, daß ihre Vorgesetzten dem im Verhandlungstermin amtirenden Vertreter der Behörde Weisungen mit auf den Weg geben darf, oder ob nicht vielmehr in diesem Stadium des Strafprozesses der Staatsanwalt lediglich seiner Auffassung und seiner Ueberzeugung Folge zu geben habe.

Gleich bei der ersten Lesung des Gerichtsverfassungsgesetzes in der Justizkommission des Reichstages stellte der Abgeordnete Reichensperger (Olpe) zu § 118 des Entwurfs (§ 147 des nachmaligen Gesetzes, welcher bestimmt, daß die Beamten der Staatsanwaltschaft den dienstlichen Anweisungen ihres Vorgesetzten nachzukommen haben) den Antrag, dem Paragraphen einen dritten Absatz des Wortlautes hinzuzufügen:

„In der Hauptverhandlung haben sie ihre Anträge nach eigener Ueberzeugung zu stellen", und im Laufe der Debatte erklärte er sich damit einverstanden, daß an Stelle des Wortes „Anträge" das Wort „Schlußanträge" gesetzt werde. Er und andere Kommissionsmitglieder behandelten diesen Zusatz als etwas eigentlich Selbstverständliches. In der französischen Gesetzgebung finde sich freilich ein solcher Satz nicht, aber in der französischen Doctrin habe er sich herausgebildet, und in der Praxis habe man ihn stets festgehalten. Auch in den Rheinlanden habe die letztere seit 70 Jahren bestanden und niemals zu irgendwelchen Bedenken Veranlassung gegeben. Unter diesen Umständen empfehle es sich, die Praxis nunmehr gesetzlich zu fixiren.

Indeß der Vertreter der verbündeten Regierungen behandelte den Antrag keineswegs als selbstverständlich. Er führte vielmehr Folgendes aus: Der Entwurf beruhe auf dem Legalitätsprinzip, d. h. die Staatsanwaltschaft sei verpflichtet, jede Handlung, welche sich nach dem Gesetze als strafbar darstellt, zu verfolgen. Dabei sei die Staatsanwaltschaft auf ihre Ueberzeugung angewiesen, aber nicht auf die persönliche Ueberzeugung des einzelnen Mannes; vielmehr sei die Staatsanwaltschaft aufzufassen als eine hierarchisch gegliederte Behörde, innerhalb deren für den Untergebenen die Ansicht des Vorgesetzten bindend sein müsse. Ohne dieses System sei eine Staatsanwaltschaft undurchführbar.

Der hannoversche Abgeordnete Struckmann legte dar, wie in dieser Beziehung die hannoversche Gesetzgebung zwei Stadien durchgemacht habe. Nach dem Gesetze von 1852 sei der Staatsanwalt bezüglich der Anträge in der Hauptverhandlung an dienstliche Weisungen nicht gebunden gewesen; nach dem Gesetze vom Jahre 1859 dagegen sei ihm nur hinsichtlich der Prüfung des Ergebnisses der Beweisaufnahme, nicht aber hinsichtlich der Rechtsfragen, gestattet gewesen, eine von der Ansicht seiner Vorgesetzten abweichende Ansicht zu plaidiren. Diese Aenderung habe damals vielfachen Widerspruch gefunden. — Ihm erscheine hiernach der Antrag Reichensperger nicht selbstverständlich, aber wohl begründet. Die Unterordnung der Staatsanwaltschaft unter die Regierung müsse darin ihre Grenze haben, daß es der Staatsregierung ermöglicht sei, eine Sache vor die Gerichte zu bringen und den Fortgang bei denselben zu sichern. Deswegen müsse der Staatsanwalt angewiesen werden können, eine Anklage zu erheben, ein Rechtsmittel zu ergreifen u. dergl.; aber wenn erst einmal die Sache an das Gericht gelangt sei, dann liege kein Grund mehr vor, den Staatsanwalt abhängig zu stellen. Der Staatsanwalt gebe vor Gericht nur ein Gutachten ab, welches für das Gericht in keiner Weise bindend sei.

Schließlich gelangte der Antrag in folgender Fassung zur Annahme:

> „Bei der Stellung oder Begründung der in Gemäßheit des § 217 der Strafprozeßordnung einzubringenden Anträge hat er seiner eigenen Ueberzeugung zu folgen.“

Auch in der zweiten Lesung der Kommission wurde der Antrag beibehalten, obwohl der Regierungsvertreter soweit ging, zu erklären: der Staatsanwalt müsse auch gegen seine rechtliche Ueberzeugung zu sprechen angehalten werden können, wenn die Justizverwaltung ihre Aufgabe lösen solle. Es sei inkonsequent, zwischen der Thätigkeit des Staatsanwalts vor dem Schlusse der Beweisaufnahme und seinen späteren Ausführungen und Anträgen in so prinzipieller Weise zu unterscheiden. Darauf, ob der Staatsanwalt im Plaidoyer und in den Schlußanträgen an die ihm ertheilten Weisungen gebunden sein solle oder nicht, sei bei der Unabhängigkeit der Gerichte an sich kein großer Werth zu legen. Die Justizverwaltung müsse aber die Möglichkeit haben, dem Gerichte und dem Angeklagten gegenüber ihre rechtliche Auffassung durch den Staatsanwalt vertreten zu lassen.

Allein im Plenum des Reichstags, in welchem der Antrag in folgender Fassung eingebracht war:

> „Bei den Ausführungen und Anträgen nach dem Schlusse

der Beweisaufnahme sind die Beamten der Staatsanwaltschaft an dienstliche Anweisungen ihrer Vorgesetzten nicht gebunden."

fiel nicht nur dieser Antrag, sondern auch ein weiterer, welcher besagte:

„Bei Stellung der Anträge in der Hauptverhandlung ist der Staatsanwalt bezüglich der Würdigung des Beweisverfahrens an die Weisungen seiner Vorgesetzten nicht gebunden." —

Nach meinem bescheidenen Dafürhalten hat die Regierung damals dem Ansehen der Staatsanwaltschaft einen schlechten Dienst erwiesen, indem sie die erwähnten Anträge so energisch bekämpfte und zu Falle brachte. Die von ihr vertretene Ansicht, die Staatsanwaltschaft sei eine hierarchische Institution, die einzelne Person bedeute gar nichts und sei lediglich das Sprachrohr der Behörde, scheint mir nur mit Einschränkungen richtig und widerspricht jedenfalls ganz und gar der Auffassung, welche man im öffentlichen Leben von der Stellung des Staatsanwalts durchweg hat. Wenn jemals ein Beamter dem Publikum als auf seinen eigenen Füßen stehend erscheint, so ist es der Staatsanwalt in der Audienz. Und so muß es auch sein! Denn wie soll er im Stande sein, auf Richter, Schöffen und namentlich auf Geschworene irgend welchen Einfluß auszuüben, irgend welchen Eindruck zu machen, wenn man nicht weiß, ob der Inhalt seines Vortrags auch seiner Ueberzeugung entspricht? Wie wenig würdevoll ist es überhaupt, von einem Beamten zu verlangen, daß er etwas vertritt, was ihm nicht richtig erscheint. In welche schiefe Lage versetzt man ihn, wenn man einem Vertheidiger die Möglichkeit giebt zu sagen, das, was der Staatsanwalt ausgeführt habe, möge er wohl auf höheren Befehl ausgeführt haben; daß das seine persönliche Ansicht sei, könne er unmöglich annehmen!

Nun ist es ja allerdings richtig, daß man einen Unterschied machen muß zwischen Thatfragen und Rechtsfragen.

Hinsichtlich der ersteren stehe ich keinen Augenblick an zu behaupten, daß es geradezu ein Unding wäre, vor dem Verhandlungstermin dem Vertreter der Staatsanwaltschaft vorschreiben zu wollen, daß er seine Anträge so und nicht anders zu stellen habe. Niemand vermag vorauszusehen, wie eine Beweiserhebung sich im Termin gestalten werde. Die Fälle, in denen ein schwer belasteter Angeklagter im Verhandlungstermin im Stande ist, seine Unschuld zu beweisen, sind, wenn auch nicht zu häufig, so doch jedenfalls nicht wegzuleugnen. Und da sollte ein Staatsanwalt trotzdem verpflichtet sein, auf ihm unter anderen Voraussetzungen gegebenen Befehl das „Schuldig" zu beantragen? Das ist so widersinnig, daß es gar nicht widerlegt zu werden braucht. Das hat auch die Regierung nicht gewollt, und man kann nicht wissen, wie viele Abgeordnete lediglich unter dem Eindrucke, daß ja etwas so Ungeheuerliches gar nicht erst verboten zu werden brauche, gegen den Antrag gestimmt haben. Diese Auffassung würde auch ihre Herrschaft haben behaupten können, wenn eben jene Anträge nicht gestellt worden wären. Dadurch aber, daß man sie — einmal gestellt — abgelehnt hat, hat man die Staatsanwaltschaft in den Augen der Bevölkerung zu einer zu blindem Gehorsam verurtheilten Maschine degradirt und ihr Ansehen dadurch empfindlich geschädigt.

Denn nicht viel anders, als mit den Thatfragen, verhält es sich mit den Rechtsfragen. Auch hier kann die Beweisaufnahme zu einer wesentlich anderen rechtlichen Beurtheilung führen, als man dem Falle vorher angedeihen ließ. Um das von dem Regierungsvertreter in der Reichstagsverhandlung in's Gefecht geführte Beispiel von der Qualifikation eines Schriftstücks als einer Urkunde aufzunehmen, so ist es freilich richtig, daß, wenn vor der Verhandlung die Rechtsansicht vorhanden war, die Urkundenqualität sei dargelegt, diese Ansicht sich im Laufe der Verhandlung kaum ändern werde. Ausgeschlossen ist es aber doch keineswegs, daß Momente hervortreten, die diese Ansicht modifiziren müssen. Es gehört doch gewiß nicht zu den allergrößten Seltenheiten, daß ein der schweren Urkundenfälschung Angeklagter wegen Betrugs verurtheilt wird. Sollte in einem solchen Falle, wo die Urkundenqualität unzweifelhaft beseitigt ist, ein Staatsanwalt, ihm gewordener Weisung folgend, hartnäckig die Bestrafung wegen schwerer Urkundenfälschung beantragen, so würde er sich nicht nur für seine Person lächerlich machen, er würde dem öffentlichen Rechtsbewußtsein in's Gesicht schlagen und den von ihm vertretenen Staat kompromittiren. Es kommt hinzu, daß Thatfragen und Rechtsfragen sich schlechterdings nicht immer ausschließen, daß sie vielmehr einander sehr häufig durchdringen. Wo soll die Grenze sein, die dem Staatsanwalt gestatten soll, eine genügende Verschiebung thatsächlicher Momente für erwiesen anzusehen, um von seiner gebundenen Marschroute abweichen zu dürfen? Und jedenfalls widerspricht ein solches Gebundensein auf das Entschiedenste dem doch unbestrittenen Prinzip der Mündlichkeit, das unserem ganzen Gerichtsverfahren zu Grunde gelegt ist, und kraft dessen ein wirklich berechtigtes Urtheil über das Resultat der Beweisaufnahme nur innerhalb der mündlichen Verhandlung selbst gewonnen werden kann. — Der Sächsische Generalstaatsanwalt Dr. von Schwarze, also selbst ein hoher Vorgesetzter in der Staatsanwaltschaft, äußerte bei den Berathungen in der Kommission: in Sachsen habe man nie daran gezweifelt, daß jeder Staatsanwalt berechtigt und verpflichtet sei, am Schlusse der Hauptverhandlung nur seine eigene, aus der Verhandlung gewonnene Ueberzeugung über die Ergebnisse der Beweisaufnahme vorzutragen. Er würde es für eine Pflichtverletzung ansehen, wenn ein Staatsanwalt am Schlusse der Hauptverhandlung einen Antrag stellen würde, welcher seiner innersten Ueberzeugung nicht entspreche. — Es will mich bedünken, als habe der Herr den Nagel auf den Kopf getroffen.

Wir haben die sich nach dem Stande unserer Gesetzgebung ergebenden Möglichkeiten betrachtet; sehen wir uns nun auch einmal in der Wirklichkeit um. Da werden wir sehr bald wahrnehmen, daß die an die Wand gemalten Gefahren ihre Schrecken verlieren. Es kommt wohl vor, daß in besonders wichtigen Angelegenheiten, bei besonders Aufsehen erregenden Vorkommnissen ein Vorgesetzter mit dem zur Vertretung im Verhandlungstermin beauftragten Staatsanwalt die Sache vorher bespricht und über seine Stellungnahme berathet, ebenso werden wohl jungen unerfahrenen Vertretern der Behörde gewisse Direktiven mit auf den Weg gegeben. Aber das Alles geschieht nur im Interesse einer sachgemäßen Behandlung des Gegenstandes, eines würdevollen Auftretens des Staatsanwalts, und in dieser Beschränkung wird die Nothwendigkeit wohl von Niemand bestritten werden. Darüber hinaus werden niemals — auch nicht, wie ich nachdrücklichst hervorhebe, in politischen Prozessen — Weisungen ertheilt. Mir wenigstens ist weder in den langen Jahren meiner Dienstzeit bei der am meisten exponirten Preußischen und Deutschen Staatsanwaltschaft, noch vorher oder nachher jemals ein solcher Fall zu Ohren gekommen. Ich möchte auch den Oberstaatsanwalt oder Ersten Staatsanwalt noch kennen lernen, der sich herausnähme, seinen Untergebenen Weisungen ertheilen zu wollen, die mit der Realität des Falles und mit einer gewissenhaften Behandlung desselben im Widerspruch ständen. Von solchen Elementen hat man die Behörde freizuhalten gewußt. Will man sich trotzdem die Möglichkeit eines solchen Falles konstruiren, so würde seine Durchführung an dem Widerstande der Untergebenen scheitern. Der Staatsanwalt von heute ist nicht der Schwächling, der ängstlich den Mantel nach dem Winde hängt, wie ihn böswillige Gegner so gerne schildern, er ist ein Mann von ausgeprägtem Selbstbewußtsein, frei und fest auf seinen eigenen Füßen stehend, wissend, daß er eine verantwortungsreiche Position einnimmt, und bestrebt, ihr gerecht zu werden.

Und glaubt man denn, solche Vorkommnisse würden verschwiegen bleiben? Man hält ja sonst so große Stücke von der öffentlichen Meinung — N.B.! ich nicht —, glaubt man, sie würde sich solche gefundenen Bissen entgehen lassen? Ich möchte den Lärm wohl hören, der entstehen möchte, wenn ein solcher Vorgang einmal bekannt würde. Daraus, daß die öffentliche Meinung sich niemals mit solchen Fällen beschäftigt, darf man wohl schließen, daß sie keine Gelegenheit dazu hat, daß solche Fälle eben einfach nicht existiren.

Damit harmonirt auch vollkommen das Auftreten der Vertreter der Staatsanwaltschaft im Verhandlungstermin. Es gehört zu den tagtäglichsten Vorkommnissen, daß ein Staatsanwalt, der Anfangs überzeugt für seine Anklage eingetreten ist, im Laufe der Verhandlung, sei es in Folge des thatsächlichen Ergebnisses der Beweisaufnahme, sei es, daß die letztere eine Aenderung seiner juristischen Auffassung zu Wege gebracht hat, die Freisprechung des Angeklagten oder seine Verurtheilung aus einem anderen rechtlichen Gesichtspunkte beantragt, ja daß er neben einem Antrag auf Freisprechung des Angeklagten eine strafrechtliche Verfolgung gegen einen Zeugen ankündigt oder alsbald in die Wege leitet, wie dies des Oefteren schon durch die sofortige Verhaftung eines Zeugen wegen Meineids geschehen ist. Niemals ist wegen eines solchen Verhaltens einem Staatsanwalt von einem Vorgesetzten ein Vorwurf gemacht worden. Diejenigen, welche das behaupten möchten, sollten sich klar machen, was das heißt. Will man in Wirklichkeit behaupten, daß in der Staatsanwaltschaft das Recht mit Füßen getreten werde, daß man darauf ausgehe, unschuldige Menschen in's Unglück zu stürzen?!

Weit eher will ich zugeben, daß zuweilen Anklagen erhoben werden, die besser unterblieben, nimmermehr aber, daß ein Staatsanwalt jemals gegen seine Ueberzeugung ein „Schuldig" beantrage oder hierzu von oben angehalten werde.

Was aber die Erhebung der Anklage anbelangt, so ist das ein gar schwieriges Ding. Der Staatsanwalt soll prüfen, ob die Merkmale einer strafbaren Handlung vorliegen und ob die vorhandenen Beweismittel zur Ueberführung ausreichen. In den weitaus meisten Fällen wird das klarliegen. Es giebt aber auch eine Menge Fälle, in denen man sich mit demselben Recht für die Anklage, wie für die Einstellung des Verfahrens entscheiden kann. Es erfordert ein ganz besonderes Geschick, das meist erst dem reiferen Staatsanwalt eigen ist, zu erkennen, welcher Alternative der Vorzug gebührt. Eine gewisse Dosis von Taktgefühl und Opportunität müssen mitsprechen, denn unhaltbare Anklagen schaden der Rechtspflege und dem Rechtsbewußtsein im Volke. Nun spiegelt sich aber auf Grund der Akten das Bild eines Prozesses sehr verschieden in den Köpfen der Menschen — nicht nur der Staatsanwälte, das sollte man beherzigen — und es ist deshalb nicht zu vermeiden, daß der Eine leichter zur Anklage geneigt sein wird, als der Andere.

Nicht einmal eine solche diskrete Handhabung der Anklagebefugnis ist indessen nach Jedermanns Geschmack. Die Doktrinäre verwerfen sie. Sie behaupten, daß sie dem Legalitätsprinzip widerspreche, und halten den Staatsanwalt für verpflichtet, jede strafbare Handlung, welche auf beliebigem Wege zu seiner Kenntniß gelange, und bei welcher er den Verdacht der Thäterschaft für ausreichend erachte, zu verfolgen, ohne irgend welche Nützlichkeitsrücksichten zu nehmen. Wer das Legalitätsprinzip in dieser starren Weise auffaßt, der kann gewiß zu keinem anderen Resultat gelangen. Aber Legalitätsprinzip und Opportunitätsprinzip schließen einander keineswegs aus, sie sind überhaupt nicht von einander zu trennen. Schon bei der Prüfung der Frage, ob nach dem Legalitätsprinzip die Erhebung der Anklage geboten erscheint, wirkt unbewußt das Opportunitätsprinzip mit, indem es den Prüfenden zwingt, sich klarzumachen, in welcher Weise dieser oder jener Beweis demnächst bei der Verhandlung der Sache wirken werde. Und treten auch bewußt Opportunitätsgründe der starren Anwendung des Legalitätsprinzips entgegen, so wird man es nur billigen können, wenn der Staatsanwalt ihnen nachgiebt, sofern nur die Unterlassung der Anklage sich mit dem Staatswohl verträgt, keinen Privaten in seiner Rechtssphäre verletzt und sich als ein geringeres Uebel darstellt, als wenn die erhobene Anklage mit einer Freisprechung endet und in Folge dessen zu übelwollender Kritik herausfordert.

Vollkommen ungerechtfertigt aber ist es, die Staatsanwälte als eine Gesellschaft von Heißspornen hinzustellen, die Anklagen fabriziren um jeden Preis, die an einer Art von Verfolgungssucht leiden und hierin von ihren Vorgesetzten noch bestärkt und unterstützt werden. Es kommt ja freilich vor, daß ein Staatsanwalt von seiner vorgesetzten Behörde angewiesen wird, eine Anklage zu erheben; das ist aber etwas so Selbstverständliches, daß man darüber gar nicht reden kann. Wie könnte wohl der Staat sich eines solchen Mittels entrathen, da ihm doch die Pflicht obliegt, das Verbrechen zu verfolgen? Und ist nicht die Staatsanwaltschaft das gerade zu diesem Zwecke geschaffene Organ? Schon in den Motiven zum Gerichtsverfassungsgesetz sagt die Regierung:

„Gegenüber der Besorgniß, daß die Staatsanwaltschaft in einzelnen Fällen durch die Justiz-Aufsichtsbehörden zu ungerechtfertigten Verfolgungen veranlaßt werden könnte, ist darauf hinzuweisen, daß der Schutz der Staatsbürger in solchen Fällen in dem Richteramt zu finden ist, und daß er durch die Unabhängigkeit des letzteren hinreichend gewährleistet erscheint. Die Staatsregierungen können die Einwirkung darauf, daß im einzelnen Falle eine Anklage erhoben werde, nicht aus ihrer Hand lassen; und es ist ja eben nur die Anklage, nicht eine Verurtheilung, zu der sie nöthigen können.“

Das sind alles so klare und selbstverständliche Dogmen, daß man es nicht nöthig haben sollte, sie noch besonders zu vertheidigen. Man sollte doch nicht immer die Sache tendenziös so hinstellen, als ob der Staatsanwalt der Mann wäre, in dessen Hand ausschließlich das Wohl und Wehe des Beschuldigten gelegt wäre. Ich sollte meinen, unsere Strafprozeßordnung habe dem Letzteren so viele Kautelen eingeräumt, wie nur denkbar. Von denen, welche das Vorverfahren und die Voruntersuchung ihm gewähren, will ich ganz schweigen und nur die schwerwiegende Befugnis erwähnen, daß er sich auch in diesem Stadium schon eines Vertheidigers bedienen darf. Aber selbst wenn die Staatsanwaltschaft die förmliche Anklage erhoben hat, ist er darum doch noch nicht rettungslos der Verurtheilung überliefert. Das Gericht hat über die Eröffnung des Hauptverfahrens zu beschließen, der Vorsitzende des Gerichts hat vorher die Anklageschrift dem Angeschuldigten mitzutheilen und ihn zugleich aufzufordern, sich innerhalb einer zu bestimmenden Frist zu erklären, ob er eine Voruntersuchung, oder die Vornahme einzelner Beweiserhebungen vor der Hauptverhandlung beantragen, oder Einwendungen gegen die Eröffnung vorbringen wolle. Ueber seine Anträge und Einwendungen beschließt das Gericht. Nur die minderwichtigen Sachen, die vor dem Schöffengericht zu verhandeln sind, sind hiervon ausgenommen. Wohl aber kann auch der Amtsrichter die Vornahme einzelner Beweiserhebungen anordnen, während in den übrigen Sachen das Gericht zur besseren Aufklärung eine Ergänzung der Voruntersuchung oder, falls eine solche nicht stattgefunden hat, die Eröffnung einer solchen oder einzelne Beweiserhebungen anordnen. Das Gericht hat demnächst die Eröffnung des Hauptverfahrens nur dann zu beschließen, wenn nach den Ergebnissen des vorbereitenden Verfahrens der Angeschuldigte einer strafbaren Handlung hinreichend verdächtig erscheint. Zu allem Ueberfluß bestimmt noch ein weiterer Paragraph, daß das Gericht bei diesem Beschluß (wie bei allen seinen Beschlüssen) an die Anträge der Staatsanwaltschaft nicht gebunden ist. Und wie bei Beschlüssen, so bei dem Urtheil. Ist die Hauptverhandlung, bei der der Angeklagte wiederum mit großen Sicherheiten umgeben ist — ich nenne nur das Recht, bei einer Anzahl schwerer Verbrechen 2c. sogar den Zwang, einen Vertheidiger zur Seite zu haben — zu Ende geführt, so hat nicht der Staatsanwalt, sondern das Gericht vollkommen frei und unabhäng das Urtheil zu finden.

Ja, aber das Uebergewicht, das der Staatsanwalt den Richtern gegenüber ausübt! Soweit sich dieser Einwurf auf die Laienrichter in der Strafrechtspflege bezieht, kann getrost auf das Gegengewicht, die Rechtsanwaltschaft, hingewiesen werden, die in heutiger Zeit ein so wohlgeschultes Vertheidigerthum an die Barre stellt, daß von einer Ungleichheit der Kräfte nicht die Rede sein kann, und Jedermann weiß, wie schwer oft der Staatsanwalt zu ringen hat, um einen Schuldigen der wohlverdienten Strafe zu überliefern. Soweit aber dieser Einwurf auch die gelehrten Strafrichter im Auge hat, so meine ich, daß man ihnen durch solche Behauptungen einen schlechten Gefallen erweise. Wo ein solches Uebergewicht wirklich einmal hervortreten sollte, da ist der Grund nicht in den gesetzlichen Waffen und in der gesetzlichen Stellung des Staatsanwalts zu suchen, auch nicht in seinen persönlichen Eigenschaften, sondern ganz allein in den persönlichen Eigenschaften des Richters, dem es dann an Kraft, Selbstbewußtsein und eigenem Urtheil mangelt.

Im Allgemeinen aber kann man — das darf zur Ehre unseres Richterthums gesagt werden — von einem solchen Uebergewicht nicht reden, so seltsame Blüthen die Furcht vor diesem Gespenst auch schon getrieben hat. Ist doch ein Berliner Richter, Herr Aulus Agerius, in den Preußischen Jahrbüchern schon einmal so weit gegangen, der Staatsanwaltschaft ihren erhöhten Sitz an der Tafel des Gerichtshofs zu mißgönnen und im Interesse der Beseitigung ihres verderblichen Einflusses auf die Richter zu verlangen, daß sie gleich dem Vertheidiger eine Stufe tiefer Platz nehme! Herr Agerius möge sich beruhigen, er wird das niemals erreichen. Die Staatsanwaltschaft ist eine Königliche Behörde, der amtirende Staatsanwalt ist ein integrirender Bestandtheil des Gerichtshofs; es gebührt ihm eine innere und eine äußerliche Gleichstellung mit dem Gerichtshof, und er wird sich, so nebensächlich die Frage erscheint, aus dieser Position niemals vertreiben lassen. Er möge sich aber auch im Uebrigen beruhigen. Die Staatsanwaltschaft wird ebensowenig wie überhaupt, so auch durch den Umstand, daß ihr Sessel auf demselben Podium mit dem des Richters steht, zu einem unberechtigten Einfluß auf die Richter sich mißbrauchen lassen.

Sie wird also de jure wie de facto im Strafprozeß immer nur die Anregung haben. Von allen Faktoren, die in demselben mitwirken, hat sie bei Weitem die geringsten ausschlaggebenden Befugnisse. Der arme Sünder ist ihr nicht so, wie man gern glauben machen möchte, auf Gnade und Ungnade in die Arme geliefert. Sie hat überall nur die Initiative. Und nur, weil sie diese hat, weil die Person des Staatsanwalts in Folge dieser seiner Bestimmung überall besonders erkennbar, besonders handelnd hervortritt, deßhalb richten sich gegen ihn vorzugsweise die Angriffe und Anfeindungen. Wer aber etwas genauer hinblickt, der wird sehr bald erkennen, wie ein großer Theil dieser Angriffe und Anfeindungen von den schlechteren Elementen der Bevölkerung ausgehen und sich in Wirklichkeit nicht gegen das Institut der Staatsanwaltschaft, sondern gegen das ganze Strafsystem richten; sie verkörpern das letztere in dem ihnen am meisten in's Auge fallenden Staatsanwalt und verfolgen ihn mit ihrem Hasse.

Sie sind es nicht, die ihre Klagen wegen mangelhaften Schutzes des Verletzten durch Unterlassung von Anklagen erheben, nein, umgekehrt, sie beklagen sich über die grundlose Verfolgung armer Unschuldiger, über das Uebermaß in der Erhebung von Anklagen durch die verfolgungssüchtigen Staatsanwälte. Das kann nicht sonderlich Wunder nehmen. Daß aber auch Juristen sich dazu herbeilassen, solchen Verhetzungen zu accompagniren, das ist tief bedauerlich. Und daß es zum Theil dieselben Juristen sind, die ein Schutzmittel gegen unberechtigte Verweigerung der Strafverfolgung statuirt wissen wollen, das wirkt komisch. Die Staatsanwaltschaft mag es eben machen, wie sie will, sie macht es immer falsch.

Nun frage ich aber: was in aller Welt kann einem Staatsanwalt persönlich gleichgültiger sein, als ob er eine Anklage erhebt, oder nicht? Wer ihn nicht ohne Weiteres zu einem Ehrlosen stempeln will, der wird es ebenso für eine Unmöglichkeit ansehen müssen, daß er absichtlich einen Unschuldigen verfolge, wie daß er absichtlich einen Schuldigen entschlüpfen lasse. Wenn nur Diejenigen, welche sich berufen fühlen, über die Staatsanwaltschaft zu Gericht zu sitzen, die gleiche Unparteilichkeit üben wollten, wie die Staatsanwälte! Dann würden sie anerkennen müssen, daß diese Herren sich lediglich als den Arm der Gerechtigkeit betrachten, dessen der Staat bedarf, um das Verbrechen nicht aufkommen zu lassen; von jeder Leidenschaftlichkeit bei diesem Berufe sind sie vollkommen frei. Es soll nicht bestritten werden, daß ein gewisser Ehrgeiz vorhanden sein kann, eine einmal erhobene Anklage mit günstigem Erfolge durchzufechten. Aber doch gewiß nur dann, wenn der betreffende Staatsanwalt von der Begründetheit seiner Anklage überzeugt ist, wenn er — vielleicht vor dem Schwurgericht — einen besonders schwierigen Stand hat und fürchten muß, daß der schuldige Angeklagte durch die Ränke, die er in seiner Vertheidigung, durch falsche Zeugen oder sonstwie macht, sich aus der Schlinge ziehen werde. Dann ist es ihm nicht nur nicht zu verdenken, wenn sein Ehrgeiz aufbäumt, dann ist das seine Pflicht!

Einen solchen Ehrgeiz aber bei ihm auch darin vorauszusetzen, daß er möglichst viele Anklagen erhebe, ist geradezu kindlich.

Ja, aber die Staatsanwälte verlieren bei der fortwährenden Beschäftigung mit der Anklageerhebung den freien Blick und das richtige Urtheil. — „In Wirklichkeit erzeugt nun aber der ständige Beruf der Anklage in der Staatswaltschaft eine Rechtsauffassung und einen Maßstab der Strafbarkeit, welche derjenigen gebildeter Laien geradezu unverständlich bleiben.“ — Ich bedauere es aussprechen zu müssen, daß Holtzendorff es war, der diese Behauptung wörtlich aufgestellt hat, denn ich halte den Satz seiner wenig würdig.

Im Allgemeinen pflegt man doch anzunehmen, daß Jemand, der sich fortwährend und ausschließlich mit einer Thätigkeit befaßt, dieselbe ganz besonders beherrschen, ihre Wirkungen vor Anderen kennen lernen wird. „Uebung macht den Meister", sagt man. Weßhalb das gerade bei der Staatsanwaltschaft anders sein sollte, vermag ich nicht einzusehen. Wenn man sich freilich in blinder Voreingenommenheit so weit hinreißen läßt, sie mit einem Stier zu vergleichen, dem man nur einen rothen Lappen vorzuhalten braucht, um ihn in Wuth zu versetzen, dann wird man sich über die Konsequenzen einer solchen Ansicht nicht wundern dürfen. Mit solchen Leuten wird dann aber auch nicht mehr zu streiten sein.

„In Wirklichkeit" erzeugt der „ständige Beruf der Anklage" bei der Staatsanwaltschaft durchaus keine verkehrte Rechtsauffassung und dergleichen. Wohl aber lernt der Staatsanwalt mit der Zeit genauer unterscheiden, ob die Lage der Beweise im gegebenen Falle eine Verurtheilung erwarten läßt oder nicht. Er wird deßhalb allmählich vorsichtiger werden, und wenn sein „ständiger Beruf" in dieser Richtung überhaupt eine Folge hat, so kann es nur die sein, daß weniger, jedenfalls nicht, daß mehr Anklagen erhoben werden. Denn daran, daß möglichst viele seiner Anklagen mit einer Freisprechung enden, hat der Staatsanwalt wahrlich kein Interesse.

Trotzdem, sagt man, hat er ein Interesse daran, möglichst zahlreiche Anklagen zu erheben, denn er macht sich dadurch lieb' Kind nach oben hin, wo das gewünscht wird. — „Seit etwa zwanzig Jahren sieht man in den oberen Regionen auch außerhalb der politischen Sphäre die Ausdehnung des Gebietes des Strafbaren als eines der Mittel im ‚Kampf für Ordnung und Sitte' an. ‚Je mehr gestraft wird, d. h. je extensiver und energischer die Strafgesetze gehandhabt werden, um so mehr Ordnung ist im Lande!' heißt es." — Ich würde Herrn Aulo Agerio — denn ihm gebührt der Ruhm dieser Behauptung — zu Danke verpflichtet sein, wenn er mir verrathen wollte, woher ihm diese Kenntniß geworden ist. Bis dahin wird er mir erlauben müssen anzunehmen, daß er an Alpdrücken leidet.

Innerhalb der Staatsanwaltschaft ist von der Aufstellung eines solchen Grundsatzes in den „oberen Regionen" nichts bekannt und dementsprechend auch nichts von der Einwirkung auf die Beamten der Staatsanwaltschaft. Wenn aber Herr Aulus Agerius die persönliche Ansicht eines alten Staatsanwalts zu hören nicht verschmähen will, so will ich ihm sagen, daß es nach meinem Dafürhalten allerdings nichts schaden könnte, wenn in unserer Zeit die Zügel etwas straffer angezogen würden, aber nicht bei der Staatsanwaltschaft, sondern bei den Gerichten. Die Staatsanwaltschaft soll sich nach wie vor von unbegründeten und aussichtslosen Anklagen fern halten; das wird auch von der Justizverwaltung für richtig gehalten. Ich könnte zahlreiche Fälle nennen, in denen die „oberen Regionen" der Ansicht waren, daß die Erhebung der Anklage besser unterblieben wäre.

Was man aber ganz und gar außer Acht zu lassen scheint, das ist, daß alle diese Dinge, wenn sie bewiesen wären, wohl geeignet wären, einen Vorwurf gegen die Justizverwaltung zu richten, nicht aber gegen die Staatsanwaltschaft. Denn wo steht denn geschrieben, daß die letztere unberechtigten Anforderungen von oben nachgeben würde? Aulus Agerius freilich behauptet es; er sagt: „die Lösung dieser Aufgabe (die energischere Handhabung der Strafgesetze) wird in erster Linie von der Staatsanwaltschaft verlangt, und diese hat sich ihr mit außerordentlicher Energie unterzogen. Sie sieht es als ihre Aufgabe an, einer thunlichst ausdehnenden Anwendung der Strafgesetze das Wort zu reden." Allein das ist genau so beweislos, wie der Vordersatz, der der Justizverwaltung vorwirft, eine allzu große Fruchtbarkeit der Staatsanwaltschaft in der Erhebung der Anklagen hervorgerufen zu haben. Wenn etwas die Staatsanwaltschaft in dieser Beziehung in eine Zwangslage versetzt hat, so ist es nicht das Verhalten der Justizverwaltung, sondern die Rechtsprechung des Reichsgerichts. Diese hat allerdings, wie ich zugeben muß, in einer Reihe von Fällen eine Judikatur geübt, die nicht nur mit den bisherigen Gepflogenheiten der preußischen Staatsanwaltschaft und der preußischen Strafgerichte, sondern auch mit der Rechtsanschauung des Volkes im Widerspruch steht. Dadurch ist die Staatsanwaltschaft gezwungen worden, in Fällen Anklage zu erheben, in denen sie das früher nicht that, und in denen sie es auch jetzt wohl lieber unterlassen würde. Allein aus dieser Zwangslage kann man für sie doch unmöglich einen Tadel herleiten; genau in derselben Zwangslage befinden sich der Strafrichter und der Civilrichter. Der Justizminister aber hat wahrlich Wichtigeres zu thun, als ängstlich darüber zu wachen, ob ein Staatsanwalt ein paar Anklagen mehr oder weniger erhebt.

Das könnte sich nun freilich ändern, wenn es sich um Prozesse politischer Natur handelt.

Damit habe ich ein Gebiet betreten, das mir so außerordentlich unsympathisch ist, daß ich es am liebsten ganz gemieden hätte. Das ist jedoch ganz unmöglich, denn gerade hier setzen die Gegner der Staatsanwaltschaft am heftigsten ein, und hier gerade wird ihnen leider am meisten geglaubt.

So lange eine Staatsanwaltschaft in Preußen existirt, ist man nicht müde geworden, die furchtbaren Gefahren zu schildern, die dadurch entstehen können, wenn die Regierung sich der Staatsanwaltschaft zu politischen Zwecken bedienen sollte. Schriftsteller der verschiedensten Art haben sich an diesen Bemühungen betheiligt, in erster Linie natürlich wieder Professoren, v. Holtzendorff, Tinsch, Schmidt und Andere, aber auch Richter, und unter ihnen selbstverständlich wieder Aulus Agerius. Ganz neuerdings ist diesem Justus Clemens zu Hilfe gekommen, der in einer Broschüre: „Strafrecht und Politik" kriminalistische Gedanken eines alten Richters zum Besten giebt und so weit geht, ohne Weiteres die pure Abschaffung der ganzen Staatsanwaltschaft zu fordern.

Justus Clemens hat mir großen Respekt eingeflößt. Es ist offenbar ein vielseitiger, vielbelesener und vielerfahrener Mann, er spricht in ein und demselben Athem über sehr, sehr viele Dinge, er hat es fertig gebracht, den 103 Seiten seiner Schrift 104 Ueberschriften zu geben, aber überzeugt hat er mich so wenig, wie die Anderen. Auch muß ich ihm leider nachsagen, daß er durchaus nicht immer justus, und nicht immer clemens ist, namentlich wenn es sich um eine Polemik gegen die Staatsanwaltschaft handelt.

So lange mir nicht Jemand das Gegentheil beweist, behaupte ich, daß die Gefahr, die Staatsanwaltschaft könne sich zu politischen Zwecken mißbrauchen lassen, bei ihr nicht größer ist, als bei jedem anderen Beamten, mit Ausnahme vielleicht des Richters, daß sie aber auch bei diesem nicht gänzlich ausgeschlossen ist. Eine Regierung, die gewissenlos genug wäre, sich ihrer Beamten in dieser Weise zu bedienen, hat wahrlich noch andere Mittel, als Versetzung und Wartegeld. Inaussichtstellung und Versagung von Beförderungen sind die Magnete, die ehrgeizige Beamte locken, und nur der Ehrgeizige wird der Versuchung erliegen, der Stumpfe nicht. Wo da aber in dieser Beziehung ein Unterschied zwischen Staatsanwalt und anderen Beamten obwalten soll, daß ist nicht ersichtlich. Die Macht des Staatsanwalts ist geringer, als die anderer Beamten, namentlich die des Richters. Der bestochene Richter kann hundertfach größeres Unheil anrichten, als der bestochene Staatsanwalt. Man vergißt eben immer wieder, daß der Staatsanwalt nur die Initiative hat, daß er niemals berufen ist, ein entscheidendes Wort zu sprechen.

In dieser seiner Stellung liegt freilich wieder ein Hauptgrund, weßhalb er auch in politischen Prozessen leicht als derjenige angesehen wird, der „an Allem Schuld" ist. Er leitet die Verfolgung ein, er tritt überall im Prozesse als der betreibende Theil auf, er heischt die Bestrafung. Es ist zu entschuldigen, wenn die politisch anders denkende große Menge in solchen Fällen in dem Staatsanwalt ihren Feind sieht, der nicht in Ausübung seiner Pflicht, sondern gegen seine Ueberzeugung in liebedienerischem Gehorsam gegen seine Vorgesetzten handelt; der Juristenwelt angehörige Schriftsteller aber sollten sich von solchem Wahne frei halten.

Wenn in politisch bewegten Zeiten die Staatsanwaltschaft besonders rauh eingegriffen hat, so ist das stets auf dem Boden des Gesetzes geschehen. Das aber ist Pflicht der Staatsanwaltschaft. Man verwechselt nur zu häufig die Thätigkeit des öffentlichen Anklägers und die des Gesetzgebers. Wenn der Gesetzgeber ein Sozialistengesetz erlassen hat, so hat der Staatsanwalt daran keinen Antheil. Wenn das Sozialistengesetz aber zu Recht besteht, dann hat der Staatsanwalt es anzuwenden, es steht ihm kein Recht der Prüfung zu, ob er seine Strafbestimmungen so und nicht vielleicht anders gefaßt haben würde, wenn er der Gesetzgeber gewesen wäre, und er wird ganz naturgemäß desto schroffer vorgehen, je dreister und zahlreicher die Uebertretungen des Gesetzes sich hervorwagen.

Die Justizverwaltung hat damit herzlich wenig zu thun. Wenn sie aber in solchen Zeiten einen säumigen Staatsanwalt anspornt oder einem allzu eifrigen in die Zügel fällt, dann ist das ihr gutes Recht und für eine gesunde Rechtsprechung und das Wohl des Staates durchaus erforderlich.

Die Staatsanwaltschaft ist vermöge ihrer besonderen Artung ein gar zu bequemes Objekt für theoretische Exkursionen, eine treffliche Zielscheibe für schriftstellerische Pfeile. Der eine versucht es hier, der andere da. Erscheint dem einen die hohe Politik als ein angemessener Ausgangspunkt für allerlei Bemängelungen, so giebt dem anderen wieder die Stellung des öffentlichen Anklägers im Strafverfahren zu allerhand gelehrten Untersuchungen willkommenen Anlaß.

Ist der Staatsanwalt im Strafprozeß Partei, oder ist er es nicht?

Mittermaier hat über diese Streitfrage einen stattlichen Band geschrieben, ein für Jeden, der sich für solche wissenschaftlichen Erörterungen interessirt, sehr empfehlenswerthes Buch, das in seinen ganzen vornehmen Ausführungen äußerst vortheilhaft absticht von dem blinden Eifer, den man auf diesem Gebiete anzutreffen pflegt, und das auch der Staatsanwaltschaft volle Gerechtigkeit widerfahren läßt.

Ein hervorragend praktischer Werth dürfte aber diesen Untersuchungen kaum beizulegen sein. Von vornherein fragt es sich, ob es wohlgethan ist, Alles und Jedes in ein System pressen, nach einer Schablone bestimmen zu wollen, wie eine Pflanze nach der Anzahl der Staubfäden ihrer Blüthe. Ich halte es nicht für nothwendig, die Frage, ob die Staatsanwaltschaft als Partei anzusehen ist, überhaupt zur Entscheidung zu bringen. In dem Sinne, in dem man im gewöhnlichen Leben und im Civilprozeß von Parteien spricht, giebt es im Strafprozeß keine Parteien. Gleichwohl wird man die Parteistellung des Staatsanwalts nicht negiren können, insofern er als Vertreter des Staates einen Kampf gegen das Verbrechen führt. Damit ist aber das Wesen seines Amtes nicht erschöpft. Höhere Rücksichten auf das Staatswohl müssen ihn bestimmen, in gewissem Sinne über den Kämpfenden zu stehen, ja gleichzeitig die Interessen des Gegners wahrzunehmen, indem er darüber zu wachen hat, daß der Angeklagte in seinen prozessualischen Rechten nicht verkümmert, und kein Unschuldiger bestraft wird. Ob man das nun so ausdrücken will: „Die Staatsanwaltschaft ist Partei, aber mit Einschränkungen, Abweichungen und gewissen, über die Parteirechte hinausgehenden Befugnissen und Pflichten", oder so: „Die Staatsanwaltschaft ist nicht Partei, aber es stehen ihr gewisse Parteirechte zu", das ist mir vollkommen gleichgültig.

Nicht gleichgültig jedoch sind mir die Folgen solcher Lust am Definiren. Denn die Gegner der Staatsanwaltschaft benutzen sofort den Streit über den Begriff des Instituts, um diesem selbst zu Leibe zu gehen. Sie sagen: da sieht man es ja, wie ungesund das System der Staatsanwaltschaft in seinem Innern ist; nicht einmal den Begriff seines Wesens kann man feststellen. Darauf kann nur abermals erwidert werden, daß dazu auch gar kein Bedürfniß vorliegt. Der Staatsanwalt ist ein Beamter, dessen Rechte und Pflichten gesetzlich ganz genau begrenzt und geregelt sind. In diesen gesetzlichen Bestimmungen liegt die Definition seines Wesens, und es ist um so weniger erforderlich und ausführbar, ihn in Klasse und Spezies einzureihen, als er eben ein ganz singulärer Beamter ist, mit keiner Spezies so verwandt, um ihn ihr unterzuordnen.

Wenn man aber weiter geht und die Behauptung aufstellt, die Unhaltbarkeit des Instituts werde schon dadurch klargelegt, daß es unmöglich sei, so viele und so verschiedene Funktionen in einer und derselben Persönlichkeit zu vereinigen, so meine ich, die praktische Erfahrung habe diesen Einwurf längst widerlegt. Es ist ganz richtig, daß die Häufung verschiedener Verrichtungen in einer Hand ihre Grenzen hat, aber so verschieden sind die Funktionen des öffentlichen Anklägers nicht, daß sie sich nicht von einer Stelle aus wahrnehmen ließen. Man muß nur seine Position ein wenig höher auffassen, als die einer Parteistellung im Strafprozeß mit einer Anzahl Modifikationen. Dem Staatsanwalt, der sich als unmittelbaren Vertreter der Staatsraison betrachtet, die ein gleiches Interesse an der Bestrafung des Bösewichtes, wie an dem Schutze des Unschuldigen hat, wird es leicht fallen, diese beiden Gesichtspunkte auch gleichmäßig in seinem Auftreten zur Geltung zu bringen. Er wird das Schwergewicht seines Handelns zunächst stets gegen den Angeklagten richten, denn wenn er ihn nicht für schwer verdächtigt angesehen, würde er ihn nicht angeklagt haben; das wird ihn aber nicht hindern, Alles, was in den eigenen Angaben des Angeklagten und in der Beweisaufnahme zu seinen Gunsten zu Tage tritt, gewissenhaft zu prüfen und eventuell zu Gunsten des Angeklagten in die Schranken zu treten. Ich sollte meinen, unsere Staatsanwälte hätten Fähigkeit und guten Willen zu solcher unparteiischen Durchführung ihrer Rolle längst bewiesen.

Deshalb muthet es auch eigenthümlich an, wenn einzelne Theoretiker so exzentrisch veranlagt sind, daß sie für den Angeklagten neben dem von ihm gewählten oder vom Gericht ihm zugewiesenen Vertheidiger noch einen Staats-Vertheidiger verlangen, dem sie diejenigen Funktionen übertragen wissen wollen, welche dem Staatsanwalt in Folge der höheren Anschauung von seinem Amte neben seiner eigentlichen Anklage-Thätigkeit gegenwärtig zustehen. Der

Staatsanwalt würde dadurch ganz und gar in seine Parteistellung zurückgedrängt werden. Der Staat aber würde ganz unnützer Weise zwei seiner Beamten gegen einander hetzen, er würde ein Ringen mit sich selbst veranstalten, und der Angeklagte, wegen dessen dieser ganze sonderbare Zweikampf stattfinden soll, würde nicht um ein Deut besser daran sein, als jetzt.

Das ist eine inferiore Auffassung, mit der nicht zu rechten ist. Sie harmonirt aber völlig mit der ganzen Kampfesweise, deren man sich von gewissen Seiten gegen die Staatsanwaltschaft zu bedienen beliebt, und die, wenn sie nichts Sachliches mehr vorzubringen hat, in persönlichen Spitzen ausartet. Es wäre ja nach der Meinung dieser Leute wohl denkbar, die Einrichtung so, wie sie besteht, bestehen zu lassen, wenn man sie nur in anderen Händen wüßte. Aber unsere Staatsanwälte sind in ihren Augen durchweg heillose Streber, die die Staatsanwaltschaft nur als Durchgangsstadium betrachten, um durch möglichst aggressives und rücksichtsloses Vorgehen die Aufmerksamkeit auf sich zu lenken, durch möglichst große Erfolge (als welche man das Herausschlagen einer recht hohen Ziffer von Jahren Gefängniß und Zuchthaus anzusehen pflegt) sich das Wohlwollen der Vorgesetzten und der Regierung zu erwerben und dann, sobald irgend thunlich, in hohe Aemter und fette Pfründen aufzusteigen.

Es ist traurig, daß solche Meinungen überhaupt ausgesprochen werden; das kann aber nicht der Nothwendigkeit überheben, sie zu widerlegen und zurückzuweisen.

Bekanntlich giebt es zwei Arten von „Strebern". Die eine, die ihre Mittelmäßigkeit hinter übertriebenem Eifer verbirgt, die kein Rückgrat hat, sondern immer nur katzenbuckelt und schmeichelt, die keine Kameradschaftlichkeit kennt, sondern dem Kollegen nur zu schaden sucht, um sich selbst in desto helleres Licht zu setzen, die lieber ihr Gewissen Schiffbruch leiden, als ihre Carrière verderben läßt, die aus Allem, was vorkommt, nur für sich einen Vortheil zu ziehen, einen Pas im Avancement zu machen sucht, — diese Art ist mir über die Maßen zuwider. Man findet sie überall, auch innerhalb der Staatsanwaltschaft. Aber es darf zu der letzteren Lobe ausgesprochen werden, daß sie hier nur ganz vereinzelt vorkommt. Das liegt an dem gesunden Kern, an dem guten Ton, an dem kameradschaftlichen Wesen, das diese Behörde vor anderen auszeichnet.

Die zweite Art ist Männern eigen, deren geistige Befähigung über dem Durchschnitt steht, die etwas gelernt haben, und die auch durch gewisse Begabungen persönlicher Art sich hervorthun. Sie stellen diese ihre Eigenschaften mit Vorliebe in den Dienst der Staatsanwaltschaft, weil diese Behörde solche Persönlichkeiten braucht, und weil sie hoffen können, in dieser Behörde durch strenge Pflichterfüllung, aber auch durch die Gelegenheit persönlicher Hervorkehrung ihrer Fähigkeiten Anerkennung zu finden und demnächst auch eine höhere, ihren Leistungen entsprechende Stellung im Staatsdienst zu erlangen.

Diese Art von Streberthum ist mir äußerst sympathisch. Sie ist — wie schon angedeutet — bei dem Gros der Staatsanwaltschaft vertreten und hat nicht wenig dazu beigetragen, ihr Ansehen zu heben.

Es ist nicht so leicht, den Anforderungen zu genügen, die an einen tüchtigen Staatsanwalt gestellt werden müssen, und deshalb ist die größte Sorgfalt in der Auswahl geboten. Wer nicht die erforderlichen Garantien bietet, Den sollte man gar nicht erst in der Staatsanwaltschaft beschäftigen, es werden doch nur Enttäuschungen die Folge sein. Sobald man aber merkt, daß man sich in einer Persönlichkeit geirrt hat, muß dieselbe unbedingt entfernt werden. Schon diese Nothwendigkeit würde ausreichen, die unbeschränkte Aufsicht der Justizverwaltung und die Versetzbarkeit des Staatsanwalts in ein anderes Amt zu rechtfertigen. Der Mißbrauch dieser Befugniß ist weit weniger bedenklich, als die ungenügende Anwendung derselben, und wenn ich richtig beobachtet habe, läßt man gerade in diesem Punkte ein wenig zu viel Schonung und Rücksicht walten.

Der Staatsanwalt muß vor allen Dingen ein völlig intakter Mann sein. Integer vitae scelerisque purus, so muß sein Lebenswandel ausschauen, Ein Mann von Charakter, von persönlichem Muth, mit einem ausgeprägten Ehrgefühl und vornehmer Gesinnung, mit sicherem und formgewandten Auftreten. Ebenso wenig, wie an ihm, darf an seiner Familie der geringste Makel haften; selbst eine Mesalliance kann nicht geduldet werden. Man werfe hier nicht ein, daß derartige Forderungen doch bei allen Beamtenkategorieen aufgestellt werden müssen. Ich mag nicht exemplifiziren, aber das darf ich doch andeuten, daß bei allen anderen Beamtenklassen Eventualitäten der letzteren Art leicht mit unterlaufen können, ohne überhaupt bemerkt zu werden, daß aber beim Staatsanwalt diese Dinge stets sofort an die Oeffentlichkeit gezerrt werden und seinem und der ganzen Behörde Ansehen schaden. Sodann aber ist auch bei keiner Behörde so leicht die Möglichkeit der Remedur gegeben, wie gerade beim Staatsanwalt in Folge seiner abhängigen Stellung, wiederum ein Beweis, wie unentbehrlich diese Abhängigkeit ist.

Selbst die äußere Erscheinung des Staatsanwalts ist nicht ganz gleichgültig. Es kann und braucht nicht jeder ein Adonis zu sein, aber körperliche Eigenthümlichkeiten, die zum Belächeln oder bei Uebeldenkenden zum Spott herausfordern, sind nicht zum Vortheil seines Amtes. Demgemäß muß er auch selbst Obacht auf sein Aeußeres geben. Es ist nicht vonnöthen, daß er stets als Elegant nach der neuesten Mode auftritt, aber eine gewisse Pflege seiner Person und seiner Tracht ist unerläßlich.

Ebenso kann seine politische Richtung nicht als ganz gleichgültig angesehen werden. Es ist nicht erforderlich, daß ein jeder Staatsanwalt einer konservativen Partei angehöre. Daß man aber nicht über seine Gesinnung hinwegsehen kann, das ergiebt sich daraus, daß es wohl schwerlich wohlgethan sein möchte, einen Sozialdemokraten zum Staatsanwalt zu machen. Wer eine solche Stelle einnehmen will, der muß durchaus königstreu und vaterlandsliebend sein; er darf keiner Partei mit destruktiven Tendenzen, keiner Partei angehören, welche gewerbsmäßig der Regierung Opposition macht. Im Uebrigen wird er gut thun, sich bei politischen Agitationen, gleichviel welcher Art und Richtung, nicht zu betheiligen und überhaupt in politischen Dingen so wenig, als nur irgend möglich, in die Oeffentlichkeit zu treten.

Der Staatsanwalt muß einen großen Schatz von Lebenserfahrung besitzen, zumal wenn er in größeren Städten seines Amtes walten soll. Ein öffentlicher Ankläger, der den geheimen Kniffen der Verbrecherwelt, kaufmännischer Rechnungsweise, Usance und Routine und tausend anderen Dingen ohne Kenntniß und folglich hülflos gegenübersteht, wird dem Verbrechen keinen Abbruch thun. Gleichwohl rede ich nicht der Forderung das Wort, nur Staatsanwälte von reiferem Alter anzustellen. Man möge junge Leute verwenden, doch dämpfe man ihren oft zu heftigen Feuereifer und lasse sie Anfangs einfache und erst ganz allmählich schwierigere Sachen bearbeiten und namentlich im Verhandlungstermin vertreten.

Weit eher möchte ich es gutheißen, allzu alte Herren, deren Energie nachläßt, von der Mitgliedschaft der Behörde auszuschließen.

Denn der Staatsanwalt muß ein durchaus thatkräftiger Mann sein. Furcht und Aengstlichkeit darf er nicht kennen, ebenso wenig unangebrachte Rücksichten, wenn er überzeugt ist, auf der richtigen Fährte zu sein. Wohl aber soll er die Verfolgung des Verbrechens leidenschaftslos betreiben, würdig seines hohen Mandanten, des Staats. Er soll keinen Unschuldigen verfolgen und die Verfolgung, sobald er seinen Irrthum erkannt hat, sofort aufgeben, ja selbst dem Schuldigen gegenüber nur die Gerechtigkeit im Auge haben.

Um das durchführen zu können, ist es nothwendig, daß ihn seine Privatverhältnisse — abgesehen von der Abhängigkeit seinen Vorgesetzten gegenüber — nach jeder Richtung hin vollkommen unabhängig erscheinen lassen. Nichts darf existiren, was ihn nach irgend einer Seite beeinflussen könnte; keine Nebenbeschäftigung darf er betreiben, die ihn irgendwie in einen Konflikt bringen könnte; seine Vermögensverhältnisse müssen durchaus geordnet sein, es ist sogar wünschenswerth, daß er einiges Aktivvermögen besitzt, damit er nicht allein auf sein Diensteinkommen angewiesen ist.

In der Audienz muß sein ernster Wille, nur Gesetz und Gerechtigkeit zu erstreben, unverkennbar hervortreten. Seine eigene Persönlichkeit muß ganz in seinem Amte aufgehen, denn nicht er steht an der Stelle, sondern der Staat, er ist nur der Vertreter. Jedermann, auch der Angeklagte, muß das Vertrauen zu ihm haben, daß nur die Gerechtigkeit sein Ziel ist, und daß er sich berechtigten Gründen zur Milde nicht verschließen werde. Er behandle Niemand im Saale verächtlich von oben herunter, auch den Angeklagten nicht, und noch weniger dessen Vertheidiger. Er lasse sich aber auch nicht das Geringste bieten, was mit seiner Würde nicht vereinbar ist. Jeder unberechtigte Angriff muß ungesäumt und mit voller Wucht, jedoch ohne Leidenschaft und ohne die geringste Gehässigkeit zurückgewiesen werden. Er muß stets Herr der Situation bleiben. Was sich ereignen möge, nichts darf ihn überraschen, nichts aus der Fassung bringen, nichts zu einem leidenschaftlichen Ausbruch hinreißen. Stets bewahre er die größte Seelenruhe und die vollkommenste Geistesgegenwart; die sicherste Beherrschung des Augenblicks muß ihm eigen sein. So muß der öffentliche Ankläger dastehen — Achtung gebietend nach allen Seiten — als der Anwalt der verletzten bürgerlichen Ordnung und Gesellschaft, dem es obliegt, das gute Recht derselben zu wahren.

Zu diesem Ende muß er sich im Besitze einer ausreichenden Eloquenz befinden. Man pflegt zwar zu sagen, daß es zehnmal leichter sei, ein staatsanwaltschaftliches Plaidoyer zu halten, zu dem der Stoff in reichem Maße durch die Verhandlung gegeben sei, als die simpelste Tischrede, bei der man gewöhnlich aus Nichts den Stoff zusammenphantasiren müsse. Das mag nicht so ganz unrichtig sein. Aber damit, daß man in trockenen Worten die Ergebnisse der Beweisaufnahme an einander reiht, ist es doch noch nicht gethan; die forensische Beredsamkeit will gelernt, gehegt und gepflegt sein. Wenn das noch eines Beweises bedürfte, so würde ein Hinweis auf das Vorhandensein der Laienrichter vornehmlich der Geschworenen genügen. Ihnen gegenüber ist es dringend erforderlich, daß der Vertreter der Staatsanwaltschaft sich einer nicht unbedeutenden Redegewandheit erfreue. Sie werden zum großen Theile nicht die Fähigkeit besitzen, sich aus dem Gang der Verhandlung ein genügend klares Bild für ihr Urtheil zu machen; erst die Plaidoyers des Staatsanwalts und des Vertheidigers werden ihnen die Sache so zurechtlegen und den juristischen Standpunkt so erörtern, daß sie im Stande sind, den von ihnen erforderten Spruch zu fällen. In unseren heutigen Verhältnissen, wo die Rechtsanwälte ein ganz besonderes Gewicht auf das gesprochene Wort legen, wo sie die Beredsamkeit geflissentlich schulen, und wo sich, namentlich in größeren Städten, besondere Kasten in der Anwaltschaft herausgebildet haben, welche fast ausschließlich den Beruf der Vertheidigung betreiben, würde ein Staatsanwalt verloren, und die von ihm vertretene Sache gefährdet sein, wenn er nicht auch seinerseits der forensischen Beredsamkeit in ausgiebigster Weise mächtig wäre. Nichts macht einen fataleren Eindruck und beeinträchtigt so sehr die Wirkung, als ein schüchterner, verlegener, stotternder und linkischer Staatsanwalt. Frei muß ihm das Wort von den Lippen fließen, frei muß sein Blick, müssen seine Geberden sein, schlagfertig muß er Allem begegnen, was sich ihm in den Weg stellen könnte. Scharfe Logik, Klarheit und Deutlichkeit in Ausdruck, Aussprache und Gedankengang sollen seine Rede auszeichnen, Genauigkeit seinen Ausführungen Werth verleihen, Würde und Adel der Sprache und männliche Kraft sollen sie würzen. Er hüte sich vor Uebertreibungen, vor gewagten Behauptungen und Ausdrucksweisen, vor allzu lebhaften Gesten und zu bilderreicher Sprache. Seine Redeweise sei schlicht und ernst, aber er begeistere sich für Sittlichkeit und Tugend; das Verbrechen hat er zu verabscheuen, aber er vergesse dabei nicht, daß er ein Mensch ist. In seinem Kampfe mit dem Vertheidiger zeige er stets Takt, nobele Gesinnung und vornehmen Anstand. Vorstößen gegenüber, welche diese Merkmale nicht an sich tragen sollten, bewahre er desto mehr seine Ruhe und Würde, aber er weise sie in der entschiedensten Weise zurück.

Es ist auch unerläßlich, daß der Staatsanwalt — wenigstens da, wo er vor Laienrichtern plaidirt, und in maßvoller Weise — an Herz, Gemüth und Moral appellirt. Versäumt er das, so kämpft er mit ungleichen Waffen, denn der Vertheidiger wird sich diese Hülfsmittel nicht entgehen lassen. Doch wende er von ihnen eher eine zu geringe, als eine zu große Dosis an. Bewegliche und rührseelige Schilderungen und Demonstrationen mögen im Munde des Vertheidigers verzeihlich sein, im Munde des Staatsanwalts können sie leicht eine der gewollten entgegengesetzte Wirkung erzielen und sind jedenfalls nicht zu billigen. Er spreche zu den Geschworenen, wie der Mensch zum Menschen, nicht wie der Gelehrte zum Unwissenden; dann wird er den größten Erfolg haben.

Wie bei der Bearbeitung seines ganzen Dezernats, so in der Gerichtsverhandlung muß der Staatsanwalt ein Mann von raschem Entschluß sein. Nichts ist für seinen Beruf hinderlicher, als ein Gemüth, das zum Grübeln, Schwanken und zur Unentschlossenheit neigt. Solche Herren sollten ihre Schwäche bei Zeiten erkennen lernen und freiwillig die Staatsanwaltschaft meiden. Die gewissenhafte Prüfung kann ihm in keiner Lage des Prozesses erspart werden, aber sie muß rasch vor sich gehen, und im schlimmsten Falle muß der Staatsanwalt, wenn er keinen anderen Ausweg sieht, bereit sein, den gordischen Knoten zu durchhauen, selbst auf die Gefahr hin, daß er einmal nicht das Richtige trifft. Der Schaden, der dadurch entstehen kann, wird in den meisten Fällen weit geringfügiger sein, als wenn ein Staatsanwalt durch Mangel an Entschluß den Gang des Prozesses verschleppt, Beschuldigte in ungerechtfertigter Weise zu lange in Haft behält, die Spuren des Verbrechens sich verwischen, die Beweismittel sich abschwächen läßt. Im Verhandlungstermin darf man ihm niemals das geringste Zaudern anmerken, kein Zweifel darf entstehen, ob die Ansicht, die er vertritt, auch seiner Ueberzeugung entspreche. Selbst wenn er seine Ansicht ändern sollte, muß dies schnell und rückhaltlos geschehen, er muß die Gründe seiner Meinungsänderung offen einräumen und die neue Ansicht mit derselben Energie vertreten, mit der er die alte vertreten hat. Stets und unter allen Umständen muß sein Auftreten den Eindruck der Festigkeit und der Sicherheit machen.

Und das nicht nur, wenn es sich um Thatsachen handelt, sondern nicht minder, wenn Rechtsanschauungen in Frage stehen. Mit Ruhe und Klarheit, aber auch mit der größten Bestimmtheit muß er seine Rechtsansichten entwickeln, in seinen rechtlichen Deduktionen muß er stets die vollkommenste Beherrschung der Materie erkennen lassen.

Um in letzterer Beziehung jeder Anforderung gewachsen zu sein, ist es fernerhin unerläßlich, daß der Staatsanwalt über ein ausreichendes, ja bedeutendes Maß von Kenntnissen verfügt. Ich will nicht behaupten, daß jeder Staatsanwalt ein hervorragender Rechtsgelehrter zu sein braucht. Wer aber die leider oft gehörte Ansicht theilen sollte, daß die Beamten der Staatsanwaltschaft weiter nichts zu wissen und zu verstehen brauchen, als daß sie die am meisten zur Anwendung gelangenden Paragraphen des Strafgesetzbuchs auswendig kennen und allenfalls noch in der Strafprozeßordnung leidlich Bescheid wissen, der befindet sich in einem ganz gewaltigen Irrthum. Sie müssen nicht nur das gesammte Strafrecht, sondern auch das gesammte Civilrecht beherrschen und vorzugsweise eine umfassende und eingehende Gesetzeskenntniß ihr eigen nennen, wenn sie nicht in die peinlichsten Verlegenheiten gerathen wollen. Kein Beamter, der in einem Verhandlungstermin mitwirkt, kommt so häufig, so plötzlich und so unausweichbar in die Lage, sich sofort über jede auftauchende Rechtsfrage äußern zu müssen, wie der Staatsanwalt. Wenn der Vertheidiger sich nicht äußern will, so unterläßt er es; der beisitzende Richter schweigt überhaupt, und der Vorsitzende hat reichlich Zeit, bis er im Berathungszimmer in aller Bequemlichkeit das Gesetz oder ein juristisches Lehrbuch nachschlagen kann. Nur der Staatsanwalt ist gezwungen, sich zu jeder auftauchenden Rechtsfrage ohne Zögern zu äußern, wenn er seine Amtspflicht ganz erfüllen und eigenthümliche Rückschlüsse auf seine Kapazität vermeiden will. Um hierzu im Stande zu sein, muß er das gesammte jus beherrschen, denn es ist unabsehbar, welche Fragen kriminalrechtlicher und civilrechtlicher Art in einem Strafprozesse, ohne daß man sich vorbereiten konnte, aufgeworfen werden können. Es ist deßhalb ein großer Irrthum, wenn man glaubt, ein Staatsanwalt könne sich auf das Altentheil seines Strafrechts zurückziehen und die übrige Rechtswissenschaft vernachlässigen. Er wird von Zeit zu Zeit seine Kenntnisse immer wieder auffrischen, namentlich aber allen neu erlassenen Gesetzen sein Studium zuwenden müssen. —

Wenn nun ein Staatsanwalt mit solchen Eigenschaften, Fähigkeiten und Kenntnissen eine Reihe von Jahren in der Staatsanwaltschaft gedient und sich auch in seinen Leistungen hervorgethan hat, so ist es doch gewiß nicht zu verwundern, wenn er weiter „strebt" und höhere Aemter und Würden zu erlangen sucht. Es ist nicht die Staatsanwaltschaft als solche, welche diesen Anspruch als Belohnung für geleistete, der Regierung wohlgefällige, Dienste erhebt, sondern es sind die einzelnen Männer, welche schon ihrer inneren Tüchtigkeit wegen in die Staatsanwaltschaft eingetreten sind und sich nunmehr durch ihre Leistungen in derselben auch bewährt haben. Diese Gründe und Thatsachen erklären es, daß ein verhältnißmäßig großer Theil der Mitglieder der Staatsanwaltschaft sich zu Höherem berufen fühlt und ein Aufsteigen in bessere Aemter erhofft.

Der Justizverwaltung einen Vorwurf daraus zu machen, wenn sie diesem Begehren nachgiebt, ist ein ganz ungerechtfertigtes Beginnen. Die Herren Aulus Agerius und Justus Clemens haben umständliche Berechnungen mit Multipliziren und Dividiren, Regel de tri und Gleichungen veranstaltet, um zu beweisen, daß ein ungewöhnlich hoher Prozentsatz von Staatsanwälten gegenüber den Richtern in höhere Stellungen befördert werden, und wollen daraus den Beweis herleiten, daß eine unberechtigte Bevorzugung der Staatsanwälte stattfinde. Ich habe ihre Ziffern nicht geprüft; sie mögen richtig sein, aber sie haben für mich keine Schrecken. Sie beweisen mir nur, daß die Justizverwaltung zur Besetzung der fraglichen Stellen die meisten geeigneten Kräfte innerhalb der Staatsanwaltschaft gefunden haben wird, und daß also meine obigen Auseinandersetzungen richtig waren.

Die beiden alten Römer unternehmen es auch gar nicht, die Tüchtigkeit dieser Herren an sich zu bestreiten, sie singen nur immer wieder das alte Klagelied von der Einseitigkeit der staatsanwaltschaftlichen Thätigkeit, von dem „Verknöchern" der Staatsanwälte in ihrem Berufe und von ihrer in Folge dessen eintretenden Unfähigkeit, sich in anderen Aemtern zurechtzufinden. Man sollte meinen, die stattliche Reihe hervorragender Persönlichkeiten, welche seit ihrem Bestehen aus der Staatsanwaltschaft hervorgegangen sind, und die in Aemtern der verschiedensten Art, bis zu den höchsten Stellen, die der Staat überhaupt zu vergeben hat, sich in ausgezeichnetem Maße bewährt haben, müßte dies Märchen endlich zum Schweigen bringen. Für das Niveau derjenigen, die es trotzdem stets von Neuem aufwärmen, bedeutet es kein besonderes Lob, daß sie sich nicht zu der Höhe der Anschauung emporzuschwingen vermögen, es könne Jemand eine Anzahl Jahre Staatsanwalt sein, auch ohne an seinen geistigen Fähigkeiten Einbuße zu erleiden, und es gebe Menschen, deren geistige Elastizität sie in den Stand setze, Aemter von heterogenstem Wesen nach einander zu verwalten.

Wenn man insbesondere den Eintritt in die höheren Richterstellen den alten Staatsanwälten verschließen will, weil sie in Folge ihrer fortwährenden Verfolgungs- und Anklagethätigkeit angeblich die für das Richteramt zu erfordernden Eigenschaften, als da sind Unbefangenheit und Unparteilichkeit, verloren haben, so wird durch solche Redensarten für die Einseitigkeit der Staatsanwaltschaft nichts, sehr viel aber für die Einseitigkeit derjenigen bewiesen, die solche Behauptungen aufstellen. Wer den Beruf des Staatsanwalts so auffaßt, wie er in Wirklichkeit geübt wird, und wie ich ihn in den vorhergehenden Blättern geschildert habe, der muß wohl oder übel zu der Erkenntnis gelangen, daß die Beschäftigung in der Staatsanwaltschaft für den späteren Eintritt in den höheren Richterdienst nicht ein Hinderniß, sondern eine sehr geeignete Vorstufe bedeutet. Der Staatsanwalt, der sich in seine Angklägerrolle dermaßen verrennt, daß ihm Objektivität und Gerechtigkeitsgefühl abhanden kommen, ist schon als öffentlicher Ankläger nicht auf seinem Platze und verdien schleunigst ausgemerzt zu werden. Der Staatsanwalt, der in dieser seiner aggressiven Parteistellung diese Tugenden nicht verliert, wird sie desto fester bewahren, wenn er von der Parteifessel befreit den Sitz des unparteiischen Richters einnimmt.

Was aber die höheren Verwaltungsämter anbelangt, eingeschlossen die Spitzen der Gerichtsbehörden, so wird es doch wohl nicht in Zweifel gezogen werden können, daß der Staatsanwalt vermöge der mancherlei Geschäfte, die mit seinem Berufe verbunden sind, für ihre Besetzung eine weit bessere Vorschule durchgemacht hat, als der Richter, dessen Thätigkeit fast ausschließlich in der Rechtsprechung bestanden hat. Und wo mit diesen Stellen irgend welcher

Vorsitz verbunden ist, da wird der Staatsanwalt wiederum besser qualifizirt sein, denn er wird des Wortes mächtiger, und freier und gewandter in seinem Auftreten sein.

Den ferneren Einwand, daß der Staatsanwalt, der eine Spanne Zeit seinem Berufe obgelegen, rechtswissenschaftlich nicht mehr in der Lage sei, ein anderes Amt von Bedeutung zu bekleiden, glaube ich zum Theil schon widerlegt zu haben. Hier bleibt nur mit wenigen Worten der Frage zu gedenken, ob er auch imstande sein wird, sich in ihm bisher fremde Materien einzuarbeiten. Nun meine ich: es wechseln so außerordentlich viele Menschen in jüngeren und älteren Jahren ihren Beruf, oft nach einer ganz entgegengesetzten Seite hin, und es gelingt ihnen, dem neuen Beruf gerecht zu werden — weßhalb diese Anpassung gerade dem Staatsanwalt, der sich doch in seiner bisherigen Thätigkeit gewiß mindestens eine große Lebhaftigkeit in Geist und Wesen bewahrt haben muß, abgesprochen werden soll, das ist mir absolut unerfindlich.

Man wird also wohl nicht umhin können, ein in sich berechtigtes gesundes „Streberthum" in der Staatsanwaltschaft auch außerhalb derselben als berechtigt anzuerkennen, und aus seinem Vorhandensein keine Gründe gegen die Existenz und die Organisation des Instituts herleiten können.

Man wird überhaupt, wenn anders man meinen Ausführungen nicht jede Begründung absprechen will, die Gefahren, die unsere Preußische Staatsanwaltschaft in ihrer gegenwärtigen Verfassung angeblich mit sich bringt, nicht mehr in so dunkelem Licht erscheinen sehen und sich vielleicht mit ihrem Bestehen aussöhnen.

Diejenigen aber, die in ihrem blinden Hasse verharren, möchte ich fragen, was sie denn an die Stelle setzen möchten. Es ist sehr billig, immer zu rufen: „Fort mit der Staatsanwaltschaft!", wenn man statt ihrer nichts Besseres vorzuschlagen weiß. Niemand wird so vermessen sein zu behaupten, daß die Staatsanwaltschaft in ihrer jetzigen Gestalt fraglos das Vorzüglichste sei, was sich auf diesem Gebiet erreichen lasse. Die Zukunft kann uns in solchen Organisationsfragen noch manches Ungeahnte vorbehalten haben. Wie aber jetzt die Verhältnisse liegen, so sehe ich nirgends einen nur halbwegs acceptabelen Vorschlag, und wenn man sich heute an eine Reform des Instituts heranwagen wollte, so sehe ich mit tödtlicher Sicherheit voraus, daß der Ausgang dieser Reform — — wiederum eine Staatsanwaltschaft sein würde!

Was haben denn die Gegner an Reformvorschlägen zu bieten?

Mit denen, welche die Staatsanwaltschaft einfach auflösen und ihre Funktionen in der einen oder der anderen Form wieder den Gerichten übertragen möchten, braucht man sich nicht lange aufzuhalten. Das ist ein so total überwundener Standpunkt, die übelen Folgen, die diese Kumulation mit sich gebracht hat, haben so vor Jedermanns Augen gelegen, die Unmöglichkeit, solche heterogenen Funktionen ohne empfindlichen Nachtheil für das allgemeine Wohl in einer Hand zu vereinigen, sind so allgemein und rückhaltlos anerkannt, daß wirklich ein beneidenswerter Muth dazu gehört, mit solchen Forderungen stets von Neuem hervorzutreten.

Ein solcher Zustand hat sich als unleidlich erwiesen zu einer Zeit, in der das Laienelement noch nicht in der Strafrechtspflege vertreten war. Wie viel mehr würde er jetzt unerträglich sein. So lange das Laienelement mit zu Gericht sitzt, so lange wir namentlich Geschworenengerichte haben, ist eine starke, berufsmäßige Staatsanwaltschaft in unserer Gerichtsverfassung unentbehrlich. Sie wird noch mehr zum Bedürfniß werden, wenn die Berufung in Strafsachen wieder in größerem Umfange eingeführt werden sollte.

Auch diejenigen, welche die Funktionen der Staatsanwaltschaft dem Richter in der Weise übertragen möchten, daß seitens der Justizverwaltung oder seitens des Gerichtspräsidenten ganz beliebig und ohne jede Einschränkung in Zeit und Umfang der Geschäfte Richter zur Wahrnehmung dieser Funktionen deputirt, abkommandirt werden sollen, sind nicht ernst zu nehmen. Ein solches Verfahren würde eine so heillose Willkürherrschaft zur Folge haben müssen, daß es in unseren geordneten Verhältnissen von niemand herbeigesehnt werden kann.

Es bleibt also nur das System übrig, wie es in dem ehemaligen Königreich Hannover bestanden hat, wo die Ersten Beamten der Staatsanwaltschaft fest, aber mit den Einschränkungen, wie sie in unserer heutigen Staatsanwaltschaft bestehen, angestellte Staatsanwälte, ihre Untergebenen aber Richter waren, die unter ganz bestimmten gesetzlichen Bedingungen und Zeitbestimmungen für das Amt eines Staatsanwalts ernannt wurden und später wieder in den Richterstand zurücktraten.

Für diese Modalität bestand denn auch im deutschen Reichstag bei Berathung der Justizgesetze in 1877 eine große Vorliebe. Bei der ersten Lesung des Gerichtsverfassungsgesetzes in der Justizkommission war bereits beschlossen, demselben einen ganzen neuen Abschnitt einzugliedern, welcher die Organisation der Staatsanwaltschaft im Wesentlichen nach Hannoverschem Muster regeln sollte.

Seine Bestimmungen lauteten folgendermaßen:

§ 121 a.

Das Amt der den ersten Beamten der Staatsanwaltschaft bei den Oberlandesgerichten beigeordneten Staatsanwälte, sowie der Staatsanwälte bei den Landgerichten wird durch richterliche Beamte, welche mindestens zwei Jahre ein Richteramt bekleidet haben, auf Grund eines dauernden, aber jederzeit widerruflichen Auftrags ausgeübt.

Eine Verpflichtung zur Annahme des Auftrags findet nicht statt. Die erfolgte Annahme kann nicht zurückgezogen werden.

Die Staatsanwälte dürfen während der Dauer ihres Amtes richterliche Geschäfte nicht wahrnehmen.

§ 121 b.

Die in dem § 121 a bezeichneten Staatsanwälte beziehen für die Dauer ihrer Amtsführung neben dem richterlichen Gehalte eine besondere Gehaltszulage. Auf das Aufrücken in die höhere Gehaltsstufe findet die Bestimmung des § f Absatz 2 Anwendung.

Versetzungen gegen ihren Willen sind statthaft, dürfen jedoch, wenn sie nicht das Ergebniß eines Disciplinarverfahrens sind, mit einer Verkürzung ihres richterlichen Gehalts nicht verbunden sein.

§ 121 c.

Den in dem § 121 a bezeichneten Beamten ist, wenn der Auftrag zurückgenommen wird, ein Richteramt in demselben Oberlandesgerichtsbezirk zu verleihen. Nach Ablauf von drei Jahren seit der Annahme des Auftrags können dieselben die Verleihung eines solchen Richteramts verlangen. In beiden Fällen darf mit dieser Verleihung eine Verkürzung des richterlichen Gehalts nicht verbunden sein.

§ 121 d.

Die vorübergehende Vertretung eines verhinderten Beamten der Staatsanwaltschaft bei dem Reichsgerichte, den Oberlandesgerichten oder den Landgerichten kann von dem Vorstande des Gerichts einem Richter übertragen werden.

§ 122.

Die Staatsanwaltschaft ist in ihren Amtsverrichtungen von den Gerichten unabhängig.

Eine Dienstaufsicht über die Richter darf der Staatsanwaltschaft nicht übertragen werden.

Von dem letzten Paragraphen ist der erste Absatz bekanntlich Gesetz geworden. Der Inhalt des zweiten Absatzes, verbunden mit dem Inhalt des dritten Absatzes des § 121a, erlangte demnächst in folgender Fassung Gesetzeskraft:

> Die Staatsanwälte dürfen richterliche Geschäfte nicht wahrnehmen. Auch darf ihnen eine Dienstaufsicht über die Richter nicht übertragen werden.

Der letzte Satz war wohl für Preußen überflüssig. Wie weit war man von einer solchen Dienstaufsicht entfernt! An ihre Einführung würde nie wieder jemand gedacht haben.

Im Uebrigen besagte der Kommissionsbericht über die vorgeschlagenen Aenderungen Folgendes: Man habe in erster Lesung beschlossen, das in einzelnen deutschen Staaten, insbesondere in Oldenburg und in dem früheren Königreich Hannover zur Geltung gelangte System, nach welchem die Staatsanwälte bei den Landgerichten richterliche Beamte seien, welche die Vertretung der Staatsanwaltschaft kraft eines jederzeit widerruflichen Auftrags ausüben, in die deutsche Gesetzgebung aufzunehmen. Die Vertheidiger dieses Systems haben hervorgehoben, daß sich dasselbe in den genannten Ländern wohl bewährt habe und insbesondere den Staatsanwälten den Charakter richterlicher Objektivität und innerlicher Unabhängigkeit mehr sichere, als das entgegengesetzte System, welches die Staatsanwälte zu reinen Verwaltungsbeamten mache und eine besondere Staatsanwaltskarriere etablire. Rechtskunde und Befähigung zum Richteramte seien unbestritten für die Staatsanwälte bei den Landgerichten erforderlich. Blieben dieselben aber in der richterlichen Karriere, ohne freilich, so lange sie die Geschäfte der Staatsanwaltschaft ausüben, als Richter thätig zu sein, könnten sie jederzeit den ertheilten Auftrag zurückgeben, beziehungsweise nach Zurückziehung des Auftrags wieder als Richter in Thätigkeit treten, so werde einestheils ihre Auffassung eher den objektiven richterlichen Charakter behalten, anderntheils aber werde ihre Stellung den Vorgesetzten gegenüber eine gesichertere sein. Dies schließe keineswegs aus, und es solle auch nicht ausgeschlossen werden, daß die Organisation der Staatsanwaltschaft von oben herab eine einheitliche sei, und jeder Staatsanwalt in Betreff seiner Funktionen unbedingt an die Weisungen der Vorgesetzten gebunden bleibe. Das Vertrauen zu der Staatsanwaltschaft werde durch diese Einrichtung wachsen, das Publikum werde die Staatsanwälte nicht mehr als willenlose Werkzeuge der Regierung ansehen, und sich so die Würde des ganzen Instituts erhöhen. Vielleicht sei es dieser Einrichtung zuzuschreiben, daß in dem Geltungsbereiche derselben irgend ein Mißtrauen gegen die Staatsanwaltschaft sich nicht gezeigt habe.

Die Vertreter der Bundesregierungen widersetzten sich zwar nicht allgemein und grundsätzlich diesen Anschauungen, wollten jedoch die gesammte Organisation der Staatsanwaltschaft den einzelnen Staaten überlassen, glaubten auch, daß sich ein Bedürfniß für diese Einrichtung nicht gezeigt habe, und daß etwaige Beschwerden gegen die bisherige Handhabung der staatsanwaltschaftlichen Geschäfte auf anderen Gebieten liegen. Die Staatsanwälte seien und müßten Verwaltungsbeamte sein, welche nach den Anweisungen ihrer Vorgesetzten handeln. Es sei daher jedenfalls nicht richtig, kategorisch vorzuschreiben, daß zu diesen Funktionen nur Richter berufen werden könnten.

Verschiedene Kommissionsmitglieder hielten die gestellten Anträge sogar mit dem Wesen der Staatsanwaltschaft für unverträglich. Der einzelne Staatsanwalt habe nicht das Recht der eigenen Sachprüfung. Man gebe sich einer Täuschung hin, wenn man glaube, eine Garantie für eine unabhängige Beurtheilung von Strafsachen in der Möglichkeit des Rücktritts in die Richterstellung zu finden. Mit dem Rücktritt werde der Verlust einer Zulage verbunden sein, und es sei der Regierung in die Hand gegeben, den Staatsanwalt an ein beliebiges Gericht zu versetzen. Die Parteistellung des Staatsanwalts werde verwischt werden; man wisse nicht, ob der Staatsanwalt nur einem richterlichen, oder auch einem anderen Disziplinargesetz und Disziplinarverfahren unterstellt werden solle. Man dürfe die durch die Beschlüsse zur Strafprozeßordnung schon einigermaßen konfundirte Stellung des Staatsanwalts nicht noch unklarer machen. Für die Thätigkeit des Staatsanwalts sei die richterliche Thätigkeit nicht immer die entsprechende Vorbildung. Auch möge es für den Richterstand nicht gerade wünschenswerth sein, wenn beim Rücktritt der Staatsanwälte in denselben allzu viele staatsanwaltschaftliche Gewohnheiten und Auffassungen eindringen.

In zweiter Lesung befürworteten die Vertreter des Bundesraths auf Grund der Beschlüsse des letzteren die Aufgabe der in erster Lesung gefaßten Beschlüsse. Nach näherer Erwägung seien dieselben nicht durchführbar. Verschiedene Regierungen haben die Streichung dringend empfohlen. In manchen Staaten und Landestheilen sei das Material zur Besetzung der Stellen nicht vorhanden, insbesondere wenn an dem Erforderniß einer vorausgehenden zweijährigen richterlichen Thätigkeit festgehalten werde. Durchgreifende Gründe, die Auswahl der Staatsanwälte auf Richter mit zweijähriger richterlicher Funktion zu beschränken, liegen nicht vor. Es sei nicht ersichtlich, warum befähigte Verwaltungsbeamte oder in einem Ministerium angestellte Beamte nicht als Staatsanwälte verwendet werden sollten. Selbstständig könnten einmal ihrer Natur nach die Staatsanwälte nicht sein.

Auch aus der Kommission wurde wiederholt betont, daß man die durch Reichsgesetz doch nicht systematisch zu erschöpfende Organisation der Staatsanwaltschaft den Landesgesetzen überlassen könne. Die Deutsche Strafprozeßordnung könne mit jedem System der Staatsanwaltschaft gehandhabt werden. Innerhalb der einzelnen Bundesstaaten kämen eine Menge Rücksichten hierbei in Betracht, welche sich der einheitlichen Regelung für das Reich entziehen.

Diese Anschauungen gewannen Angesichts der Haltung der Bundesregierungen sodann die Mehrheit in der Kommission, nachdem dafür geltend gemacht war, daß das in erster Lesung beschlossene System denjenigen Ländern, welche es beizubehalten wünschen, nicht entzogen werde, es vielmehr allen Einzelnstaaten freistehe, dasselbe anzunehmen, wenn es für durchführbar erachtet werde.

Preußen regelte darauf die Organisation der Staatsanwaltschaft durch das „Ausführungsgesetz zum Deutschen Gerichtsverfassungsgesetz" vom 24. April 1878 in der Weise, wie wir es bereits gesehen haben, und wie sie noch heute in Gültigkeit besteht; und die Regierungen der weitaus meisten von den anderen Deutschen Staaten folgten auf diesem Wege mit größeren oder geringeren Modifikationen nach. — —

In den vorstehend erörterten Beschlüssen der Justizkommission des Reichstags lag doch wenigstens ein durchdachter Plan, und für seine Durchführbarkeit konnte man sich auf Hannover berufen, wo das System nicht nur lange Jahre in Geltung bestanden hatte, sondern sogar sehr beliebt gewesen war.

Gleichwohl würde man in der Annahme dieser Vorschläge keinen Fortschritt, vielmehr einen Rückschritt haben erblicken müssen.

Die Gründe, welche gegen die Einführung eines solchen Systems sprechen, sind schon in den Verhandlungen der Justizkommission zum Theil hervorgehoben und vorstehend wiedergegeben worden. Ich möchte aber noch weiter gehen. Man muß sich doch zunächst klarmachen, was die Methode bezwecken soll. Das kann nur Zweierlei sein: einmal den öffentlichen Ankläger mit einem Mehr von richterlichen Tugenden auszustatten, und sodann durch seinen baldigen Rücktritt in das Richteramt zu verhüten, daß er zu sehr in seinen staatsanwaltschaftlichen Anschauungen festwurzele. Beides halte ich für überflüssig, ja für schädlich.

Auf den ersten Blick muß es auffallen, wie unlogisch die Verschiedenheit ist, welche der Vorschlag der Kommission für Vorgesetzte und Untergebene schaffen wollte. Die ersten Beamten der Staatsanwaltschaft bei den Oberlandesgerichten sollten staatsanwaltschaftliche Beamte sein, Staatsanwälte mit allen den der Kommission vorschwebenden Unvollkommenheiten, versetzbar und absetzbar, abhängig und gehalten, zu gehorchen. Ihre Untergebenen dagegen, sowohl beim Oberlandesgericht, wie die sämmtlichen Staatsanwälte des Landgerichts sollten richterliche Beamte sein, versehen mit fast allen Kautelen des Richterstandes. Gleichwohl müßten sie den Anweisungen des abhängigen, ihnen vorgesetzten Staatsanwalts Folge leisten. Daß das ein Wirrsal von Konflikten geben kann, dürfte einleuchten, und wenn es in Hannover nicht zu einem solchen geführt hat, so ist das einestheils zu verwundern, anderentheils aber auch wieder erklärlich. Es liegt eben daran, daß bei diesem System in Wirklichkeit nur ein Staatsanwalt existirt, nur Einer, der die ganze Verantwortlichkeit und alles Odium auf sich nimmt, nur Einer, welcher überhaupt in die Erscheinung tritt. Unter solchen Umständen mögen die Anderen Richter oder Staatsanwälte betitelt sein, sie werden in Wahrheit doch immer nur seine Gehülfen sein, oder, wie man sie in Hannover auch ganz richtig nannte, seine Substituten. Das Prinzip der Abhängigkeit aber in so weitgehendem Maße durchzuführen, dürfte sich nicht empfehlen; die trotz aller Abhängigkeit doch wieder so selbstständige Natur der staatsanwaltschaftlichen Stellung bedingt für jeden ihrer Beamten die Uebernahme eines gewissen Grades von Verantwortlichkeit. Andererseits ist gerade in dieser unkonsequenten Konstruktion wieder ein Beweis dafür zu erblicken, wie auch diejenigen Mitglieder der Kommission, welche die fraglichen Anträge gestellt hatten, von der Nothwendigkeit durchdrungen waren, wenigstens den leitenden Kräften in der Staatsanwaltschaft keine richterlichen Garantieen zu verleihen, wohin sie eigentlich die Konsequenz ihrer sonstigen Anschauungsweise hätte führen müssen.

Denn sie gehen doch im Uebrigen darauf aus, der Staatsanwaltschaft so viel richterliches Blut, wie ihnen nur irgend mit der Sache vereinbar erscheint, zuzuführen. Gerade das aber halte ich für einen großen Fehler. Sie wollen „den Staatsanwälten den Charakter richterlicher Objektivität und innerlicher Unabhängigkeit" dadurch mehr sichern, daß sie Richter, und auch diese nur vorübergehend, in die betreffenden Stellen kommandiren. Das ist ein ganz verkehrter Standpunkt. Der Staatsanwalt soll keine richterliche Objektivität, und der Richter keine staatsanwaltschaftliche Objektivität besitzen. Beides sind ganz grundverschiedene Dinge. Die Objektivität des Richters besteht in der gewissenhaften Prüfung seiner Ueberzeugung, ob der Angeklagte schuldig und deshalb zu bestrafen sei, die des Staatsanwalts, ob er genügend verdächtig sei, um ihn anzuklagen, und demnächst, ob die Anklage aufrecht zu erhalten sei. Wer die richterliche Objektivität in der Staatsanwaltschaft einführen wollte, der würde als unliebsames Resultat sehr bald bemerken, wie die Erhebung der Anklagen in einem Umfange abnähme, der mit dem Zweck der Strafgesetze und mit der öffentlichen Sicherheit unvereinbar wäre. Was aber die Herren unter „innerlicher" Unabhängigkeit verstanden wissen wollten, und wieso dieselbe bei einem richterlichen Beamten in höherem Grade anzutreffen sein soll, denn bei einem staatsanwaltschaftlichen, daß ist mir trotz eifrigen Nachdenkens nicht klar geworden; es sind eben Worte. Entweder der Staatsanwalt ist abhängig oder er ist unabhängig, von Innerlichkeit und Aeußerlichkeit ist dabei nicht die Rede. Sollte man mit der „innerlichen Unabhängigkeit" die Freiheit des Gewissens meinen, so muß ich gegen die Behauptung protestiren, daß sie beim Staatsanwalt geringer sein müsse, als beim Richter.

De facto liegt die Sache ganz anders. Für den Richter, der als Staatsanwalt fungiren soll, giebt es nur zwei Möglichkeiten:

entweder er wird ein guter Staatsanwalt, und dann muß er sich alle Vorzüge und alle Unvollkommenheiten eines solchen aneignen, er muß vollständig in der Staatsanwaltschaft aufgehen — dann war aber sein Uebertritt nicht erforderlich, um besseres Blut in die Behörde zu bringen, Leute dieses Schlages sind genügend vorhanden; oder er kann sich von seiner richterlichen Anschauungsweise, von seiner richterlichen „Objektivität", von seinem mehr passiven Gesichtskreis nicht freimachen — dann wird er eben ein schlechter Staatsanwalt sein, und es bedurfte seines Einschubs erst recht nicht. Es ist mir unbegreiflich, wie man ernsthaft die Meinung hegen kann, man könne zwei Dinge, die sich ihrer Natur nach so völlig ausschließen, mit einander vermengen, man könne einige Tropfen von dem Einen dem Anderen einimpfen, ohne Schaden anzurichten. Man wird niemals eine Vermischung erzielen. Der Richter, der übertritt, wird Staatsanwalt, oder er bleibt Richter; und wohl zum größten Theile stammte die Beliebtheit des Systems in Hannover daher, daß die Richter eben Staatsanwälte wurden, und zwar gute, tüchtige Staatsanwälte.

Die Möglichkeit, daß ein Richter ein guter Staatsanwalt werde, gebe ich also ebenso zu, wie ich früher behauptet habe, daß ein Staatsanwalt ein guter Richter werden könne. An den damaligen Vorschlägen der Kommission habe ich aber weiter zu mißbilligen, daß man die ganze Uebernahme von Richtern in die Staatsanwaltschaft darauf zugeschnitten hatte, sie möglichst bald wieder diesem Berufe zu entziehen und sie durch andere Richter zu ersetzen. Es will Alles erst gelernt sein, und ich kann es nicht für gut befinden, Jemand aus einem neuen Berufe, wenn er kaum in demselben warm geworden ist, schon wieder zu entfernen. Das schafft Unruhe und Unsicherheit und kann der Sache nicht zum Nutzen gereichen.

Daß man gegründete Zweifel erheben könnte, ob die vorgeschlagenen Sonderbestimmungen für die Zeit, in welcher Richter Staatsanwaltsgeschäfte versehen, noch von voller richterlicher Unabhängigkeit zu reden zulassen würden, will ich nur nebenher erwähnen. Ebenso, ob es richtig sein würde, den Richtern für die Zeit ihrer staatsanwaltschaftlichen Thätigkeit ein höheres Gehalt zu gewähren, als den anderen Richtern, und die letzteren dadurch in eine zweite Klasse des Richterstandes zu versetzen.

So will mir denn auch dieses Auskunftsmittel, wie es die

Justizkommission vorgeschlagen hatte, sehr problematisch erscheinen. Anderweite Vorschläge zu einer Reform des Instituts der Staatsanwaltschaft sind mir aber nicht bekannt. Und ich selbst bin ebenso wenig in der Lage, einen solchen zu machen.

So wird es also wohl vorläufig beim Alten bleiben müssen, und ich glaube, daß man sich bei näherer Betrachtung mit diesem Zustand auch sehr wohl einverstanden erklären kann.

Seitdem wir eine Staatsanwaltschaft besitzen, haben sich die Zustände der öffentlichen Sicherheit entschieden gehoben, die Furcht des Verbrechers, von dem Arme der Gerechtigkeit erreicht zu werden, ist gewachsen, die Zuversicht, daß das Verbrechen seine Sühne finde, ist allgemein größer geworden. Man weist dem gegenüber freilich auf eine erhebliche Anzahl Kapitalverbrechen hin, bei denen es, namentlich in Berlin, nicht gelungen ist, den Thäter zu fassen. Allein man würde ein großes Unrecht begehen, wollte man die Schuld an diesen ja nicht wegzuleugnenden Thatsachen der Staatsanwaltschaft in die Schuhe schieben. Daß Verbrechen verübt werden, deren Thäter nicht entdeckt werden, wird stets, zu allen Zeiten, an allen Orten und unter jeder Organisation der Strafrechtspflege vorkommen. Hat der Prozentsatz in den letzten Jahren in Berlin eine besonders hohe Ziffer erreicht, so liegen die wahren Ursachen auf einem ganz anderen Gebiete, dessen Erörterung zwar sehr interessant und lehrreich sein würde, der ich mich aber hier unmöglich hingeben kann, da sie mit dem Zwecke meines Werkchens absolut nichts zu thun hat. Die Staatsanwaltschaft hat in allen diesen Fällen ihre Pflicht im vollsten Maße gethan, darauf kann man sich verlassen, und wenn es trotzdem nicht gelungen ist, der Thäter habhaft zu werden, so ist das sicherlich keinem mitwirkenden Faktor unangenehmer gewesen, als ihr; aber sie weiß sich frei von Schuld. Indeß trotz dieser Vorkommnisse, die ja in Wirklichkeit auch viel zu unbedeutend sind, um bei einer Kritik der Behörde irgendwie ausschlaggebend mitzuwirken, wird man ihr die Anerkennung nicht versagen können, daß sie ihren Zweck erfüllt hat, und daß ihrer Wirksamkeit segensreiche Folgen zu verdanken sind.

Wenn man es immer wieder auszustreuen versucht, daß das Institut im Volke niemals Wurzel geschlagen habe, so ist das geradezu eine Verdrehung der Thatsachen. Nach wem ruft denn der gemeine Mann, wenn ihm ein Unrecht zugefügt, eine Strafthat gegen ihn begangen ist? Nicht nach der Polizei und nicht nach dem Gericht, sondern nach dem Staatsanwalt! Der Staatsanwalt ist ihm Derjenige, von dem er Hülfe erwartet, der ihm berufen und geeignet erscheint, zu seinem Schutze beizuspringen und ihm Genugthuung zu verschaffen. In diesem Sinne könnte man fast von einer Popularität der Staatsanwaltschaft sprechen. Allein ich will den Gegnern gern Recht geben, daß die Staatsanwaltschaft ein „populäres" Institut nicht ist. Das kann sie jedoch gar nicht sein. Ihre ganze Einrichtung und Tendenz wird stets eine starke Strömung im Volke gegen sich haben, wenngleich es nicht die besten Elemente sein werden, von denen diese ausgeht. Die Staatsanwaltschaft selbst aber hat niemals um Popularität gegeizt. Das soll und darf sie auch nicht!

Trotzdem würde es um ihre Beliebtheit noch weit besser bestellt sein, wenn nur die übrige Juristenwelt endlich aufhören wollte, sie mit allen denkbaren Anfeindungen zu verfolgen, wenn nur unsere juristischen Schriftsteller (so Theoretiker, wie Praktiker) es endlich unterlassen wollten, ihr Müthchen an ihr zu kühlen und sie fortgesetzt zur bequemen Zielscheibe ihres Mißmuths zu machen. Wer da glaubt, daß er verständige Vorschläge zu einer Verbesserung des Instituts zu machen wisse, der mag ruhig damit hervortreten. Die Staatsanwaltschaft wird die letzte sein, die sie nicht hören möchte. Denn sie hält sich nicht für unfehlbar und ihre Einrichtungen nicht für so erhaben, daß sie nicht verbesserungsfähig wären. Aber er verfechte seine Meinung sachlich, ohne höhnische Invektiven, ohne unbegründete Vorwürfe und ohne persönliche Spitzen. Nur dann wird ein gedeihlicher Erfolg seiner Bemühungen zu erwarten sein, nur dann wird es sich vermeiden lassen, dem Ansehen einer wichtigen Institution des Staates ungerechtfertigten Abbruch zu thun, die sich nicht nur in Deutschland, sondern auch in anderen Ländern bereits bewährt hat.

Die Staatsanwaltschaft aber lasse sich durch nichts von ihrem Wege abdrängen, durch nichts von ihrer Pflicht abhalten. Sie bleibe der „Wächter der Gesetze" in dem Umfange, in dem es der Staat ihr zugewiesen hat, sie schütze auch ferner Staat und Gesellschaft vor den Uebelthätern, die sich gegen die Ordnung der Kultur und Sitte auflehnen, sie walte ihres Amtes nach wie vor mit strengster Gewissenhaftigkeit und Gerechtigkeit, sie sei der Fels im Meere, auf den das Gemeinwohl unter allen Umständen, in den schwierigsten Verhältnissen und in den verzweifeltsten Lagen bauen kann.

Und wird ihr die Anerkennung von außen vorenthalten, so möge sie dieselbe in ihrem Innern finden, in dem Bewußtsein unbedingtester Pflichterfüllung, in der Befriedigung, die ein gutes Gewissen und ehrliche Arbeit gewähren.

Ihre Mitglieder mögen auch fernerhin nicht auf die persönlichen Eigenschaften verzichten, die ihren Stand bisher ausgezeichnet haben, sollten sie auch zum Theil von Anderen für leere Form gehalten werden. Sie sind es nicht, sie haben eine tiefere Bedeutung. Man hat die Staatsanwaltschaft des Oefteren eine „Garde in der Justiz" genannt. Soweit dies in ironischem Sinne auf gewisse Aeußerlichkeiten abzielt, mag es dabei sein Bewenden haben. Soweit man jedoch mit dem Ausdruck „Garde" den Begriff und die Bedeutung einer Elitetruppe verbunden wissen will, mag die Staatsanwaltschaft dankend quittiren.

Ich für meine Person stimme nicht ein in den unschönen Ruf:

„Fort mit der Staatsanwaltschaft!"

Vielmehr wünsche ich ihr aus vollster Ueberzeugung und von ganzem Herzen auch ferner:

„Gedeihliches und segensreiches Wirken zum Wohle des Staates!"

Druck von Leonhard Simion in Berlin SW.

Kolibri 360 GmbH
Ferdinand-Jühlke-Straße 7
99095 Erfurt, Deutschland
produktsicherheit@kolibri360.de